NAMIBIA

DUMONT REISE-TASCHENBUCH

Axel Scheibe

NAMIBIA

LAND & LEUTE

Im Südwesten Afrikas

Kultur und Leben

Inhalt

LAND & LEUTE

»Der Nachthimmel war so hell, wie ich ihn auf dieser Reise selten zuvor erlebt hatte. Nicht durch den Mond, denn der hatte sich schon davongeschlichen. Stattdessen funkelten Millionen von Diamanten: die Sterne.«

Dieter Kreutzkamp

Am Okaukuejo-Wasserloch
im Etosha National Park

Im Südwesten Afrikas

Mit Pfeil und Bogen
fischende Himba am Kunene

AFRIKANISCHE FASZINATION MIT DEUTSCHER NOTE

Es ist gerade 14 Jahre her, dass aus Südwestafrika unter südafrikanischer Verwaltung das unabhängige Namibia wurde. Schon während der Jahrzehnte unter der Apartheidherrschaft des südlichen Nachbarn entwickelte sich Namibia bei Freunden des schwarzen Kontinents zu mehr als einem Geheimtipp. Bereits in den 70er und 80er Jahren waren es beileibe nicht mehr nur ganz besonders abenteuerlustige Touristen, die es auf Spuren abseits touristischer Pauschalangebote in die Wildnis zog. Für so manchen, der zwar gern einmal nach Afrika wollte, den Sprung in die ›Schwarze Welt‹ aber aus welchem Grund auch immer scheute, erleichterte Südwestafrika diesen Schritt, galt es doch besonders unter Deutschen noch immer als ›nicht ganz so schwarz‹. Es versprach afrikanische Faszination mit deutscher Note. Südwestafrika hielt dieses Versprechen, und das moderne Namibia macht da keine Abstriche. Auch wenn in den Jahren nach der Unabhängigkeit die Führungspositionen in Staat und Wirtschaft mehrheitlich in schwarze Hände übergingen, ist nicht zuletzt der kulturelle und geistige Einfluss der Weißen, unter ihnen der Deutschen, noch immer deutlich spürbar. 90 Jahre nach dem Ende der recht kurzen deutschen Kolonialherrschaft ist das schon fast ein Kuriosum.

Die Faszination, die das Land zwischen Fish River Canyon und Etosha-Pfanne ausstrahlt, ist unbestreitbar und zieht Jahr für Jahr mehr Gäste nach Namibia. Tierliebhaber kommen hier ebenso auf ihre Kosten wie Menschen, die die uneingeschränkte Weite und Freiheit der Wüsten zu schätzen wissen. Auf einer Fahrt durch den Etosha National Park und das Kaokoveld kann man die riesigen Wildherden der Etosha und nur wenige Tage später die seltenen Wüstenelefanten beobachten. Eine Stippvisite bei den Himba in einem ihrer traditionellen Krale rundet dieses Erlebnis ab. Bergwanderer und Kletterer kommen am Waterberg, rund um Brandberg und Spitzkoppe oder auch in der Naukluft auf ihre Kosten. Im Sossusvlei warten die höchsten Sanddünen der Welt. Wer den Besuch im angrenzenden Sesriem Canyon nicht verpasst, bekommt schon dort einen ersten kleinen Eindruck davon, was ihn am Fish River Canyon im tiefen Süden erwartet. Die roten Dünenfelder der Kalahari im Grenzgebiet zu Botswana gehören ebenso zu den ariden Erlebnissen, die das Land bereithält, wie das Khomas-Hochland westlich von Windhoek oder die Karasberge im Süden.

Doch damit ist die Vielfalt namibischer Naturangebote noch nicht erschöpft. Es geht nicht nur staubtrocken, sondern auch tropisch feucht. Ein Abstecher in den Caprivi-›Zipfel‹ entführt den Besucher in die schwüle Hitze des afrikanischen Dschungels. ›Eingeklemmt‹ zwischen Angola, Zambia und Botswana laden verschiedene Camps zur Tierbeobachtung zu Wasser, im Landrover oder auch zu Fuß ein.

Neben all diesen überwältigenden Naturschauspielen, mit denen Namibia in keinem Landesteil geizt, zieht es die Touristen auch immer mehr in die Städte. Windhoek ist zu einer modernen Metropole herangewachsen, die zumindest entlang der Independence Avenue großstädtischen Charakter zeigt, während man in Swakopmund oder Lüderitz kleinstädtische Gemütlichkeit findet.

Dabei liegt das ganz besondere Flair dieser kleinen Städte im Süden Afrikas in den Kontrasten, die sie den Besuchern bieten. Da sind zum einen die Stadtzentren, die in überraschender Vollständigkeit bis heute von den Jahrzehnten unter deutscher Kolonialherrschaft erzählen und in denen ganze Straßen einfach deutschen Kleinstädten entnommen zu sein scheinen. Auf der anderen Seite steht das bunte Gemisch von Menschen verschiedener Hautfarben und Stämme in den Straßen. Das ist neu. Wer Namibia vor 15 oder 20 Jahren besucht hat, wird sich wahrscheinlich deutlich daran erinnern, dass gerade die Zentren der Städte damals fest in weißer Hand waren. Im Straßenbild, wenn auch nicht in den Wohn- und Lebensverhältnissen, sind Normalität und Gleichberechtigung eingezogen.

Wolwedans am Rande der Namib-Wüste

STECKBRIEF NAMIBIA

Lage und Größe: Namibia liegt im Südwesten Afrikas und grenzt an Angola, Zambia, Botswana und Südafrika. Die Westgrenze bildet der Südatlantik. Namibias Fläche beträgt 824 292 km^2 und ist damit knapp 2,5-mal so groß wie die Deutschlands. Der dünn besiedelte Flächenstaat umfasst 2,7 % des afrikanischen Kontinents.

Stadt und Land: Die Hauptstadt Namibias ist Windhoek, die mit rund 250 000 Einwohnern gleichzeitig die größte Stadt des Landes ist. Weitere nennenswerte Städte sind Swakopmund, Tsumeb, Rehoboth, Keetmanshoop und Lüderitz. Mehr als zwei Drittel der Einwohner leben noch auf dem Land.

Bevölkerung: Mit knapp 2 Mio. Einwohnern zählt Namibia zu den Zwergen unter den afrikanischen Staaten. Die Bevölkerungsdichte beträgt ca. 2,5 Einw./km^2. Namibia ist durch 11 wichtige Bevölkerungsgruppen ein multiethnischer Staat. Die größte Bevölkerungsgruppe stellen die Ovambo mit 47 %. Ihnen folgen mit großem Abstand die Kavango mit 8,8 %, die Damara mit 7,1 % und die Herero mit ebenfalls 7,1 %. Der Bevölkerungsanteil der Weißen liegt bei rund 5 %. Obwohl der Einfluss der Deutschen bis heute im gesamten Alltagsleben noch deutlich zu spüren ist, beträgt ihr Anteil an der Bevölkerung nur um die 2 %. Außerdem gibt es die Nama, Coloureds, Caprivianer, Buschmänner, Baster und Tswana. Das Bevölkerungswachstum liegt bei rund 3 %. So stieg die Bevölkerungszahl in den letzten 10 Jahren um über 400 000.

Staat und Verwaltung: Seit der 1992 durchgeführten neuen Regionalgliederung ist das Land in 13 Regionen aufgeteilt. Die Verfassung Namibias, die durch die verfassunggebende Versammlung verabschiedet wurde, trat am 21. März 1990, dem Tag der Proklamation der Unabhängigkeit, in Kraft. Die Gesetzgebung liegt in den Händen des Parlaments. Das Parlament besteht aus 72 Abgeordneten, die für jeweils fünf Jahre gewählt werden. Ein ›Rat der traditionellen Führer‹ berät den Präsidenten. Ihm gehören traditionelle Oberhäupter der einzelnen ethnischen Gruppen an. Im März 2005 übergibt Präsident Dr. Samuel Nujoma nach drei Wahlperioden sein Amt an Hifikepunye Pohamba.

Wirtschaft: Es herrscht die freie Marktwirtschaft. Nach Südafrika ist Namibia das Land mit dem höchsten Pro-Kopf-Einkommen auf dem schwarzen Kontinent. Es beträgt durchschnittlich 100 € pro Monat. Neben der Förderung von Bodenschätzen trägt die Landwirtschaft, insbesondere die Viehzucht, in hohem Maße zum Bruttosozialprodukt bei.

LANDSCHAFT UND NATURRAUM

Von der Wüste in den Busch

Es sind im Wesentlichen vier große Naturräume, in die sich Namibia untergliedert. Entlang der Atlantikküste befindet sich die **Namib-Wüste,** die sich zwischen 70 und 150 km weit ins Land erstreckt. Am Ostrand wird diese Wüste von der **Großen Randstufe** begrenzt, die bis zu 2000 m über den Meeresspiegel reicht und teils von beeindruckenden Passstraßen durchbrochen wird. Zu den attraktivsten zählen Spreetshoogte und Gamsberg Pass. In anderen Landesteilen, nord- und südlich des Namib-Naukluft Parks, zeigt sich der Übergang von der Wüste zum Binnenhochland weniger spektakulär, das Land steigt allmählich an.

Das **Binnenhochland** umfasst den größten Teil der Landesfläche und liegt durchschnittlich 1700 m hoch. Im Binnenhochland findet man auch die wichtigsten Gebirgszüge, wie die Naukluft-Berge, Spitzkoppe und Brandberg-Massiv sowie den Waterberg und die Karasberge tief im Süden. Der dritte große Naturraum ist das **Kalahari-Hochbecken** mit seiner roten Dünenlandschaft im Osten an der Grenze zu Botswana. Den vierten und deutlich kleinsten Naturraum bildet das **Buschland** im Norden, an der Grenze zu Angola, das sich durch den Caprivi Strip bis nach Katima Mulilo und Kasane zieht. Dort findet man feuchten, tropischen Urwald in einer beeindruckenden Flusslandschaft.

Die Namib-Wüste

Die Namib-Wüste gehört mit ihrer Süd-Nord-Ausdehnung von rund 2000 km – sie reicht vom südafrikanischen Port Nolloth bis weit ins angolanische Territorium hinein – nicht nur zu den größten, sondern auch zu den trockensten Wüsten der Welt. Oft regnet es über Jahre in ganzen Landstrichen überhaupt nicht.

Doch die Wüste zeigt sehr unterschiedliche Gesichter. Zwischen Oranje und Lüderitz gefällt sie sich als sandbedeckte Ebene mit felsigem Grund. So richtig ›wüstig‹ wird sie dann erst nördlicher. Zwischen Lüderitz und dem Kuiseb River sowie westlich von Swakopmund ist die Namib so, wie man sich eine Wüste landläufig vorstellt. Riesige Dünenformationen haben sich gebildet und verändern, vom Wind getrieben, regelmäßig ihr Aussehen. Die mächtigen Dünen im **Sossusvlei** gehören zu den höchsten der Welt. Nicht ohne Grund wurde das Tal des Trockenflussbetts des Tsauchab, das hinein ins Sossusvlei führt, zu einem der größten Touristenmagnete des Landes. Namibia ohne Sossusvlei geht eigentlich gar nicht.

Zwischen Kuiseb und Gogab gleicht die Wüste einer lebensfeindlichen Marslandschaft, bedeckt von grauschwarzen Schotterebenen. Nördlich vom Ugab wird sie zu einem endlosen Sandmeer. Hier zeigt die Skelettküste ihr gefährlichstes Antlitz, dem sich wohl auch ihr Name verdankt.

Das Binnenhochland

Weite Teile des Binnenhochlands liegen zwischen 1500 und 2000 m über dem Meeresspiegel. Einzelne Berge oder Gebirgszüge, die sich im Bereich der Randstufe zur Wüstenregion gebildet haben, ragen in die Höhe. Gras- und Buschland sowie hügelige Flächen mit eingeschnittenen Tälern dominieren das Aussehen des Hochlands. Ein gutes Beispiel dafür ist unter anderem das **Khomas-Hochland** westlich von Windhoek.

Nicht viel niedriger, nämlich im Durchschnitt noch immer 800–1200 m über dem Meeresspiegel, liegt das **Kalahari-Hochbecken.** Der größte Teil dieses rund 1,2 Mio. km^2 großen Beckens befindet sich zwar in Botswana, Angola, Zimbabwe und Zambia, doch auch in Namibia reicht es bis zu 400 km tief ins Land. Die Kalahari ist eine relativ flache Steppen- und Savannenlandschaft, die vor allem durch ihren roten Sand und die roten Dünen charakterisiert ist. Zwischen den Dünenkämmen haben sich zahlreiche Pfannen gebildet, in denen sich bei den seltenen Regenfällen Wasser sammelt. Wenn es verdunstet, bleiben weißliche Salz-Lehm-Krusten zurück. Ein typisches Beispiel dafür ist das, allerdings in der Namib gelegene, Sossusvlei.

Klima: heiß und trocken

So unterschiedlich wie die Landschaften ist auch das Klima. Im Prinzip gliedert es sich in drei Hauptzonen. Das ist zum einen der Streifen an der **Atlantikküste.** Durch den sehr kalten Bengualstrom bleibt es dort, trotz Wüste, selbst in den heißesten Sommermonaten angenehm kühl. Aus diesem Grund zieht es auch Jahr für Jahr tausende Namibier, die es sich leisten können, im Januar und Februar nach Swakopmund, in den ›Kühlschrank‹ des Landes. Das Klima dort kann in den Monaten des Südwinters, verstärkt durch den feuchten Nebel, selbst für Mitteleuropäer unangenehm sein.

Ganz anders in den Wüstengebieten westlich der Abbruchstufe, in der **Namib.** Hier kann man das ganze Jahr über mit trockenem, klarem Wetter rechnen. Selbst im Winter klettern die Temperaturen oft auf 25 °C, im Sommer weit darüber hinaus. Typisch für diese Region ist auch ein fast immer wehender kräftiger Wind. Nachts kann es besonders im Winter recht kühl werden.

Noch kühler, bis hin zu Frost und vereinzelten Schneefällen (alle paar Jahrzehnte) wird es im **Binnenhochland.** Wegen der großen Höhe wird es im Sommer nicht ganz so heiß wie in der Namib. Nachts kann es dafür zu recht frostigen Erfahrungen führen – so mancher Camper wurde davon überrascht.

Ein ›Zwischenwetter‹ gibt es in der **Kalahari.** Einerseits sind die Temperaturen und Niederschläge so, wie man sie in Wüstengebieten erwartet, doch durch die Lage mit rund 1000 m über dem Meer gibt es fast immer angenehm kühle Nächte als Ausgleich zu den drückend heißen Tagen.

Komplett anders als am Atlantik und im Hochland sieht es im **Caprivi Strip** aus. Dort fallen wesentlich mehr Nie-

›Riesenmurmeln‹ im Giants' Playground

derschläge, und das ausgedehnte Flusssystem sorgt nicht nur für dichten tropischen Urwald, sondern auch für eine enorme Luftfeuchtigkeit, die man sonst im Land bestenfalls direkt an der Küste finden kann.

Das kostbare Nass

Wegen der klimatischen Voraussetzung ist in Namibia Wasser ein wahrhaft kostbares Nass. Immer wieder werden große Landesteile von jahrelangen Trockenzeiten heimgesucht. Das bringt nicht nur große Probleme für Pflanzen und Tiere, sondern treibt auch immer mehr Farmer in den Ruin, weil sich die Viehzucht unter diesen Bedingungen nicht lohnt.

Über die Jahrzehnte entstanden im ganzen Land **Staudämme,** die die Wasserversorgung der Bevölkerung stabilisieren sollen. Die größten befinden sich in Hardap, Naute, von Bach, Omatako und in Ruacana am Kunene. Über ein großes **Kanalsystem** wird Wasser vom Okavango River und aus dem Karstfeld um Grootfontein zum Von Bach Dam und zum Omatako-Damm geleitet. Eine wichtige Maßnahme zur Sicherung des Wasserbedarfs der Hauptstadt und der umliegenden Gemeinden. Doch das Kanalsystem ist tückisch. Aus Kostengründen ist der Kanal zwischen Grootfontein und

ÜBERLEBENSKÜNSTLERIN IN DER WÜSTE

Eine leuchtend bunte Blütenpracht ist ihr ebenso fremd wie sattgrüne Blätter. Schön ist sie wahrlich nicht, trotzdem kann man sie getrost als Königin der Wüste bezeichnen. Gemeint ist die Welwitschia. Nirgends sonst findet man diese Überlebenskünstlerin als in Namibia und Südangola nördlich vom Kuiseb und dabei immer in ›Reichweite‹ des Atlantik. Denn von dessen nebligem Hauch lebt die *Welwitschia mirabilis,* dieses eigenwillige Gewächs, das Mitte des 19. Jh. vom österreichischen Botaniker Dr. Friedrich Welwitsch seinen Namen erhielt. Der Zusatzname *mirabilis* bedeutet ›wunderbar‹. So hat Welwitsch seine Entdeckung empfunden. Wobei man sich über die optische Attraktivität dieser Pflanze, die zur Gruppe der Sukkulenten gehört, sicher trefflich streiten kann. Unbestreitbar ist, dass der Natur mit der Welwitschia ein Meisterwerk an Überlebenskunst gelungen ist.

Die Riesenwelwitschias, die man gut ausgeschildert in der Nähe von Swakopmund findet, sind bis zu 1500 Jahre alt. Und das in einer Umgebung, wo Niederschläge Mangelware sind. Theoretisch ist die Welwitschia ein Baum, vereinzelte Exemplare mit 1–2 m hohen Stämmen wurden gefunden, praktisch schlängeln sich ihre einige Meter langen Blätter als unübersichtliches Bündel am Boden entlang. Was die Touristen oft stört, der ständige Nebel, der besonders in der Region um Swakopmund fast täglich vom Atlantik ins Land zieht und die erste Tageshälfte im Grau verschwimmen lässt, ist für die Welwitschia der Lebensquell. Über die große Fläche ihrer Blätter nimmt sie Feuchtigkeit aus diesem Nebel auf. Lange Zeit nahmen die Wissenschaftler an, die mächtige, bis 100 m tief reichende Pfahlwurzel der Welwitschia erreiche das Grundwasser. Eine These, die man jedoch aufgeben musste, denn Untersuchungen ergaben, dass dort, wo sie ihre Heimat hat, das Grundwasser noch viel tiefer liegt.

Dass viele der Pflanzen, besonders der sehr alten Exemplare, so zerzaust aussehen, liegt nicht nur daran, dass sich ihre Blätter mit der Zeit spalten: besonders in der Trockenzeit fressen immer wieder Tiere daran herum. Da die Blätter im Jahr rund 25 Zentimeter nachwachsen, richten Nashörner, Oryxantilopen oder Zebras jedoch kaum bleibende Schäden an.

Dass eine so einzigartige Pflanze wie die Welwitschia unter Naturschutz steht, versteht sich von selbst. Übrigens trifft das auf alle Sukkulenten in Namibia zu. Man sollte ihr allerdings mit Vorsicht begegnen. In ihrem dichten Blattwerk finden zahlreiche Kleinlebewesen Schutz. Echsen und Spinnen sind dabei noch relativ harmlos, von Schlangen und Skorpionen kann man das weniger behaupten. Schlangen verschwinden zwar, wenn sie durch menschliche Schritte aufgeschreckt werden, Skorpione aber nicht. Und da ein Mensch nicht so schnell reagiert wie ein Pavian, der den unter Steinen versteckten Skorpionen blitzschnell den Giftstachel ausreist und sie dann als Delikatesse verspeist, solte man Zurückhaltung walten lassen.

Omatako offen. Das führt nicht nur zu riesigen Verlusten durch die Verdunstung von Millionen Litern Wasser jährlich, sondern, da der Kanal nicht richtig gesichert ist, verenden Jahr für Jahr tausende von Tieren in seinen Fluten. Nicht ohne Grund nennen ihn viele Farmer den ›Killerkanal‹.

Die Wasserknappheit zwingt die größeren Städte zur **Wiederaufbereitung** ihres Brauchwassers. So besitzt Windhoek eine kombinierte Kläranlage, die das Wasser mechanisch, biologisch und chemisch klärt. In Swakopmund nutzt man das Abwasser zum Sprengen der Grünanlagen, Parks und Straßenbäume. Das ist zwar eine effektive Lösung, oft aber auch sehr geruchsintensiv.

Flora

Trotz der hohen Trockenheit haben sich Fauna und Flora des Landes eine große Vielfalt erhalten. Neben weiten Wüsten- und Halbwüsten sowie Savannenflächen dominieren im Land **Graslandschaften.** Hier zeigt sich eines der eklatantesten Umweltprobleme. Durch die jahrelange Überweidung riesiger Areale wurden die Reste des spärlichen Graswuchses vernichtet. So können sich die Dornbüsche immer weiter ausbreiten. Sie sind extrem widerstandsfähig. Als Folge kommt es zu einer **›Verbuschung‹** der Landschaft. Diese Flächen sind damit als Weideland verloren.

Beeindruckend ist die **Wüstenvegetation,** die sich über Jahrmillionen an das trockene Klima angepasst hat. Ihre bekannteste Vertreterin ist die Welwitschia (s. Thema S. 18). Ein Naturschauspiel besonderer Art bieten die scheinbar völlig vertrockneten **Halbwüstengebiete.** Schon nach einigen Regenschauern verwandeln sie sich in ein wahres Blütenmeer. Neben verschiedenen Akazienarten sind auch die Köcherbäume Überlebenskünstler. Oft findet man sie an Steinhängen oder in Schluchten, wo sonst kaum ein anderer Baum wächst.

Mehr als die Hälfte der Landesfläche sind **Savannen.** So wie die Niederschläge in Richtung Norden zunehmen, so wächst auch der Baumbestand, je höher man in den Norden kommt. Im Süden herrschen Kameldornbäume vor, in Zentralnamibia sind es verschiedene Akazien, Bergdorn und Kudubusch, während man im Norden neben dem von Elefanten geliebten Mopane auch Baobabs, also Affenbrotbäume, sieht. **Dichten Baumbestand** findet man dagegen fast ausschließlich im Nordosten im Caprivi Strip. Zu den Akazien und Affenbrotbäumen gesellen sich dort mächtige Wildfeigenbäume. Überraschend für viele Besucher, die im Südherbst in den Caprivi-Zipfel kommen, ist der ›Golden Summer‹, den sie hier nicht erwartet haben. Doch viele Bäume verlieren ihre Blätter, so dass diese herbstliche Laubfärbung entsteht.

Fauna

So wie die Pflanzenwelt haben sich zahlreiche Tierarten hervorragend an die extrem trockene Witterung angepasst. Das beste Beispiel dafür sind die **Wüstenelefanten.** Über hunderte Generationen haben sie gelernt, in dieser feindlichen Umwelt zu überleben. Würde man Elefanten aus dem Etosha National Park in die Wüstengebiete des Kaokovelds umsiedeln, würden sie jämmerlich verdursten.

Namibia gilt als eines der tierreichsten Länder Afrikas. Wichtige Voraussetzung dafür sind die über 20 **Tier- und Naturparks,** die immerhin fast 14 % der Landesfläche unter Schutz stellen. Mit Abstand der bekannteste und meistbesuchte ist der Etosha National Park (s. S. 142), in dem rund 130 Säugetierarten eine Zuflucht gefunden haben. Unter ihnen auch die berühmten ›Big Five‹, also Elefant, Nashorn, Büffel, Löwe und Leopard.

Doch außerhalb der Schutzgebiete trifft man ebenfalls auf zahlreiche **Wildtiere,** darunter Kudu, Springbock und das Wappentier Namibias, die stolze Oryxantilope. Gepard, Schakal und vereinzelt Leoparden wurden ebenfalls gesehen. Nicht zu vergessen große Pavianfamilien, die mehr oder minder friedlich durchs Land ziehen. Vor der Küste pflegen tausende Robben ihr Familienleben und bringen ihre Jungen zur Welt, während Wale und Delfine nur an Namibias Küsten vorbeiziehen.

Das Land im Südwesten Afrikas ist auch ein Paradies für Vogelfreunde. Über 600 der 887 im südlichen Afrika beobachteten **Vogelarten** wurden bereits gesichtet. Neben den großen Raubvögeln, den Flamingos und Pelikanen, flechten die Siedelwebervögel ihre mächtigen Nester für bis zu 300 Brutpaare kunstvoll in die Baumkronen.

Interessant, aber nicht immer ungefährlich sind Namibias **Kriechtiere** und **Reptilien.** Geckos und Schildkröten sind harmlos. Eine Begegnung (wenn auch sehr selten) mit der Schwarzen Mamba, der Puffotter oder einer Kobra lässt dagegen den Adrenalinspiegel in ungeahnte Höhen schießen. Aber im Normalfall bekommt man diese sehr scheuen Schlangen höchstens tot zu Gesicht. Todesfälle durch Schlangenbiss hat es in den letzen Jahren unter Touristen nicht gegeben. Auch nicht ungefährlich und nicht minder interessant sind die imposanten Nilkrokodile, die im Kunene und im Okavango leben.

Unübertroffen ist die Faszination der **Insekten.** Rund 20 000 Arten soll es im Land geben. Bekannt und gefürchtet sind die Skorpione, die sich gern unter Steinen verstecken und im Gegensatz zu Schlangen nicht das Weite suchen. Doch sind Skorpionstiche viel weniger gefährlich als landläufig angenommen. Kaum eine Skorpionart ist tödlich.

Melonen in der Wüste?

Nara-Melonen machen es möglich. Sie gehören zwar zu den viel Wasser benötigenden Kürbisgewächsen, doch sie haben sich angepasst. Mit tiefen Wurzeln holen sie ihr Wasser unter den Dünen hervor. Da sie keine Blätter austreiben, ist die Verdunstung in der Sonne minimal. Die Topnaar-Nama stellen aus den Melonen süße Leckereien her.

WIRTSCHAFT UND UMWELT

Landwirtschaft

Die Landwirtschaft nimmt auf dem Arbeitsmarkt noch immer den wichtigsten Platz ein. Dem relativ geringen Beitrag von 13 % zum Bruttoinlandsprodukt, die im landwirtschaftlichen Sektor erwirtschaftet werden, stehen 43 % aller Arbeitsplätze im Land gegenüber.

Ackerbau spielt wegen der klimatischen Verhältnisse kaum eine Rolle. Auf gut bewässerten Arealen werden zum Teil Kartoffeln, Mais, Bohnen und Getreide angebaut. Immerhin kann damit fast der Eigenbedarf gedeckt werden. Vereinzelt gibt es Obst- und Gemüsefelder, und sogar einige Weingüter haben sich profiliert.

90 % der landwirtschaftlichen Erträge werden jedoch in der **Viehzucht** erwirtschaftet. Die Viehzucht wird extensiv betrieben. Je nach den Niederschlägen schwankt der Bestand an Rindern zwischen 2 und 3 Mio. Stück. Dazu kommen rund 3 Mio. Schafe und Ziegen. In Europa rechnet man für eine Großvieheinheit (Rind) rund 1 ha Land. In Namibia benötigt ein Rind selbst im Norden schon fast 20 ha Weidefläche, im Süden teils bis zu 40 ha. Entsprechend liegen die üblichen Farmgrößen im Norden bei 5000 ha und erreichen im Süden über 30 000 ha. Farmer sagen, dass eine reine Rinderfarm unter 300 Tieren nicht mehr wirtschaftlich zu führen ist.

War neben der Rinderzucht über viele Jahrzehnte die Zucht von Karakulschafen ein wichtiges Standbein vieler Farmer, ist dieser Markt völlig zusammengebrochen. Persianer sind nicht mehr gefragt. Heute weiden auf den Schaffarmen im Süden fast ausschließlich Fleischschafe. Ein Großteil des Schlachtviehs wird exportiert. Neben Südafrika gehört auch die EU zu den Abnehmern. Im Aufwind sind seit einigen Jahren **Wildfarmen.** Besonders die Straußenzucht besitzt ein großes Wachstumspotenzial.

Ein schwieriges Problem stellt die 1990 verkündete Landreform dar. Noch geht man in relativ kleinen Schritten voran. Der Staat besitzt das Vorkaufsrecht bei Farmen. Unbewirtschaftetes Land kann enteignet werden. Zurzeit gibt es in Namibia knapp 4000 kommerziell betriebene Farmen, die noch immer fast ausschließlich in weißen Händen liegen.

An der Landverteilung zu Gunsten der Weißen hat sich nichts Wesentliches geändert. Doch mehren sich unter dem Eindruck der Ereignisse in Zimbabwe auch in Namibia Stimmen, die eine Enteignung der weißen Großfarmer fordern. Bisher gab es nur vereinzelte Aktionen, doch die Unsicherheit bei den Farmern, die zum Teil seit drei oder vier Generationen im Land sind, wächst. Bleibt die Hoffnung, dass Sam Nujoma die Fehler seines Freundes Robert Mugabe nicht wiederholt. Sehr schnell könnte aus Namibia ein weiteres Armenhaus Afrikas entstehen. Zimbabwe exerziert das in schrecklicher Perfektion vor.

Bodenschätze

Von der ökonomischen Bedeutung her ist der **Bergbau** die Nummer 1 der namibischen Wirtschaft. Über ein Drittel der Exporterlöse realisiert allein der Verkauf von Diamanten. Damit sind die glitzernden Steine die wichtigste Grundlage für die weitere Entwicklung der Gesellschaft. Daneben werden Uranerz, Kupfer, Blei, Zink, Pyrit, Flussspat und weitere Bodenschätze gefördert.

Die größte Mine des Landes ist die **Rössing-Mine** (s. S. 174) in der Nähe von Swakopmund. Sie ist der größte Uran-Tagebau der Welt. Allein an die 600 Mio. t Abraum wurden bisher aus dem riesigen Loch gefördert.

Vor der Südküste, in der Nähe der Mündung des Oranje Rivers in den Atlantik, wurde vor einigen Jahren das **Kudu-Gasfeld** gefunden. Die Erschließung ist geplant. Damit könnte die Wirtschaft des Landes den Anschub erhalten, den sie benötigt, um die dringenden sozialen Probleme in den Griff zu bekommen. Vor der Nordküste werden größere Erdölfelder vermutet, doch erfordern diese, ebenso wie die Suche nach weiteren fossilen Brennstoffen, noch umfangreiche Erkundungsarbeiten durch Geologen – und dazu letztlich ausländische Entwicklungshilfe.

... immer noch ein guter Verkaufsstand

Industrie

Die namibische Industrie hat bis heute mit zwei wesentlichen Problemen zu kämpfen. Das eine ist die Tatsache, dass im Land während der südafrikanischen Verwaltung bis 1990 praktisch keinerlei Finalproduzenten angesiedelt wurden. Als fünftes Rad am südafrikanischen Wirtschaftswagen waren nur die Rohstoffe und landwirtschaftliche Produkte gefragt. Außerdem steht der Entwicklung einer eigenen namibischen Industrie der winzige Markt von unter zwei Millionen Konsumenten entgegen, die in der Mehrzahl kaum freie Kaufkraft besitzen. Die wenigen Industriebetriebe verarbeiten vor allem namibische Rohstoffe.

Tourismus

Seit der Unabhängigkeit gehört der Tourismus zu den dynamischsten Wirtschaftszweigen. Nach Landwirtschaft und Bergbau liegt er mittlerweile auf Platz drei. Auf über 500 000 stieg die Zahl der Touristen pro Jahr. Die Mehrzahl kommt aus dem benachbarten Südafrika. An zweiter Stelle liegen, immer noch historisch begründet, die Deutschen, deren absolute Gästezahl sich allmählich auf die Hunderttausender-Marke zu bewegt. Im Gegensatz zu früheren Jahren sind es jetzt nicht mehr nur Individualtouristen, die ins Land kommen. Namibia hat einen festen Platz in den Fernreisekatalogen fast aller wichtigen Reiseveranstalter gefunden. Damit eröffnet sich dem Namibiatourismus ein großes Potenzial. Die Infrastruktur wird bereits entsprechend ausgebaut: neben zahlreichen neuen Gästefarmen wurden moderne Lodges und Hotels eröffnet. Auch der kulinarische Aspekt einer Reise nach Namibia hat sich von recht stiefmütterlich zu variantenreich und lohnswert gewandelt. Selbst verwöhnte Gourmets können ihnen Gemäßes finden.

Das **Straßennetz** gehört zu den dichtesten in Afrika, und auch die ungeteerten Pads sind, wenn man den hohen Norden und das Kaokoveld ausklammert, fast durchweg gut befahrbar.

UMWELTSCHUTZ IST LEBENSWICHTIG

Neben diversen Bodenschätzen wie Diamanten und Uranerz sind die Natur und die überwältigende Vielfalt der Tierwelt das wichtigste Kapital des Landes. Es liegt also im ureigensten Interesse aller Namibier, dieses zu schützen. Eine Tatsache, die immer wieder, wenn auch nicht mehr so oft wie noch vor Jahrzehnten, zu schweren Interessenkonflikten führt. Auf dem Papier ist zumindest von staatlicher Seite alles getan, um dieser Notwendigkeit gerecht zu werden. Namibia war das erste Land der Welt, das den Naturschutz in seiner Verfassung verankerte. Dass Namibia viel tut, um diesen Vorsatz auch in die Tat umzusetzen, zeigen die großen Anstrengungen zum Ausbau der zahlreichen Wildparks und Naturschutzgebiete und zur Beendigung der besonders in den Kriegsjahren dramatisch gestiegenen Wilderei. Rund 15 % der Gesamtfläche des Landes sind Natur- und Wildreservate oder geschützte Erholungsgebiete. Zu den geschützten Gebieten gehört auch das große Diamantensperrgebiet zwischen Oranje River und Lüderitz. Auch hier kann sich die Tier- und Pflanzenwelt ungestört entwickeln. Selbst Diamantenfelder können also einen positiven Einfluss auf den Naturschutz haben.

Erfolge all dieser Bemühungen sind nicht zu übersehen. Der Tierbestand in der Etosha hat so zugenommen, dass über gezielte Abschüsse nicht nur nachgedacht werden muss. Immerhin rund 400 Löwen leben wieder in Namibia, die Hälfte in der Etosha, und selbst die Wüstenelefanten im Kaokoveld sind wieder deutlich öfter anzutreffen.

Doch all das können nur kleine Schritte auf dem Weg sein, den Naturschutz in den Köpfen aller Menschen zu verankern. Einen wichtigen Beitrag dazu leistet, wenn auch ab und an gerade aus Naturschutzkreisen kritisiert, der Tourismus. Je mehr Menschen an den Einnahmen in diesem Bereich partizipieren, umso mehr werden merken, dass die weitere Entwicklung des Tourismus unabdingbar mit dem Erhalt der Tierwelt und der Natur verbunden ist. Touristen kommen nicht nach Namibia, um die Uranmine zu besichtigen oder auf der Independenc Ave. in Windhoek bummeln zu gehen, das nehmen sie nur am Rande mit. Sie kommen, um Pirschfahrten im Etosha National Park zu unternehmen, das morgendliche Glühen der Dünen im Sossusvlei zu erleben oder vom Plateau des Waterbergs den grandiosen Blick über das weite Land zu genießen.

Insbesondere für die Farmer, die einen Großteil ihrer Einkünfte mit dem Tourismus erwirtschaften, hat sich so der Konflikt zwischen der Nutztierhaltung und der Fresslust afrikanischer Raubtiere entschärft. Das heißt zwar noch lange nicht, dass alle Farmer plötzlich die Hyäne für ein nützliches Tier halten oder den Leopard auf ihren Farmen begrüßen. Doch sie wissen, dass ihre Gäste eine intakte Tierwelt möglichst mit all ihren Facetten kennen lernen möchten.

Rund um den Etosha National Park sind zahlreiche neue Gäste- und Jagdfarmen entstanden. Eine gute Voraussetzung dafür, dass auch hier der Konflikt beigelegt werden kann, der als hoch explosive Mischung zwischen den Farmen und der Parkverwaltung stand, die ihren Außenzaun oft nicht in Ordnung halten konnte und den Wildtieren damit freien Zugang zu so mancher Farm verschaffte.

Dem Anliegen der Konfliktlösung zwischen Farmern und Wildtieren hat sich auch die 1997 von Tammy und Uwe Hoth gegründete Afri-Leo Stiftung verschrieben. Neben intensiver Forschungs- und Aufklärungsarbeit rund um die Löwenpopulation in Namibia setzt die Stiftung ihre Arbeit genau dort an, wo die Zukunft des Landes liegt, bei den Kindern. In einem eigens gebauten Schulungszentrum erfahren Schulklassen mehr über die Tiere und den Naturschutz. »Kinder im Alter zwischen 10 und 16 Jahren können mit ihren Lehrern zu uns kommen. Klassenzimmer und Lehrerhaus existieren bereits und unseren Zeltplatz funktionieren wir zum Camp um«, erzählt Uwe Hoth. »Es ist uns besonders wichtig, die Kinder schon jetzt für den Schutz unserer Umwelt zu sensibilisieren. Sie sind die Farmer von morgen.«

Ein ebenso großes Problem stellt die Verbuschung großer Landesteile dar, die durch die jahrelange Überweidung und lange Trockenperioden entstanden ist. Aber wenn die Farmer Geld aus anderen Quellen beziehen, können sie leichter auf zu große Viehbestände verzichten. Wer regelmäßig in Namibia unterwegs ist, erlebt hautnah, wie sich die Einstellung der Menschen zur Natur ändert.

Begegnung mit einem der seltenen Wüstenelefanten

GESCHICHTE IM ÜBERBLICK

Vor- und Frühgeschichte

Vor 10–15 Mio. Jahren	Die Ausgrabung eines Hominiden *(Otavipithecus nambiensis)* in den Otavi-Bergen beweist, Südwestafrika ist einer der ältesten Siedlungsräume der Menschheit.
27 000 Jahre v. Chr.	Fragmente kleiner Steinplatten mit Menschen- und Tierdarstellungen, die im Süden Namibias gefunden wurden, bezeugen die sehr frühe Besiedlung der Region. Diese kleinen Kunstwerke zählen zu den ältesten ihrer Art in Afrika.
5000 v. Chr.	Felsbilder entstehen am Brandberg, im Erongo-Gebirge und im Spitzkoppegebiet.
800 v. Chr.	Die Menschen lernen, Tiere zu halten. Erste Hirtenvölker entstehen.

Europäer entdecken das Land

1486	Als erster Europäer landet der Portugiese Diego Cão an der Küste Namibias. Er errichtete am heutigen Cape Cross ein Steinkreuz, wodurch er das Land für Portugal in Besitz nehmen wollte.
1488	Der berühmte Seefahrer Bartholomeu Diaz erkundete im Auftrag des portugiesischen Königs die afrikanische Westküste und errichtete an der heutigen Lüderitzbucht ebenfalls ein Steinkreuz.
16. Jh.	Aus Ost- und Zentralafrika wandern bantusprachige Völker in den Norden Namibias ein – unter Ihnen das Volk der Herero. Auf der Suche nach tsetsefreien Weidegründen mussten sie mit ihren Rinderherden die ursprüngliche Heimat verlassen.
17. Jh.	Walfänger benutzen erstmals die Lagune von Walvis Bay als Anlegeplatz. Die Walfänger verschwanden wieder, der Name blieb.

Kämpfe zwischen afrikanischen Stämmen

Mitte des 18. Jh.	Die Stämme und Herden der Herero wachsen, so dass sie weiter nach Süden ziehen. Dabei treffen sie auf die ebenfalls südlich ziehenden Nama (Hottentotten). Es kommt zu heftigen Auseinandersetzungen. In diese Zeit fallen auch die ersten Handelskontakte weißer Siedler im Süden zu den Stämmen in Zentralnamibia. Es entsteht eine Handelsroute entlang des Swakop River.
1761	Die Kapregierung entsendet eine Expedition ins Namaland, das heutige Südnamibia. Sie erfasst erstmals einen Teil Namibias kartografisch.
1805	Erste christliche Missionare kommen ins Land.
1811	Die Missionsstation Bethanie wird gegründet. Von ihr aus sollen die Nama und Orlaam christianisiert werden.

1820–35 Die weißen Kolonialisten im südafrikanischen Kapland vertreiben die einheimische afrikanische Bevölkerung, der nur der Weg Richtung Norden nach Namibia bleibt. Von den Weißen verdrängt, wandern auch die Orlaam nach Norden. Eine Dürreperiode, die die Herero mit ihren Rinderherden weiter nach Süden treibt, verschärft diese Situation. Es kommt zu harten Auseinandersetzungen zwischen den Herero und den nach Norden vordringenden Stämmen.

1840 Unter ihrem Häuptling Jan Jonker Afrikaner vertreiben die Orlaam die Herero aus dem Gebiet des heutigen Windhoek, in dem sich zahlreiche heiße Quellen befinden.

1842 Deutsche Missionare der Rheinischen Missionsgesellschaft kommen ins Land. Ähnlich wie die Briten scheitern sie zumeist mit ihren Versuchen, die Herero zum ›rechten Glauben‹ zu bekehren. Im gleichen Jahr wird eine Missionsstation Windhoek gebaut.

um 1850 Im mittleren Namibia bei Rehoboth und am Swakop River wird Kupfer gefunden. Unternehmen, die ihr Geld bisher mit Fischfang, Branntwein oder Viehhandel verdient haben, steigen in das neue Geschäft ein. Das Kupfer lockt noch mehr Europäer ins Land. Gleichzeitig verschärfen sich die Probleme zwischen den afrikanischen Stämmen.

1858 Jan Jonker Afrikaner ruft am 9. Januar alle namibischen Häuptlinge in Hoachanas zusammen. Sie schließen den ›Friedensvertrag und Stämmebund von Hoachanas‹. In diesem Dokument versichern sich die Häuptlinge ihrer gegenseitigen Loyalität und fixieren Regeln zum Umgang mit den weißen Siedlern.

1863 Der Vertrag von Hoachanas kann weitere kriegerische Auseinandersetzungen zwischen den Herero und Nama/Orlaam nicht verhindern. Händler und Missionare fühlen sich bedroht und bitten Großbritannien und Deutschland um Hilfe.

1871 Das Deutsche Reich wird gegründet. Nun steht auch Deutschland der Weg zur Kolonialmacht offen.

1878 Großbritannien fürchtet die wachsende Stärke und den Einfluss Deutschlands und besetzt das Gebiet um Walvis Bay.

Unter deutscher Kolonialverwaltung

1883 Der Bremer Tabakhändler und Kaufmann Adolf Lüderitz geht in der Bucht Angra Pequena (die spätere Lüderitzbucht) an Land. Er und sein Begleiter Heinrich Vogelsang kommen mit dem Vorsatz, Südwestafrika zur deutschen Kolonie zu machen. Neue Absatzmärkte, billige Bodenschätze und Land für arbeitslose Deutsche sind ihre Ziele. Durch Betrug nehmen sie große Ländereien rund um das spätere Lüderitz in Besitz.

1884	Auf der Berliner Konferenz verteilen die europäischen Großmächte die Einflussgebiete in Afrika. Südwestafrika wird deutsches Schutzgebiet. Damit beginnt die deutsche Kolonialherrschaft im Land.
1885	Am 30. April wird die Deutsche Kolonialgesellschaft für Südwestafrika gegründet. Sie holt deutsche Siedler ins Land und verkauft bzw. verpachtet Farmland ohne Rücksicht auf die eigentlichen Besitzer.
1889	Die ins Land geholten deutschen Schutztruppen beginnen, die Völker Zentral- und Südnamibias zu unterwerfen.
1890	Bismarcks Nachfolger, Reichskanzler Leo Caprivi, handelt mit England den ›Helgoland-Sansibar-Vertrag‹ aus, der Deutschland mit dem Caprivi Strip (›Caprivi-Zipfel‹) direkten Zugang zum Zambezi sichert.
1891	Windhoek wird offizieller Sitz des deutschen Kommissariats.
1904	Im Januar beginnt in Okahandja der Herero-Aufstand. Unter Führung des berüchtigten Generals von Trotha wurde der Aufstand blutig Niedergeschlagen und zehntausende Herero ermordet.
1908	In der Namib-Wüste östlich von Lüderitz wird ein Diamant gefunden. Noch im selben Jahr erklärt die Kolonialmacht einen 100 km breiten Streifen an der Atlantikküste zwischen der Mündung des Oranje und Lüderitz zum Diamantenschutzgebiet.
1915	Südafrikanische Streitkräfte marschieren in Namibia ein. Die deutschen Truppen kapitulieren. Damit ist die deutsche Kolonialherrschaft praktisch beendet.

Südafrika wird Mandatsmacht des Völkerbundes

1919	Der Vertrag von Versailles beendet den Ersten Weltkrieg und bringt Deutschland nun auch formell um alle Kolonien. Namibia wird Mandatsgebiet des Völkerbundes, Südafrika die Mandatsmacht.
1923	Nachdem viele Deutsche die ehemalige Kolonie verlassen mussten, schreibt das ›Londoner Abkommen‹ das Heimatrecht deutscher Siedler fest.
1934	Namibia wird de facto als fünfte Provinz Südafrikas verwaltet.
1946	Nach dem Ende des Zweiten Weltkrieges kommt es zu einem heftigen Konflikt zwischen Südafrika und der UNO. Südafrika weigert sich, Namibia wieder unter internationale Hoheit zu stellen.
1951	Siedlungswillige Deutsche erhalten Einwanderungserleichterungen.

Der schwarze Widerstand formiert sich

1959	Am 10. Dezember findet ein Protestmarsch der Frauen gegen die Zwangsumsiedlung in Ghettos vor den Toren Windhoeks statt. Die südafrikanische Armee eröffnet das Feuer. Elf Afrikaner werden getötet und die Umsiedlung mit Gewalt durchgesetzt.

EIN DÜSTERES KAPITEL KOLONIALGESCHICHTE

Nachdem die stolzen Herero 1888 mit den Deutschen einen Schutz- und Freundschaftsvertrag geschlossen hatten, begriffen sie erst allmählich, wie viel von Ihrer Freiheit sie einbüßten. Zwar fühlten sie sich von nun an vor den Angriffen der Nama sicher, mit denen sie über Jahrzehnte in blutigen Fehden lebten, gleichzeitig störte sie, dass auch die Nama einen Vertrag mit den Deutschen hatten. Dieser Konflikt spitzte sich zu, nachdem Samuel Maharero, unterstützt von den Deutschen, zum Häuptling aller Herero gewählt wurde. Nicht alle Stämme erkannten ihn als Führer an und außerdem galt Maharero als korrumpiert. Es gab viele Gründe für den Herero-Aufstand 1904. Immer mehr Land und Vieh verloren sie an die Deutschen, Morde von Weißen an Schwarzen blieben ungesühnt. Der Erwerb von Munition und Feuerwaffen wurde durch das Gouvernement geregelt. Der Anlass für den Ausbruch der Kämpfe war jedoch der Beschluss der Kolonialverwaltung, alle Herero in ein Reservat am Waterberg abzuschieben. Die dort bereits lebenden Herero begannen den Aufstand und ermordeten alle deutschen Männer, die am Waterberg lebten. Die folgenden Wochen brachten für hunderte Deutsche den Tod. Ein Grund für Kaiser Wilhelm II., seinen Gouverneur Theodor Leutwein abzulösen. Leutwein war, als ein den Ausgleich suchender Offizier, respektiert und geachtet. Ersetzt wurde er durch General von Trotha, ein Militär, der sich nur durch Unkenntnis von Land und Leuten sowie seine Rücksichtslosigkeit ›auszeichnete‹.

Es begann ein grausamer Feldzug gegen die Herero. Diese flüchteten zum Waterberg Plateau. Damit waren sie in eine Falle geraten. Am 10. August 1904 formierten sich die Deutschen zum Generalangriff. Es begann ein fürchterliches Gemetzel. Doch während in der eigentlichen Schlacht neben 800 verwundeten oder getöteten Deutschen ›nur‹ einige tausend Herero fielen, begann das wirkliche Drama auf der Flucht der rund 60 000 Herero mit Frauen und Kindern nach Osten. Unbarmherzig trieben die deutschen Truppen die Fliehenden in die wasserlose Omaheke-Wüste. Nur wenige schafften den Weg nach Britisch-Betschuanaland, dem heutigen Botswana. Bis heute sind sich die Historiker nicht einig, wie viele Herero in der Wüste starben. Nur 15 000 sollen die Flucht überlebt haben.

Der Waterberg ist heute eines der Haupttouristenziele des Landes. Seit 1972 steht das ganze Gebiet unter Naturschutz. 90 verschiedene Säugetierarten leben auf dem Plateau, unter anderem Nashörner, Büffel und Antilopen. Da das Plateau gesperrt ist, gibt es nur zwei Möglichkeiten, trotzdem den Blick von dort zu genießen. Vom Bernabé de la Bat Camp führt der Montain View Walk auf das Plateau, dort ist dann aber der weitere Weg abgesperrt. Im Park gibt es andere Wanderwege, so auch zum deutschen Soldatenfriedhof. Ein besonderes Highlight bietet die erst vor zwei Jahren eröffnete Waterberg Wilderness Lodge (s. S. 106).

Reiterdenkmal und Alte Feste in Windhoek

1960 Die SWAPO (South West Africa People's Organization) wird in Dar es Salam gegründet. Erster Präsident ist Sam Nujoma.

1966 Die UNO entzieht Südafrika das Mandat für Namibia. Südafrika erkennt die Entscheidung nicht an. Die SWAPO beschließt, ihren bisher friedlichen Widerstand nun auch mit Waffen zu führen. Es beginnt der 24-jährige Krieg zwischen SWAPO und südafrikanischer Armee.

1969/71 Der UN-Sicherheitsrat und der Internationale Gerichtshof in Den Haag verurteilen die weitere Präsenz Südafrikas in Namibia.

1977 Es beginnen erste Gespräche über die Unabhängigkeit Namibias zwischen Südafrika und der ›Westlichen Kontaktgruppe‹, zu der neben Deutschland, Frankreich und Großbritannien auch Kanada und die USA gehören.

1978 Verabschiedung der Resolution 435 des UN-Sicherheitsrates, die einen Friedensplan für Namibia beinhaltet. Südafrika reagiert im Dezember mit manipulierten Wahlen, aus denen programmgemäß die Demokratische Turnhallen-Allianz (DTA) der erzkonservativen weißen Minderheit als Sieger hervorgeht. Dirk Mudge, Chef der DTA, wird Ministerpräsident. Die Wahlen werden von der SWAPO boykottiert und international nicht anerkannt.

1983 Dirk Mudge tritt zurück. Das Parlament wird aufgelöst. Der südafrikanische Generaladministrator übernimmt erneut die Regierungsgeschäfte.

1982–88 Die bewaffnete Auseinandersetzung zwischen der südafrikanischen Armee und der SWAPO verschärft sich. Südafrikanische Truppen dringen immer weiter in angolanisches Territorium ein, wo sich wichtige Basen der Widerstandskämpfer befinden. Als Voraussetzung für einen Waffenstillstand fordern die USA und Südafrika den Rückzug der in Angola stationierten kubanischen Truppen. Von den USA organisierte Verhandlungen zwischen Südafrika, Angola und Kuba führen 1988 zum Erfolg. Ein Waffenstillstand wird ausgerufen und ein Zeitplan für den Weg zu Namibias Unabhängigkeit erarbeitet.

Namibias Unabhängigkeit

1989 Vom 7. bis 11. November finden die ersten freien Wahlen in der Geschichte Namibias statt. Die SWAPO wird stärkste Partei und erringt 41 von 72 Parlamentssitzen. Die DTA erreicht 21 Sitze. Die restlichen 10 Sitze verteilen sich auf fünf kleinere Parteien. Die südafrikanische Armee beginnt mit ihrem Rückzug.

1990 Am 21. März wird die neue Verfassung verabschiedet und Sam Nujoma zum Präsidenten Namibias gewählt. Unter dem Stichwort ›Reconciliation‹ (Versöhnung zwischen Unterdrückten und Unterdrückern) beginnt der Aufbau eines demokratischen Staates.

1992/93 Die Reservatsgliederung der südafrikanischen Apartheidspolitik wird im Rahmen einer Verwaltungsreform von einer Regional- und Kommunalverwaltung abgelöst, die Namibia künftig in 13 gleichberechtigte, frei zugängliche Regionen aufteilt.

1993 Der südafrikanische Rand wird durch eine eigene Währung, den namibischen Dollar (N$), ersetzt, bleibt aber offizielle Zweitwährung. Der N$ wird 1 : 1 an den Rand gekoppelt.

1994 Das bis dato noch zur Republik Südafrika gehörende Walvis Bay inklusive der vorgelagerten Inseln wird an Namibia übergeben.

1999 Nach einer Verfassungsänderung wird Sam Nujoma für eine dritte Wahlperiode zum Präsidenten Namibias gewählt.

2000 Nujoma gestattet angolanischen Truppen, gegen UNITA-Rebellen im Norden des Landes zu kämpfen. Das bringt erneut Unsicherheit in diese von jahrzehntelangen Kriegen gezeichnete Region. Die touristische Attraktivität des Caprivi-Streifens ist gefährdet.

2001 Als Zeichen für die Bewohner des schwarzen Vororts von Windhoek Katutura wird für 1,5 Mio. N$ der Tukondjee Markt errichtet. 150 Händler und Gewerbetreibende können hier Ihre Waren anbieten.

2004 Die vierten Parlamentswahlen finden statt. Sam Nujoma verzichtet im Voraus auf eine weitere Verfassungsänderung und damit auch auf eine vierte Amtsperiode. Die von ihm geführte SWAPO erhält rund 75 % der Stimmen, neuer Präsident wird Hifikepunye Pohamba.

Kultur und Leben

Junge Himba-Frau

BEVÖLKERUNG UND TRADITIONEN

Bevölkerungsdichte

In Namibia leben knapp 2 Mio. Menschen. Exakte Zahlen gibt es zurzeit nicht. Das bedeutet, dass auf jeden Quadratkilometer Landesfläche weniger als 2,5 Einwohner kommen. In Deutschland sind es etwa 226. Die Bevölkerungsdichte ist jedoch, abhängig von den natürlichen Voraussetzungen, in den verschiedenen Landesteilen sehr unterschiedlich. Dort, wo mehr Regen fällt, wohnen natürlich auch mehr Menschen. So leben fast zwei Drittel der Bevölkerung in den Regionen Omusati, Oshana, Ohangwena und Oshikoto. Von denen wohnen wiederum nur 5 % in Städten, der Rest in traditionellen dörflichen Lebensgemeinschaften. In Zentralnamibia leben etwa 30 %, davon allein rund 250 000 in der Hauptstadt Windhoek. Den weiten Süden teilen sich gerade einmal 7 %. Fast menschenleer sind dagegen der Westen und die Namib-Wüste, ausgenommen die Hafenstädte und die Bergbauzentren.

Von 1970 bis 1990 hat sich die Einwohnerzahl verdoppelt. Das jährliche Bevölkerungswachstum liegt bei rund 3 %. Die geringe Besiedlungsdichte täuscht darüber hinweg, dass das stetige Bevölkerungswachstum die namibische Regierung mittelfristig vor große Probleme stellen wird. Die Wasserressourcen sind sehr beschränkt und der Wasserbedarf wird in nicht ferner Zukunft sicher nur noch durch teure Meerwasserentsalzung zu decken sein.

Bevölkerungsgruppen

Namibia ist ein typischer Vielvölkerstaat. Er wurde ohne Rücksicht auf ehemalige Stammesgebiete afrikanischer Völker in der Region geschaffen. Insgesamt neun größere Bevölkerungsgruppen leben auf dem Territorium des heutigen Namibia. Mehr als 80 % der Bevölkerung stellen die Bantu-Völker, die alle Bantu-Sprachen sprechen. Dazu gehören die Ovambo und die Kavango.

San

Die älteste Bevölkerungsgruppe, die ›Ureinwohner‹ Namibias, sind die San. Die auch als Buschmänner bezeichneten Afrikaner sind sehr klein, meist um 1,50 m groß, und haben eine gelbliche Hautfarbe. Wie die Nama sind sie eng verwandt mit den Khoikhoi. Als Nomaden bewohnten sie früher das gesamte Küstengebiet Namibias bis hinunter zum südafrikanischen East London. Da die San ein friedfertiges Volk sind, zogen sie sich vor den weißen und schwarzen Zuwanderern immer weiter in entlegene Gebiete zurück. Besonders in der Kalahari-Wüste findet man noch heute San-Familien, die ihren ursprünglichen Lebensrhythmus beibehalten haben. Die meisten der reichlich 30 000 San arbeiten jedoch als Hilfskräfte auf Farmen oder versuchen sich als Subsistenz-Bauern. Mit wenig Erfolg, denn die klimatischen Voraussetzungen im ehemaligen ›Buschmannland-West‹ sind denkbar schlecht, und als Jäger und Sammler sind sie für sesshafte Arbeit nicht geboren. Während der kriegerischen Auseinandersetzung zwischen SWAPO und südafrikanischer Armee war die Fähigkeit der San zum Fährtenlesen sehr gefragt. In dieser Zeit lebten viele San vom Geld der Südafrikaner. Anführer, Häuptlinge oder gar Könige kennen die San nicht.

Damara

Auch die Damara gelten als Ureinwohner im Südwesten Afrikas. Im Gegensatz zu den nomadisierenden San waren sie jedoch immer sesshaft und verdienten ihren Lebensunterhalt auf der Jagd, durch Sammeln und später auch durch Gartenbau und Viehzucht. Die meisten der Damara, heute rund 7 % der Gesamtbevölkerung, leben unter ärmlichen Verhältnissen in ihren Großfamilien in den Bergen des mittleren Nordwestens zwischen dem Kaokoveld und dem Erongo. Ähnlich wie bei den San ist die Großfamilie die größte soziale und politische Einheit. Darin liegt auch der Grund, dass beide Völker nie in ihrer Geschichte aktiv Kriege

Herero-Frau nach getaner Arbeit

RÜCKKEHR IN DIE ›FREMDE HEIMAT‹

Für Tuandeleni Shikongo sind die Jahre in der DDR eine lange vergangene Zeit. Längst ist der junge Mann in Namibia angekommen und heimisch geworden. Das war für ihn auch leichter als für viele andere der ›DDR-Kinder‹ . Über 400 waren es, die ab 1979 aus den Bürgerkriegsgebieten im Norden des damaligen Südwestafrika in die DDR kamen. Auf Einladung der Regierung lebten und lernten sie im Osten Deutschlands wie ihre Altersgenossen in der DDR. »Als ich 1985 in die DDR kam, war ich noch ein kleiner Jungen«, erinnert sich Tuandeleni. »Erst kam ich nach Bellin und dann nach Staßfurt. Deutsch haben wir schnell gelernt und auch viele Freunde gefunden. Immer waren wir viele schwarze Kinder aus Afrika, die zusammengewohnt haben. Es war eine sehr schöne Zeit. Wir haben sicher und gut gelebt, viel besser, als wir es aus unserer Heimat kannten.« Doch nach der Wende in der DDR wurde alles anders. 1990 mussten sie alle plötzlich zurück nach Namibia. Egal, was sie dort erwartete. Egal, ob ihre Eltern noch lebten oder überhaupt Familienangehörige da waren, die sich um die Rückkehrer kümmern konnten. Für viele wurde die Konfrontation mit den traditionellen Lebensformen ihrer Familien in den Dörfern fern ab von Windhoek zu einem schlimmen Kulturschock. Die Kinder, die oft über 10 Jahre in der DDR gelebt hatten, konnten zum Teil nicht einmal ihre Muttersprache. Integration in die namibische Gesellschaft fiel da verständlicherweise schwer. Für sie war es zumindest ein Glück, dass Deutsch im Land noch recht verbreitet war. »Noch schlimmer wurde die Rückkehr für die Kinder, die Vater und Muter verloren hatten und nun plötzlich als Waisenkinder klar kommen mussten«, so Shikongo, der sich im Klaren darüber ist, wie viel Glück er hatte. »Ich war noch ein Kind als ich zurückkam. Außerdem war meine Mutter für mich da. Da fiel das Eingewöhnen natürlich leichter.«

Tuandelenis neues Leben begann im Norden, ehe er mit seiner Mutter nach Windhoek kam und dort, wie viele seiner Weggefährten aus der DDR, die deutsche Schule besuchte. Nach der Schule begann er eine Ausbildung zum Brauer und Mälzer in der Swakopmunder Hansa-Brauerei. Christian Sydow, bis 2003 leitender Braumeister in Swakopmund, ist voll des Lobs über seinen Schützling. »Wissbegierig, fleißig und freundlich, es macht Spaß, mit ihm zusammenzuarbeiten und ihn auszubilden.« Anfang 2004 beendete der junge Mann seine theoretische Ausbildung an der Berufsschule in Ulm und seit dem Sommer kümmert er sich darum, dass in Swakopmund das Bier weiter nach dem Deutschen Reinheitsgebot die Brauerei verlässt. Wie viele ehemalige DDR-Kinder fühlt Tuandeleni Shikongo sich wieder in seiner alten Heimat zu Hause. Man findet sie beim Rundfunk und Fernsehen, in der Redaktionsstube der Allgemeinen Zeitung und in zahlreichen Betrieben und Farmen. Für alle, die es geschafft haben, bleiben die Jahre in der DDR eine schöne, aber immer mehr verblassende Erinnerung an eine andere Welt.

führten. Dafür benötigt ein Volk andere, höher entwickelte Strukturen.

Ovambo

Die Ovambo sind das mit Abstand größte Volk Namibias. Auch Sam Nujoma ist ein Ovambo. Über die Hälfte der Bevölkerung gehören zu diesem Volk. Ovambo trifft man besonders im Norden, nördlich des Etosha-Nationalparks zwischen dem Kaokoveld im Westen und der Kalahari, an, in einer der regenreichsten Regionen des Landes. Erst im 16. und 17. Jh. eingewandert, gehören sie fast noch zu den ›Neusiedlern‹. Die Ovambo sind ein matrilineales Volk, d. h., das Erbrecht geht über die mütterliche Linie und ist wie das Erbrecht der Himba für europäische Gewohnheiten recht kompliziert. Kinder tragen damit prinzipiell den Familiennamen der Mutter.

Ein großer Teil der Ovambo auf dem Land lebt noch in den von Pfählen umschlossenen Kralen und betreibt Feldbau und Viehzucht. Die harte Arbeit auf dem Feld ist traditionell Sache der Frauen, während sich die Männer um die Herden kümmern. Diese Lebensform entspricht am ehesten dem Klischee, das europäische Besucher vom schwarzen Kontinent haben.

Lange Zeit blieben die Ovambo in ihren Siedlungsgebieten von den Kolonialherren unbehelligt. Das, besonders für Europäer, ungesunde, feuchtwarme Klima mit Malaria und Schlafkrankheit war ihr Glück. Das änderte sich erst, als die Südafrikaner in den Norden Namibias kamen. Für sie wurden die Ovambo zu einer fast unerschöpflichen Arbeitskraftreserve für ihre Minen. Zehntausende der Männer verpflichteten sich, als Kontraktarbeiter in den Minen von Zentral- und Südnamibia zu arbeiten. Dieses Kontraktarbeitersystem, eine moderne Form der Sklaverei, ist Hauptursache des Widerstandes der Ovambo gegen die Südafrikaner. Durch das enge Zusammenleben der Minenarbeiter bot sich ihnen erstmals die Möglichkeit, sich zu organisieren.

Kavango

Ein weiters Bantu-Volk sind die Kavango. Man nimmt an, dass sie aus Ostafrika in diese Region gewandert sind. Sie leben in ihren mit Palisaden umfriedeten Einzelgehöften fast ausschließlich im regenreichen Nordosten des Landes an den Ufern des Okavango. Der Fluss gibt ihnen Nahrung, so dass neben dem Ackerbau der Fischfang dominiert; Viehzucht spielt keine nennenswerte Rolle. Das Siedlungsgebiet der Kavango erstreckt sich bis nach Angola hinein. Etwa 150 000 von ihnen sind Bürger Namibias.

Herero

Auch die Herero zählen zu den Bantu-Völkern. Im 16. Jh. kamen die ersten von ihnen ins heutige Namibia. Als Halbnomaden wanderten sie auf der Suche nach neuen Weidegründen aus den Savannen Ostafrikas nach Südwesten. Besonders im 19. Jh. führten sie als traditionell kriegerischer Stamm mit anderen afrikanischen Völkern erbitterte und sehr blutige Auseinandersetzungen um Weideland und unter-

Himba-Frau vor einer typischen Hütte

drückten die dort lebenden San und Damara. Neben der Rinderzucht lebten die Herero auch von saisonalem Ackerbau. Nachdem sie, wie viele andere Völker, in den Anfangsjahren der Kolonialherrschaft einen Freundschaftsvertrag mit den Deutschen geschlossen hatten, wurden sie später zu ihren erbitterten Feinden. 1904 lehnten sie sich mit Waffengewalt gegen die Deutschen auf, doch der Aufstand wurde blutig niedergeschlagen und bis zu 65 000 Herero (genaue Zahlen gibt es nicht) verloren ihr Leben. Zurzeit leben rund 100 000 Herero in Namibia. Besonders ihre Frauen sind nicht zu übersehen. Noch heute tragen sie die weiten Gewänder und den mächtigen Kopfschmuck, den sie in viktorianischer Zeit von den Missionsfrauen übernommen haben.

Himba

Die Himba sind das afrikanische Volk, das seine Traditionen und Riten wohl am besten in die Gegenwart gerettet hat. Zwar sind die Frauen dieses ehemals nomadisierenden Hirtenvolkes zum größten Teil in den Kralen im Kaokoveld sesshaft geworden, doch ziehen die Männer mit ihren Herden noch immer auf der Suche nach Weidegründen durch die Savannen des Nordens.

Nama, Rehobother Baster, Caprivianer

Die **Nama** waren Mitte des 19. Jh. die ärgsten Widersacher der Herero im Kampf um die besten Weidegründe in Namibia. Sie kamen, von den holländischen Siedlern vertrieben, aus der Kapregion, während die Herero aus dem Norden in Richtung Zentralnamibia zogen. Leider noch immer bekannter sind sie auch unter dem eigentlich verpönten Begriff ›Hottentotten‹. Die Nama selbst nennen sich ›Khoikhoi‹. Nach unterschiedlichen Übersetzungen bedeutet das so viel wie ›Menschen‹ oder ›Männer aller Männer‹. Ihrem Aussehen und ihrer Sprache nach sind sie mit den San verwandt. Typisch für beide sind die Klicklaute, die europäische Zungen zur Verzweiflung treiben. Während die San fast ausschließlich von der Jagd lebten, waren die Nama von jeher Halbnomaden, die mit großen Herden von Langhornrindern und Fettschwanzschafen von Weidegrund zu Weidegrund zogen.

Die **Rehobother Baster** sind Afrikaans sprechende Nachkommen aus Ehen zwischen weißen Farmern und Buschmann-Frauen. Sie haben es über die Jahrzehnte verstanden, sich rund um Rehoboth immer ein kleines Maß an Autonomie zu erhalten.

Im äußersten Nordosten, an den Grenzen zu Angola, Zambia und Botswana, leben rund 45 000 **Caprivianer.** Am stärksten vertreten unter ihnen sind die Mafue und die Masubia, die beide der Bantu-Sprachfamilie angehören. Sie werden bis heute von Stammeshäuptlingen regiert. Haupterwerbszweige sind Fischfang und Ackerbau. Viehzucht und zum Teil auch die Jagd ergänzen ihre Lebensgrundlage.

Weiße

Nicht die kleinste Gruppe, doch nur noch knapp 5 % der Einwohner, sind Weiße. Davon wiederum nur ca. 20 000 deutschstämmige Siedler. Trotzdem spielen sie selbst nach fast 15 Jahren Unabhängigkeit eine bedeutende Rolle in der Wirtschaft des Landes. Noch immer besitzen sie fast alle Farmen und das beste Land. Handel und Handwerk liegen fest in weißen Händen. Die leitenden Funktionen in Staat und Verwaltung, auch im staatlichen Tourismussektor, wurden dagegen in den letzten Jahren konsequent mit schwarzen Afrikanern besetzt. Das Gros der Weißen, speziell die Buren, kamen seit Beginn des 20. Jh. aus Südafrika. Die alteingesessenen deutschen Familien verließen dagegen fast alle während der deutschen Kolonialherrschaft als Auswanderer ihre alte Heimat, um in Afrika ihr Glück zu versuchen. Sie leben seit drei oder vier Generationen in Namibia und fühlen sich hier heimisch.

Schwarze und Weiße

Die besondere Anziehungskraft, das Flair Namibias, schöpft nicht zuletzt aus dem ganz speziellen Zusammenspiel der verschiedenen Völker und Hautfarben, die Namibia das Gepräge geben. Die ethnische und kulturelle

Vielfalt sind herausragende Merkmale Namibias. Daran ändert auch die Tatsache nichts, dass sich die namibische Regierung seit Erringung der Unabhängigkeit bemüht, jenseits aller ethnischen Abgrenzungen, besonders auch während der südafrikanischen Verwaltungszeit zwischen 1915 und 1989, ein gemeinsames namibisches Nationalbewusstsein zu entwickeln. Da ist zum einen die Vielzahl schwarzafrikanischer Völker, von denen die Ovambo mit rund 50 % der zwei Millionen Einwohner den mit Abstand größten Bevölkerungsanteil stellen. Die Weißen kommen nach den Kavango, den Damara und den Herero erst als fünftstärkste Bevölkerungsgruppe. Und zusammenfassend ›von den Weißen‹ kann man ebenso wenig sprechen, wie ›von den Schwarzen‹. Rund 5 % der Bevölkerung sind Weiße – eine verschwindende Minderheit, doch ihr Einfluss, besonders der der Deutschen, auf Wissenschaft, Kultur und Wirtschaft, ist noch immer enorm. Es ist kaum zu ermessen, welch tiefe Spuren die rund drei Jahrzehnte deutscher Kolonialpolitik auch heute noch, nach 90 Jahren, im Alltag hinterlassen haben. Spuren, die teils auch Wunden in die Seele reißen.

Trotzdem leben heute Herero und Deutsche Farm an Farm, trotzdem gelang es zum 100. Jubiläum des Herero-Aufstandes, gemeinsam der Opfer dieser blutigen Kämpfe rund um den Waterberg zu gedenken. Sicher führten und führen teils unüberbrückbar scheinende Gegensätze zwischen den Wertesystemen und Kulturen der so genannten westlichen Welt und der Afrikaner immer wieder zu Irritationen und Missverständnissen. Doch seit über 14 Jahren beweist Namibia, dass Weiße und Schwarze auch in einem unabhängigen afrikanischen Staat friedlich mit- oder zumindest nebeneinander leben können. So schwierig es für die Regierung ist, ausgleichend zwischen den verschiedenen Hautfarben zu wirken, die Konfliktlösung zwischen den schwarzen Stämmen selbst ist nicht minder diffizil, schwelen dort doch teils jahrhundertealte Konflikte.

Die Baster, die rund um Rehoboth ihr Siedlungsgebiet haben, halten sich aus diesen Konflikten heraus. Die meisten Baster stammen von weißen Vätern und Namamüttern ab. Sie ließen sich 1870 im Gebiet von Rehoboth nieder und bewahrten sich über die Jahrzehnte wechselvoller Geschichte hinweg immer einen gewissen Grad an Unabhängigkeit.

Sprache

So vielfältig sich das Völkergemisch zeigt, so unterschiedlich wird natürlich auch gesprochen. In Namibia gibt es drei große Sprachgruppen mit 30 Unterformen bzw. Dialekten. Die Regierung fördert die Pflege der einzelnen Sprachen. Das bedeutet, dass jedes Kind mindestens zwei Sprachen lernen muss, die eigene Stammessprache und **Englisch.** Englisch löste 1990 Afrikaans als Amtssprache ab. Allerdings müssen Gesetze und Verordnungen auch in den regionalen Sprachen veröffentlicht werden. **Afrikaans** ist weiterhin sehr verbreitet. Buren, Baster und Farbige beherrschen diese Sprache ebenso wie viele Farmarbeiter und auch die meisten anderssprachigen Weißen. **Deutsch** ist selbst 90 Jahre nach dem Ende der Kolonialherrschaft noch immer eine recht verbreitete Sprache. Die deutschstämmigen Namibier waren und sind bemüht, ihre Sprache, Kultur und Traditionen zu pflegen.

Religion und Kirche

In keinem anderen afrikanischen Land waren die Missionare erfolgreicher als in Namibia. Nachdem die ›Bekehrung‹ der einheimischen Völker anfangs ungeheuer schwierig war, sind heute über 80 % der Namibier **Christen.** 50 % von ihnen Lutheraner, 20 % Katholiken, 5 % Mitglieder der Niederländischen Reformierten Kirche und 5 % Anglikaner. Außerdem gibt es noch andere kleinere Kirchen wie z. B. Baptisten und Adventisten.

Die Zugehörigkeit zu einer Kirchengemeinde bedeutet nicht automatisch, dass mit allen Traditionen der ursprünglichen Religion gebrochen wird. Die Afrikaner verstehen es meisterhaft, scheinbar unvereinbare Religionen miteinander zu kombinieren. Fast problemlos lassen sie unterschiedliche religiöse Ausdrucksformen nebeneinander gelten und praktizieren sie. So spielt der **Ahnenkult** neben dem Christentum eine wichtige Rolle. Die San, die Himba und die Caprivianer üben zum größten Teil noch ihre **traditionelle Religion** aus. In vielen Stämmen wird bis heute das heilige Feuer bewahrt, und auch die ›Schwarze Magie‹, Zauberei, hat durchaus noch ihren Platz im Alltagsleben mancher Afrikaner. Wahrsager und Loswerfer werden vor allem dann gerufen, wenn es sich um Todes- und Unglücksfälle handelt. Bis heute sind viele Schwarzafrikaner davon überzeugt, dass Menschen keines natürlichen Todes sterben, sondern dass für jeden Todesfall ein böser Zauber verantwortlich ist, den es zu suchen gilt.

Über Jahrzehnte waren Kirchen die einzigen Institutionen, in denen Schwarze aktiv mitarbeiten konnten. Hier konnte auch über andere Themen als die christlichen diskutiert werden. Mitte des 20. Jh. begann die aus den USA stammende **Methodist Episcopal Church** in Namibia zu wirken. Diese Kirche beruhte auf dem gestiegenen Selbstvertrauen der Schwarzen, das sie in Amerika durch ihren wachsenden Einfluss und ihre besser werdende Organisationsstruktur entwickelten. Mehr und mehr wurden sie sich ihrer Stärke bewusst. In den folgenden Jahrzehnten etablierte sich eine Reihe Afrikanischer Kirchen.

Die Aktivitäten in den schwarzen Kirchen hatten einen nicht unwesentlichen Einfluss auf die Befreiungsbewegung unter Führung der SWAPO. Nach 1990 spielte das soziale Engagement der Kirchen bei der Wiedereingliederung tausender Flüchtlinge, die zurückkehrten, eine große Rolle. Einrichtungen entstanden, die den Flüchtlingen beim Neustart in der alten Heimat halfen. Nicht zuletzt mit der finanziellen Unterstützung von Bruderkirchen aus Übersee konnte dabei viel erreicht werden.

›MISTER BLEKS‹ FÜR 500 KINDER

1969 zwangen ein Herzinfarkt und dringende Warnungen des Arztes Helmut Bleks, seinen Beruf als Top-Manager bei Rexrodt aufzugeben. Gemeinsam mit seiner Frau Gertraude suchte er nach einem neuen Lebensinhalt. Da der Traum von Gertraude Bleks schon seit ihrer Kindheit eine Farm in Afrika war, sah man sich in Namibia um und wurde fündig. 1971 verließen sie Deutschland und zogen in ihre neue Heimat, auf die Farm Baumgartsbrunn im Khomas-Hochland rund 30 km vor den Toren Windhoeks. Was für Helmut Bleks eine wahrlich nicht geplante Wende in seinem Leben war, erwies sich für die Farmkinder der Region als großes Glück: Die Helmut-Bleks-Stiftung betreibt heute das größte Farmschulprojekt in Namibia.

Eigentlich wollte und sollte Helmut Bleks Stress meiden und Ruhe haben. Bald erkannte er, dass es für die Farmkinder der Umgebung keine Möglichkeit gab, zu lernen. Das damalige Gesetz besagte, dass die Kinder nur dort eine Schule besuchen durften, wo ihre Eltern lebten. Die waren in der Regel Farmarbeiter. Auf dem Land, in der Nähe der Farmen, gab es jedoch keine Schulen. Daran wollte Bleks gemeinsam mit seiner Frau etwas ändern. Gegen zahlreiche bürokratische Widerstände und Vorurteile der Nachbarn gründeten sie 1973 eine kleine private Grundschule mit 16 Farmkindern. Nicht alle Farmer in der Umgebung fanden es gut, dass die Kinder der schwarzen Farmarbeiter plötzlich eine Schule besuchen sollten. In unermüdlicher Arbeit überwand das Paar die Hindernisse. Mit dem Verschwinden der Vorurteile wuchs der Andrang. Lehrer mussten angestellt werden, und die finanziellen Grenzen wurden offenbar. Helmut Bleks ließ sich nicht entmutigen, nutzte seine alten Kontakte und Erfahrungen als Manager und ging in Deutschland auf ›Spenden-Tour‹. Das Projekt wurde größer und größer. 1983 wurde die Helmut-Bleks-Stiftung gegründet, in die alle privaten und institutionellen Mittel einflossen.

Über Alter spricht man nicht, schon gar nicht, wenn man wie das Ehepaar Bleks noch immer fest mit beiden Beinen im Leben steht. Vor 30 Jahren hätte sich Helmut Bleks nicht träumen lassen, dass er sogar jenseits der 80 topfit ist. Seit seinem Umzug nach Namibia hat sich sein Herz nie wieder negativ gemeldet, es schlägt für ›seine‹ Kinder, und das mit voller Kraft. Heute sind es weit über 500 Schüler, die ihn liebevoll, gleichwohl mit Respekt, ihren ›Mister‹ rufen. Aus der kleinen Grundschule ist ein Schuldorf mit Internatsbetrieb geworden. Einheimische Lehrer unterrichten bis zur 10. Klasse. Die Eltern der Kinder sind fast durchweg arme Farmarbeiter, so muss die Stiftung über die Hälfte der Kosten aufbringen.

Im Schuldorf gibt es mehr als nur Internat und Klassenräume, es entstanden Spielplätze, Sportanlagen, eine Tagesklinik und die Nagelkreuzkirche. Seit 1991 ist dem Schulprojekt ein Institut für Haushaltslehre und Landwirtschaft angegliedert. Hier werden 50 junge Mädchen nach dem Abschluss der 10. Klasse in einer zweijährigen Ausbildung für den Beruf fit gemacht. Kochen, Hotelservice, Gartenbau, Buchführung und Schneidern gehören ebenso zur Ausbildung wie Englisch, Deutsch, Mathematik, Arbeiten am Computer und praktische Lebensführung. In der Küche, in der Näherei, der Buchbinderei, der Gärtnerei oder der zur Stiftung gehörenden Gästelodge können sie ihr Wissen sofort praktisch erproben. Die Mädchen, die diese Ausbildung durchlaufen, brauchen sich trotz hoher Arbeitslosigkeit in Namibia keine Sorgen um ihre berufliche Zukunft zu machen. Die Qualität der Ausbildung in der Helmut-Bleks-Stiftung hat sich im ganzen Land herumgesprochen, ihre Zöglinge sind begehrt. Das Institut sowie der zum Institut gehörende Kindergarten für den Nachwuchs der Angestellten werden komplett von der Stiftung finanziert.

Behutsam versucht Helmut Bleks, sein Lebenswerk in jüngere Hände zu legen. »Mein Ziel ist, das gesamte Projekt in schwarze Hände zu geben. Doch vorher möchte ich noch manchen meiner Träume umsetzen«, erläutert Helmut Bleks den aktuellen Stand seiner Stiftung. »Bewusst verzichten wir auf die Weiterführung bis zum Abitur. Ich möchte sogar noch weiter gehen. Bereits in der 9. und 10. Klasse will ich weg von der reinen Theorie. Schon in dieser Zeit sollte praktische Ausbildung dazukommen. Wir wollen in Musterwerkstätten zeigen, was in Namibia möglich ist. Das Land braucht viele junge Leute mit einer guten, fundierten praktischen Ausbildung, die sich an den Bedürfnissen nicht zuletzt des Farmalltags orientiert.«

Schule in Baumgartsbrunn

Bildung und Wissenschaft

1990, als die SWAPO die Macht im Land übernahm, hinterließ ihr Südafrika ein schweres Erbe. Dazu zählte auch die völlige und bewusste Vernachlässigung der Bildung für afrikanische Kinder. Die Analphabetenrate betrug 60 %. Selbst unter den Lehrern konnten nur 10 % einen Schulabschluss vorweisen. Bildung war ein Privileg für Weiße. So war eine der ersten Amtshandlungen der neuen Regierung, die Rassentrennung in den Schulen aufzuheben, ein einheitliches Bildungssystem zu errichten und eine allgemeine, kostenlose Schulpflicht vom 7. bis zum 16. Lebensjahr festzuschreiben.

Dass ungeheure, auch finanzielle Aufwendungen notwendig waren und sind, kann man sich leicht vorstellen. Die öffentlichen Ausgaben für das Bildungswesen liegen bei rund 20 % des Gesamthaushaltes. Doch reicht diese Summe noch nicht. Internationale Unterstützung und private Schulprojekte wie die Baumgartsbrunn-Schule (s. S. 44) bei Windhoek sind unverzichtbar.

Wichtig war, dass viele SWAPO-Kämpfer und Kriegsflüchtlinge bereits in den Rückzugsgebieten, in den SWAPO-Lagern in Angola und im Kongo, eine Ausbildung erhielten. Zum Teil konnten sie im Ausland studieren, vor allem in Kuba und der DDR. Dass die Anstrengungen Früchte tragen, beweist die auf weit unter 20 % gesunkene Analphabetenrate.

Fast alle Kinder besuchen heute eine Schule. Weiterführende Schulen gibt es für den Bereich der Landwirtschaft, außerdem sind Gewerbeschulen und Lehrerbildungsanstalten vorhanden. Die einzige Universität des Landes mit sieben Fakultäten befindet sich wie das Technische College, das College für Lehrerausbildung und das Konservatorium für Musik, in der Hauptstadt Windhoek.

Feste und Festivals

Es gibt im Jahreskreislauf verschiedene interessante Feste und Festivals in Namibia, denen man gern einen Reisetag opfern könnte.

Es beginnt mit den Feierlichkeiten zum **Unabhängigkeitstag.** Jährlich am 21. März findet in Windhoek ein Festival mit Künstlern aus allen Teilen Namibias statt, dessen Höhepunkt das Konzert im National Theater bildet.

Später als in Deutschland, nämlich jedes Jahr in der letzten April- und der ersten Maiwoche, sind die Jecken los. Dann ist **Karneval** im Südwesten Afrikas. In deutscher Tradition halten Karnevalsprinzessin und -prinz auf der Independence Avenue Hof.

In Swakopmund dagegen beginnt das närrische Treiben des **Swakopmunder-Karnevals** erst Ende Juni. Büttenreden gibt es in Englisch, Deutsch und Afrikaans, und mit dem Schlachtruf »Kueska« wird für die nötige Stimmung gesorgt. Den Abschluss der einwöchigen Sause bildet ein Umzug durch Swakopmund mit anschließendem Zapfenstreich bei Blasmusik und Swakopmunder Bier.

Das bedeutendste Fest der Herero, die **Herero-Gedenktage** (s. S. 96), findet immer an einem der beiden Wochenenden vor oder nach dem 26. August in Okahandja statt. Das farbenfrohe Ereignis erinnert an den Hereroaufstand vor reichlich 100 Jahren und dauert von Samstag 7 Uhr bis in den späten Sonntagabend hinein.

Nach bayerischer Tradition finden, jedoch wirklich im Oktober, in Windhoek und Swakopmund stimmungsvolle **Bierfeste** statt. In Swakopmund werden sogar Bierkönig und -königin gekürt. Mit gutem Recht, denn die örtliche Brauerei braut immerhin das beste Bier Afrikas.

Für Gäste besonders interessant dürfte das fünftägige **National Dance Festival** sein, das im Oktober oder November ins National Theater in Windhoek einlädt. Gezeigt werden moderne, aber auch traditionelle Tänze der verschiedenen Stämme des Landes.

Beim **Enjando Street Festival** im November verwandeln Tänzer und Musiker in traditionellen Gewändern die Independence Avenue in Windhoek in eine große Bühne. *Enjando* ist ein Begriff aus dem Herero und kann mit ›Spiel und Tanz‹ übersetzt werden.

Zu den wichtigsten Festivals gehört das **National Arts and Cultural Festival,** das für vier Tage im Dezember nach Windhoek einlädt. Dabei reicht das Spektrum von Tanz und Musik bis zu sehenswerten Ausstellungen nationaler Grafiker, Maler und Bildhauer. Kleinere Ableger des Festivals finden auch in Katima Mulilo, Khorixas, Walvis Bay, Keetmanshoop, Ondangwa und Rundu statt.

Herero-Mädchen in der typischen farbenprächtigen Kleidung

KUNST UND KULTUR

Architektur

Wie in anderen Teilen Afrikas beginnt für manchen Historiker die Architekturgeschichte Namibias erst mit Ankunft der ersten Weißen. Die Krale und Hütten, die die afrikanischen Völker seit Jahrhunderten errichteten, galten als nicht dauerhaft und primitiv. Forscher, die sich später mit den **Wohnbauten der afrikanischen Völker** beschäftigten, können das nicht bestätigen. Bereits in den traditionellen Wohnbauten afrikanischer Stämme lassen sich unschwer architektonische Linien erkennen. So zeugen die Pontok der Herero mit ihrem kunstvoll geflochtenen Gerüst aus Zweigen vom Können und der großen Erfahrung im Umgang mit Naturmaterialien.

Die sesshaften Ovambo hatten natürlich eine vielfältigere Bauweise als die nomadisierenden Stämme der Viehzüchter und konnten, da sie mehr oder weniger dauerhaft darin wohnten, mehr Zeit und Aufwand in den Bau ihrer Hütten investieren. Hinter dem undurchdringlichen Zaun, der ihre **Einzelgehöfte** vor den Blicken Fremder schützt, findet man Häuser und Hütten in ganz verschiedenen Formen und Bauarten. Es gibt viereckige und runde Hütten, manche sind aus luftgetrockneten Lehmziegeln, andere wurden nur mit Lehm verputzt, wieder andere benutzten als Baumaterial nur Stroh und Holz. Ausschlaggebend für die Bauweise, die Anordnung und die Größe der Hütten waren die wirtschaftlichen Verhältnisse des Stammes und die Anzahl der Familienmitglieder.

Früher zogen die Ovambo alle drei bis fünf Jahre um. Das bedeutete, dass sie ihren Hof auf einer anderen Stelle ihres Grundstücks völlig neu errichteten. Damit schlugen sie gleich zwei Fliegen mit einer Klappe. Zum einen konnten sie ihn an die veränderte Familiengröße anpassen, zum andern konnten sie Verbesserungen ›einbauen‹, die sich durch das Leben am vorherigen Platz als sinnvoll erwiesen hatten.

Handelsstützpunkte und **Missionsstationen** waren die ersten Häuser, die Europäer errichteten. Dabei ging es nur um preisgünstige Zweckmäßigkeit. Da wurde weder Zeit noch Material dafür verschwendet, besonders attraktiv zu bauen. Erst in der deutschen Kolonialzeit änderte sich das. Die Kolonialbeamten und Offiziere ließen sich teils pompöse Gebäude im pathetischen und überladenen Baustil des Wilhelminischen Barock errichten. Da es an Geld nicht mangelte, trieb die Fantasie der Bauherren teils seltsame Blüten. Beispiele dafür sind die Burgen hoch über Windhoek und das Schloss Duwisib. Ein schönes Beispiel für die Kolonialarchitektur ist die rekonstruierte Turnhalle in der Geisterstadt Kolmanskop. Typisch, besonders für die ländliche Kolonialarchitektur, wurden weit ausladende Veranden, durch die es im Haus schattig und kühl blieb. So manche Gästefarm hat diese Tradition übernommen.

Die Jahrzehnte südafrikanischer Mandatsherrschaft brachten in architektonischer Hinsicht kaum Erwähnenswertes, und auch die neue Regierung hatte in den Jahren nach Erreichen der Unabhängigkeit erstmal Wichtigeres zu bewältigen, als sich um architektonische Spitzenleistungen zu bemühen. Interessant ist, dass sie sich intensiv für den Erhalt zahlreicher Kolonialgebäude einsetzt. Speziell in Windhoek, Swakopmund und Lüderitz kann man sich davon überzeugen. Das erste auffällige Projekt, das nach 1990 entstand, ist die **Post Street Mall** (s. S. 82), ein attraktives Einkaufszentrum mit einer in die architektonische Lösung einbezogenen Fußgängerzone im Herzen der Metropole Windhoek.

Bildende Kunst und Volkskunst

Die ersten Zeugnisse künstlerischer Fertigkeiten liefern die unzähligen **Felsmalereien** der San und Nama, die man in zahlreichen Gebirgsgegenden des Landes bewundern kann. Zehntausende von ihnen sind bereits entdeckt,

Christuskirche in Windhoek

darunter etwa zu gleichen Teilen Malereien und Gravuren. Für die Malereien nutzten die Ureinwohner Namibias hauptsächlich Holzkohle und Mineralien.

Eine exakte Datierung der Felsmalereien in Namibia ist den Wissenschaftlern bislang nicht gelungen. Man geht aber davon aus, dass viele der Darstellungen älter als 6000 Jahre sind. Eine große Zahl der Felsbilder, die man am Brandberg, im Erongo-Gebirge und im Spitzkoppe-Gebiet gefunden hat, dürften aber erheblich jüngeren Datums sein, vielleicht gerade mal 100 Jahre zählen. Man nimmt an, dass die Felsbilder den San zugerechnet werden müssen, die neben den Damara das älteste Volk auf namibischem Boden sind. Die San, auch Buschmänner genannt, waren Jäger und Sammler. Da es sich bei den Darstellungen vorwiegend um Jagdszenen handelt, liegt die Urheberschaft der San nahe. Es dürften aber auch Zeichnungen der Damara darunter sein, die sich vor allem an den Auas-Bergen, im Erongo-Gebirge und am Brandberg niedergelassen hatten.

Wer als Tourist ins Land kommt, wird spätestens im Zentrum von Windhoek, etwa auf dem großen Freiluftmarkt (s. S. 82), mit namibischer **Volkskunst** konfrontiert. Die Traditionen des Kunsthandwerks sind reich und vielfältig. Dabei gibt es deutliche Unterschiede zwischen nomadisierenden Stämmen und sesshaften Völkern. So fertigen die Himba z. B. Arm- und Beinschmuck aus Eisen und Kupfer. Zur Tradition sesshafter Stämme gehören unter anderem reich verzierte Schemel, Töpferwaren, Flechtprodukte sowie Götter- und Tierfiguren aus Lehm.

Mehr als das alles bestimmen aber **Schnitzereien** das Angebot auf den Märkten. Masken, Trommeln, Tierdarstellungen und manches mehr warten auf Käufer. Diese Dinge sind nicht ursprünglich in der Region zu Hause gewesen, sondern verdanken ihre Existenz den Einflüssen von Schnitzern aus Zimbabwe und Angola. Sicher will man damit Touristen anlocken und Geld verdienen. Aber die Schnitzereien deshalb einfach als Massenware abzustempeln wird ihnen nicht gerecht. Zwar sind diese handgeschnitzten Souvenire keine große Kunst, trotzdem aber gediegenes Kunsthandwerk, das oft von wahren Meistern im Umgang mit dem Schnitzmesser gefertigt wird. In den **Namibia Crafts Centres,** die in Windhoek und anderen Städten des Landes entstanden sind, erhält man einen Eindruck von der Breite des volkskünstlerischen Schaffens im Land und kann gute Stücke traditioneller Art oder auch in modernem Design kaufen.

Die **Kunstszene** in Namibia kann zwar auf einige junge, aufstrebende Künstler verweisen, genannt seien Hermann Andrew van Wyk und Dasunye Shikongo, doch international etablierte Künstler gibt es bisher kaum. Die einzige Ausnahme bildet der schwarze Maler und Grafiker **John Ndevasia Muafangejo,** der vor allem durch seine ausdrucksstarken Linolschnitte mit Darstellungen aus dem Stammesleben seines Volkes der Ovambo international bekannt und anerkannt wurde. 1987 verstarb der Künstler im Alter von nur 44 Jahren.

DIE ÄLTESTE ZEITUNG NAMIBIAS

Die Medienlandschaft in Namibia ist trotz einiger Probleme, die die Regierung um Sam Nujoma in den letzten Jahren mit der Pressefreiheit hatte, recht vielfältig. Blätter in Englisch und Afrikaans, teils seriös, teils im Stil der Klatschpresse, bestimmen die Zeitungsauslagen. Immer mittendrin und gut verkauft die AZ, die Allgemeine Zeitung. In deutscher Sprache berichtet sie über Aktuelles und Geschichtliches. Außenpolitisch steht Deutschland im Mittelpunkt, und natürlich begreift sich die AZ als Sprachrohr der deutschsprachigen Bevölkerung. Damit verbunden war und ist ein bestimmter Konservatismus, der aber in Gestaltung und Inhalt gerade in den letzten zwei, drei Jahren einen deutlichen Schritt in die Moderne gegangen ist. Natürlich versteht sich die AZ bewusst als namibische Zeitung. Ihre Mitarbeiter sind in der Mehrzahl gebürtige Namibier oder naturalisierte Staatsbürger.

Die 1916 gegründete Allgemeine Zeitung ist die mit Abstand älteste Tageszeitung. Über Jahrzehnte residierte die kleine Redaktion im Zentrum von Windhoek, an der Stübelstraße. Jetzt befinden sich Verlag und Redaktion in einem großzügigeren Gebäudekomplex im Stadtteil Eros.

Fünfmal in der Woche rollt die Zeitung durch die Druckmaschine. Rund 5500 Exemplare verlassen die Druckerei und erreichen fast alle deutschsprachigen Haushalte im Land zwischen Tsumeb und Lüderitzbucht, zwischen Gobabis und Swakopmund. Es ist schon eine kleine logistische Meisterleistung, dass das Blatt bei fast allen seinen Abonnenten noch am selben Tag im Briefkasten steckt. Ausgenommen einige hundert Exemplare, die nach Südafrika bzw. an Ex-Namibier in Deutschland gehen.

Im Vergleich zu Zeitungen in Deutschland ist die AZ ein dünnes Blättchen. Je nach Anzeigenaufkommen, das ist in Namibia bei der kleinen deutschen Bevölkerungsgruppe natürlich ein Problem, zwischen 12 und 28 Seiten. Dafür muss man sich nicht erst lange durch die altbekannten Anzeigenfriedhöfe quälen, um Interessantes zu finden. »Es sind aber nicht nur die Exemplare, die direkt nach Deutschland gehen. Auch über die vielen deutschen Touristen schlagen wir eine Brücke in die alte Heimat«, weiß Eberhard Hofmann, über viele Jahre Chefredakteur der AZ, zu berichten. »Immer wichtiger für uns wird auch das Medium Internet. Immer mehr Interessenten klicken auf unsere Seiten, um sich über Namibia zu informieren.« Und Informatives findet man in der AZ heute wirklich.

Noch vor zehn Jahren sah das anders aus. Da wirkte das Blatt altbacken und der deutsche Leser konnte nur den Eindruck gewinnen, die deutsche Gemeinschaft in Namibia schmore im eigenen Saft. Das hat sich geändert. Die AZ ist nun am namibischen Puls der Zeit. Sicher einer der Gründe dafür, dass sich die Auflage, trotz des langsamen Rückgangs der Zahl deutschsprachiger Haushalte, relativ stabil halten kann. Immer mehr Urlauber greifen danach. Und das nicht nur, um sich über den Wetterbericht zu informieren.

Literatur

Die Literatur- und Musikszene ist gleichermaßen davon gezeichnet, dass die Entwicklung dieser Kunstrichtungen in den Jahrzehnten der Kolonial- und Mandatsherrschaft großen Restriktionen unterlag. Man kann bis heute nicht von einer eigenständigen namibischen Literatur sprechen, was aber nicht zuletzt daran liegt, dass Namibia als Vielvölkerstaat keine homogene Nation ist. In Europa bekannt ist am ehesten der in deutscher Sprache schreibende Namibier **Giselher W. Hofmann.** Sein wichtigster Roman, ›Die Erstgeborene‹, handelt vom spannungsgeladenen Aufeinandertreffen der unterschiedlichsten Kulturen in Namibia. Für Aufsehen sorgte auch der Roman ›Nadula‹, in dem die Schriftstellerin **Ndaminninghenda Haileka** über die Rolle der Frauen im namibischen Befreiungskampf berichtet. Für dieses beeindruckende Zeitzeugnis, das sie in ihrer Muttersprache Kwanyama, der Sprache der Ovambo, geschrieben hat, erhielt sie 1990 den Literaturpreis der südafrikanischen University of Western Cape.

Musik

In der Musik sieht es nicht viel anders aus. Es gibt nur wenige Künstler, die über die Landesgrenzen hinaus bekannt sind. Dabei ist Musik in allen afrikanischen Lebensbereichen schon immer fest verwurzelt. Keine Festlichkeit kam ohne Tanz und Musik aus, und auch bei den alltäglichen Arbeiten gehörte, zumindest bei den Frauen, Musik dazu.

Im Unterschied zu anderen afrikanischen Völkern wie z. B. den Zulu in Südafrika hat sich die Musik der in Namibia ansässigen Stämme besonders durch den Einfluss des Christentums deutlich verändert. Im nationalen Befreiungskampf erhielten die **traditionellen Gesänge und Tänze** der Ovambo eine neue Funktion. Teils mit aktuellen Inhalten versehen, wurden sie genutzt, um die Massen zum gemeinsamen Kampf gegen die weißen Unterdrücker zu motivieren. Ein Beispiel dafür ist die Kulturgruppe der SWAPO, Ndilimani Cultural Troupe.

Nicht wegzudenken aus der namibischen Musikszene ist **Jackson Kaujeau.** Der Protestsänger musste bis 1989 im Exil leben. Wie kein anderer verbindet er den im südlichen Afrika beliebten Kwela-Beat mit traditioneller Flötenmusik und den Liedern der Herero und Nama. Eine Kassette oder CD mit seinen Liedern bietet sich als Erinnerung an eine Reise durch Namibia förmlich an.

Die **klassische Musik** erfreut sich ebenfalls großer Beliebtheit. Seit 1971 befindet sich in Windhoek das Staatliche Musikkonservatorium. Außerdem spielt in Windhoek das Nationale Sinfonie Orchester. Das Swakopmunder Jugendorchester komplettiert die klassische Musikszene. Beide Orchester fühlen sich nicht nur dem klassischen Musikerbe verpflichtet, sondern interpretieren auch Musik afrikanischer Stämme und leisten damit einen Beitrag zur Pflege afrikanischer Traditionen.

ESSEN UND TRINKEN

Nachdem man in fast allen Bereichen des Alltagslebens auf mehr oder minder tiefe Spuren Kolonialgeschichte stößt, verwundert es kaum, dass sich diese natürlich bis in die Speisekarten und auf die Teller fortsetzen. Die Küche ist interessant und durch die verschiedenen Einflüsse vielfältig. Doch wird in Restaurants zumeist europäische Küche angeboten.

Traditionelle **Gerichte afrikanischer Völker** kommen kaum auf den Tisch. Wer zumindest einen kleinen Eindruck, wenn auch dort schon stark verfälscht, bekommen will, muss sich an die kleinen Stände in Katutura oder die dort neu entstandenen Restaurants wenden. So gilt etwa der traditionell zubereitete (ganze) Ziegenkopf in Melba Tjaheres Otjikaendu Restaurant als Delikatesse.

Aber auch, wer sich nicht so weit ins Alltagleben ›vorwagen‹ will, muss nicht mehr damit rechnen, in Hotels oder Gästefarmen mit einfallsloser Standardkost abgespeist zu werden, wie es bis heute in manchen Reiseführern angedroht wird. Die fast allmächtige Dominanz deutscher Küche ist ebenso gebrochen wie die fehlende Kreativität am Herd.

Spezialitäten

Manche Gästefarmen und Lodges sind sogar auf kulinarischer Ebene zu richtigen Verwöhntempeln geworden. Das Land bietet die besten Voraussetzungen dafür. Es verwundert nicht, dass neben dem vorzüglichen namibischen Rindfleisch das heimische **Wild** einen immer größeren Raum einnimmt und immer variantenreicher auf den Tisch kommt. Ob Kudu, Oryx, Springbock oder Strauß, man sollte sich auf keinen Fall entgehen lassen, die Antilopenarten auch zum Dinner zu genießen. So mancher Farmer hat seinen Viehbestand bereits diesen Erfordernissen angepasst.

Ideal für den **Snack** zwischendurch ist Biltong, das berühmte gedörrte, scharf gewürzte Rind- oder Antilopenfleisch, das es überall im Land in kleinen Beuteln zu kaufen gibt. Das Zentrum des Biltong liegt übrigens im Norden, in Ondangwa. Da es praktisch ewig haltbar ist und auch in der namibischen Hitze nicht schlecht wird, eignet es sich vorzüglich als Proviantergänzung für längere Outdoor-Touren. Ein besonderer Genuss ist auch Rauchfleisch von Kudu, Springbock oder Rind, das, in hauchdünne Scheiben geschnitten, mit Melone eine leckere **Vorspeise** abgibt.

Ein Kontrastprogramm dazu erwartet die Touristen in Swakopmund, Walvis Bay oder Lüderitz. Hier, am Atlantik, dominieren **Fisch und Meeresfrüchte** die Speisekarten der gehobenen Restaurants. Ob Kabeljau, Hai, Lobster oder Austern, da gibt es Leckeres und Gesundes für jeden Geschmack und jeden Geldbeutel.

Ergänzt und serviert wird das mit der bunten Vielfalt **exotischer Früchte.**

Papayas, Mangos, Ananas und Guavas schmecken, vor Ort gegessen, tausendmal besser als in der Heimat. Natürlich kann der, der es auch im fernen Afrika möchte, in deutschen Restaurants zu **deutscher Hausmannskost** greifen. Erstaunlich dabei, wie authentisch deutsche Rezepte hier, südlich des Äquators, überlebt haben.

Backwaren

Mehr noch als bei Wurst und Fleisch hat sich der Einfluss der relativ kurzen Kolonialherrschaft der Deutschen in den Bäckereien erhalten. Nicht nur, dass Brötchen unter diesem Namen im ganzen Land bekannt sind, sie schmecken auch so wie in der Heimat, und beim Brot sieht es ebenso aus. Es sind zwar nur noch wenige Bäckereien, die von Deutschen geführt werden, doch auch die anderen Backbetriebe stützen sich auf deutsche Traditionen und Rezepte. So erhält man eine exzellente Schwarzwälder Kirschtorte, ein richtiges Vollkornbrot oder auch ein gutes Stück Pflaumenkuchen beileibe nicht nur in Swakopmund oder Windhoek.

Wer in der Vorweihnachtszeit in Namibia unterwegs ist, hat sogar die Möglichkeit, vor der Lodge sitzend, mit Blick auf die Wüste zum leckeren Weihnachtsstollen vorzügliche Spitzkuchen zu genießen. Er muss sich nur beeilen, denn natürlich ist die Schokoglasur der Spitzkuchen nicht unbedingt hitzeresistent.

Bei Bier und Wein

Nicht entgehen lassen darf man sich einen typischen **Braai-Abend,** bei dem über dem Lagerfeuer das Braaisvleis gegrillt wird. Ein saftiges Steak auf dem Teller, eine Flasche ›Hansa Lager‹ auf dem Tisch und den glutroten Himmel der anbrechenden afrikanischen Nacht über dem Kopf – Herz, was willst du mehr?

Das ›Hansa Lager‹ wird übrigens, wie auch die anderen **Biere,** die aus den beiden großen Brauereien in Swakopmund und Windhoek kommen, nach dem deutschen Reinheitsgebot gebraut, und auch der Hopfen kommt aus dem ›Mutterland‹ des Bieres. Bis vor wenigen Jahren war sogar der leitende Braumeister ein Deutscher. Man schmeckt es.

Der **Wein** in Namibia stammt zumeist vom Nachbarn Südafrika. Die namibischen Anbaugebiete sind viel zu klein. Das Angebot der südafrikanischen Weinkellereien ist sehr breit und von ausgezeichneter Qualität. Ungezählte Auszeichnungen unterstreichen das. Wer jedoch die Möglichkeit findet, eine Flasche Rebensaft namibischer Produktion zu probieren, sollte das auf keinen Fall versäumen.

Ansonsten gibt es die üblichen **alkoholfreien Getränke** der Firma mit dem rot-weißen Etikett, denen man nirgendwo auf der Welt entfliehen kann. Mineralwasser in Flaschen oder Kanistern gibt es überall. Wer es jedoch nicht gern ›still‹ mag, muss mit Problemen rechnen, denn Wasser mit Kohlensäure erhält man nicht immer und allerorten. Aber gegen Durst hilft ›das Stille‹ doch.

Champagner-Frühstück in der Wüste

Tipps für Ihren Urlaub

Ein nettes Standquartier für Touren ins Kaokoveld: die Palmwag Lodge

NAMIBIA ALS URLAUBSZIEL

Vor über 40 Jahren, als Namibia, das damalige Südwestafrika, erstmals in Reisekatalogen kleiner Veranstalter auftauchte, war es ein exotisches Ziel, das kaum eine für den Tourismus nennenswerte Infrastruktur aufweisen konnte. Wer damals nach Namibia flog, kam schnell in den Ruf, etwas verrückt zu sein oder rutschte, wegen der unrühmlichen kolonialen Vergangenheit der Deutschen in Namibia, als Nostalgiker in die rechte Ecke. Von all diesen Vorurteilen ist kaum etwas geblieben. Es sind bei weitem nicht mehr nur jugendliche Abenteurer und deutsche Nostalgiker, die es nach Namibia zieht.

Im Gegensatz zu manchen seiner Nachbarn hat sich Namibia in den rund 15 Jahren seit Erlangung der Unabhängigkeit infrastrukturell und wirtschaftlich gut entwickelt. Umfangreiche Mittel wurden in Straßenbau und moderne Kommunikationssysteme gesteckt. Private Investoren sorgten für zahlreiche neue Hotels und Lodges. Für viele Farmer wurde der Hotelbetrieb auf ihren Farmen zu mehr als nur einem willkommenen Nebenverdienst. Heute gibt es keinen großen Reiseveranstalter mehr, der nicht auch geführte Gruppenreisen durch die afrikanische Wunderwelt am Atlantik anbietet.

Doch ist Namibia (zum Glück für alle Namibia-Fans) weit davon entfernt, ein Ziel des Massentourismus zu werden. Noch immer bietet das so dünn besiedelte Land im Süden des schwarzen Kontinents reichlich Abenteuer für die, die sie suchen, und sichere, unvergessliche Erlebnisse in Wüste und Busch für all jene, die Afrika ohne Gänsehaut erleben möchten. Diese Kombination macht Namibia als Urlaubsziel so einzigartig. Und wenn man dann auf der Gästefarm tief im Süden von einem jungen Mädchen schwarzer Hautfarbe in bestem Deutsch begrüßt wird, ist das Staunen perfekt.

Pauschal oder individuell

Die Angebote großer und kleiner Veranstalter verlocken durchaus dazu, im Urlaub einmal alle Fünfe gerade sein zu lassen und sich voll auf die Vorbereitung und die mehr oder minder perfekte Begleitung vor Ort zu stützen. Sicher geht das auch gut und sicher erhält man auch auf diese Weise Einblicke in die spannenden Kulturen der verschiedenen Stämme Namibias, in die abwechslungsreiche Tierwelt und in die grandiosen Naturschauspiele, die das Land zu bieten hat. Doch so richtig gerecht werden kann man Namibia eigentlich erst auf individuellen Pfaden. Unabhängig von Gruppendisziplin und eng gestrickten Tagesplänen, unabhängig von festen Essenszeiten, die im schlimmsten Fall die besten Stunden des Tageslichtes stehlen. Individuell zu reisen bietet außerdem die Chance, seinen Reiseplan flexibel zu gestalten und dort länger zu bleiben, wo es am schönsten ist. Vorausgesetzt freilich, man reist nicht gerade in den Monaten, in denen die namibischen Kinder ihre Schulferien genießen. Dann ist zumindest an den touristischen Highlights des Landes eine Vorreservierung der geplanten Übernachtungen anzuraten.

Günstig ist es jedoch auf jeden Fall, das Mietfahrzeug und den Flug als Paket bei einem Anbieter in Deutschland zu kaufen. Oft kommt man damit erheblich billiger als beim individuellen Ticketkauf. Außerdem lässt sich günstig eine Reiserücktrittsversicherung einschließen.

Unterwegs im Allradcamper

Campingfreunde und Wohnmobiltouristen können in Namibia beide Reiseformen zu einer Einheit verschmelzen lassen. Per Allradcamper durchs Land zu reisen ist vielleicht die schönste Form, Namibia kennen zu lernen, und wird gleichzeitig den natürlichen Voraussetzungen Namibias am besten gerecht. Allradcamper-Reisen bedeuten, man fährt einen allradgetriebenen

Camping im Schatten des Giant Baobab Homasi

Pickup aus dem Hause Nissan oder Toyota. Hinter den vier Sitzen, im Kofferaufbau, befindet sich alles zum Leben Notwendige und oben auf dem Dach, in Glasfaserkästen und unter dicken Planen staubdicht verpackt, warten die Zimmer für die Nacht. Mit wenigen Hangriffen werden diese Zelte aufgestellt – es dauert keine fünf Minuten und alles steht.

Man hat also mit einem Allradcamper gleich mehrere Vorteile. Das Fahrzeug ist fast so wendig wie ein normaler Allrad. Offroadfahrten, wo angebracht und nötig, steht also nichts im Wege. Campingstühle und Tische, Geschirr und Kocher sowie ein Kühlschrank für Lebensmittel gehören ebenso zur Ausstattung wie zwei Reservereifen und Spaten. Ersatzkanister sind Platz sparend und griffbereit außen angebracht.

Wenn plötzlich die Nacht hereinbricht, kann man im Notfall in der Wildnis übernachten. Es gibt Plätze, von denen man ohne Zelt auf dem Dach nur träumen kann. So zum Beispiel ein Sonnenuntergang am Spreetshoogte Pass mit anschließender Vollmondnacht hoch über der Namib-Naukluft. Dabei soll nicht verschwiegen werden, dass freies Campen in Namibia laut Gesetz nicht gestattet ist. Allein die großen Entfernungen können jedoch Grund genug für ein Buschcamp sein.

Achtung: Selbst Landstriche, die keinen Besitzer zu haben scheinen, gehören fast immer zu einer Farm! Wenn irgend möglich, im Farmhaus um Erlaubnis fragen. Oft wird das nicht möglich sein, da man als Ortsunkundiger den Weg dorthin nicht kennt. Dann heißt es, wie immer, sich zivilisiert benehmen, den Stellplatz so verlassen, wie man ihn vorgefunden hat. Auf jeden Fall sollte man beim freien Campen darauf achten, dass man möglichst weit von Siedlungen entfernt seine Zelte aufschlägt. Wenn plötzlich unzählige schwarze Kinder neugierig am Übernachtungsplatz auftauchen, ist es mit der Ruhe vorbei.

Den Camper **nie in einem ausgetrockneten Flussbett** abstellen. Ein solches Revier kann sich, und das ist wörtlich zunehmen, selbst unter blauem Himmel in Minuten in einen reißenden Fluss verwandeln. Zelt und Auto immer richtig verschließen. Wer will schon früh mit einer Schlange im Bett erwachen, die sich ein warmes Plätzchen zum Schlafen gesucht hat?

Freies Campen verbietet sich ohne wenn und aber in den Wild- und Nationalparks des Landes sowie natürlich dort, wo es durch Schilder ausdrücklich untersagt wird. Außerdem gibt es in den schönsten Nationalparks und Naturschutzgebieten meist herrlich gelegene offizielle **Standplätze.** Auch die Städte verfügen über Wohnmobilparks. Immer mehr Lodges und Gästefarmen entdecken dieses Publikum und schaffen gut ausgestattete Übernachtungsplätze. In diesen Fällen kann dann der Kocher kalt bleiben, denn sicher hat die Küche für die Camper etwas übrig.

Es gibt in Namibia zahlreiche **Vermieter** von Allradcampern. Zum Beispiel die unter deutschem Management stehende Firma ASCO CAR HIRE. Sie verfügt über eine der jüngsten Fahrzeugflotten und deutschsprachigen Service (10 Diehl St., Southern Industrial Area, P.O. Box 40214, Windhoek, Tel./Fax 061/23 22 45, info@ascocarhire.com, www.ascocarhire.com). Ähnlich wie beim normalen Mietwagen ist es auch beim Mieten eines Allradcampers meist günstiger, Flug und Camper als Paket bei einem deutschen Veranstalter zu buchen, zum Beispiel beim Namibia-Spezialisten Karawane Reisen (71638 Ludwigsburg, Tel. 071 41/28 48 30, Fax 071 41/28 48 69, africa@karawane.de, www.karawane.de).

Das sechste Rad im Wagen

Auch wenn es aufpreispflichtig sein sollte und Platz wegnimmt, ein **zweites Ersatzrad** sollte an Bord sein. So mancher Autofahrer hat sich auf den Schotterstraßen in schneller Folge zwei Platten eingefangen. Dann ist guter Rat, oder besser, ein gutes Rad, teuer. Sind lange Touren in unwegsamem Gelände geplant, ist mindestens ein **Ersatzkanister** unabdingbar. Bei Fahrten auf normalen Routen kann man darauf verzichten.

Ein Auto mieten

Da kaum ein Tourist mit dem Auto quer durch Afrika nach Namibia kommt und es auch nur sehr wenige Besucher des südlichen Afrika gibt, die ihr eigenes Auto per Schiff vorschicken, beginnt das Fahren in Namibia an der Vermietstation. Schon hier heißt es, die besonderen Straßenverhältnisse, die auf den Fahrer warten, im Hinterkopf zu behalten. Eine Panne weit ab der nächsten Stadt kann sehr ärgerlich sein. Also unbedingt auf Vollständigkeit des Bordwerkzeugs inklusive Wagenheber achten. Es sollten auch wichtige Verschleißteile, auf jeden Fall Keilriemen, vorhanden sein. Nur so kann die nächste Werkstatt oder Farm schnell weiterhelfen.

Bei der Entscheidung, ob Geländewagen oder Standard-Pkw, ist natürlich die geplante Fahrtroute ausschlaggebend. Wer keine schwierigen Fahrten ins Kaudom, ins Kaokoveld oder in den Caprivi Strip plant, ist mit einem **Pkw** gut bedient. Nur für den Abstecher ins Sossusvlei lohnt der Allrad nicht. Einzig in der Regenzeit, wenn die *Reviere* (ausgetrocknete Flussbette) *abkommen* (sich mit Wasser füllen), kann ein Pkw auch auf sonst problemlosen Strecken schneller an seine Grenzen kommen als der Allrad. Da hilft dann nur warten, bis das Wasser zurückgeht. Meist reichen einige Stunden. Wer sich doch für einen **Geländewagen** entscheidet, sollte sich auch entsprechendes Zubehör leisten wie Schaufel, großer Wagenheber, Campingbeil und was man sonst noch Offroad brauchen könnte.

Autofahren in Namibia

Egal, ob mit Allrad oder Pkw, die **Schotterstraßen** *(Pads)* verlangen von jedem Fahrer höhere Aufmerksamkeit und einen defensiveren Fahrstil als in

Deutschland. Schon das Fahren auf der linken Straßenseite ist gewöhnungsbedürftig. Man sollte sich nicht von Einheimischen zur Raserei verleiten lassen, auch wenn die oft mit weit über 120 km/h über die Pads jagen. Sie haben jahrzehntelange Erfahrung auf diesen Pisten. Andererseits fährt auch unter den Namibiern so mancher Gasfuß unvernünftig – nicht jedes geschrottete Fahrzeug, das man am Fahrbahnrand sieht, hatte einen Touristen als Fahrer. Aber viel zu viele. Deshalb: Auf Pads sollte man nie schneller fahren als 80 km/h. Der oft sehr gute Zustand verführt zwar dazu, die erlaubten 100 km/h auszuschöpfen, doch ist der Untergrund immer lose und bietet damit deutlich weniger Bodenhaftung als gewohnt.

Warnschilder, zum Beispiel Kurve oder Kuppe, nicht ignorieren. Die Kombination aus Kurve, Gefälle zur Außenseite und Schotter war schon für manchen Fahrer tödlich. Also Fuß vom Gas! Immerhin ist man ja im Urlaub und nicht auf der Flucht. Ganz wichtig: Hände fest am Steuer! Überholmanöver bergen oft unkalkulierbare Risiken.

Man sollte auf diesen Pisten **nie nachts fahren.** Es ist nicht nur der unbeleuchtete Eselkarren, der plötzlich wie aus dem Nichts auftaucht, Straßenschäden sind kaum erkennbar und mehr noch als am Tag muss man immer mit Tieren auf der Fahrbahn rechnen. Die Pads werden regelmäßig durch imposante Straßenhobel gepflegt, die entstandenes Waschbrett abhobeln und losen Splitt an den Straßenrand schieben. Ihre Einsatzstellen werden durch Warnschilder angekündigt.

Wichtig: Möglichst jede Tankstelle zum Nachtanken nutzen. Manchmal ist gerade die Tankmöglichkeit, die man eingeplant hatte, geschlossen oder ihr ist der Sprit ausgegangen.

Mit der nötigen Konzentration und einer ruhigen, vorausschauenden Fahrweise wird die Autotour durch Namibia zu einem unvergesslichen Erlebnis (s. auch S. 224).

Urlaub auf Gästefarmen

Eine Reise durch Namibia, ohne auch nur einmal auf einer Gästefarm gewohnt zu haben, ist wie eine Reise in die Karibik ohne Baden im Meer. Es ist kaum mehr als 20 Jahre her, dass die ersten Farmer im Land versuchten, ihren Teil am langsam wachsenden Pflänzchen Tourismus zu erhalten. Sinkende Preise für Fleisch, Leder und Felle hatten schon seit einiger Zeit viele Farmer in Südwestafrika zur Aufgabe ihrer Farmen gezwungen. Anderen, die es bis dahin geschafft hatten, stand das Wasser, leider nur im übertragenen Sinne, bis zum Hals. Denn wenn sie immer genug Wasser gehabt hätten, wäre der Farmbetrieb prächtig gelaufen. So wagten einzelne Farmen den Schritt in den Tourismus und richteten Gästezimmer ein. Zwar oft einfach, doch immer sauber und mit ausreichend Komfort. Die Farmersfrauen wurden zu Köchinnen für den Gastbetrieb. Und sie verstehen ihr Handwerk. Mit diesem zweiten Standbein gelang und gelingt es immer mehr Farmern, sich zu halten.

Für den Gast ist der Aufenthalt auf einer solchen Farm ein ganz besonderes Erlebnis. Zwischen 10 und 16 Betten sind der Standard auf Gästefarmen. Familienanschluss inbegriffen. Gegessen wird gemeinsam am großen Tisch im Farmhaus. Es gibt beste Hausmannskost, und wer will, kann viel über den nicht einfachen Alltag der namibischen Farmer erfahren. Manchmal kann man auch im Farmbetrieb selbst mit anpacken, wenn man möchte. Überall gibt es Farmrundfahrten mit dem Chef persönlich. Oft bietet der Farmer auch Touren zu besonders attraktiven Zielen in der Umgebung an. Da kann man das eigene Fahrzeug mal stehen lassen und einen Tag unter kundiger Führung genießen.

Einige dieser Gästefarmen haben sich in den letzten Jahren vollständig vom eigentlichen Farmbetrieb verabschiedet, sind luxuriöser und fungieren als Lodges oder werden als Jagdfarmen bewirtschaftet. Diese Veränderungen gehen zwar meist mit erhöhtem Komfort einher, doch das so angenehme Flair der ursprünglichen Gästefarmen mit individueller Betreuung und Familienanschluss verlieren sie oft dabei. Also bei der Planung aufgepasst: Ein, zwei ursprüngliche Gästefarmen sollten schon dabei sein. Die Auswahl ist groß und verteilt sich über das ganze Land.

Tiere beobachten

Der Aufenthalt auf Gästefarmen ist oft ein Urlaub mit Tieren in dreierlei Hinsicht. Zum einen gibt es kaum eine Farm, die nicht rund ums Farmhaus mit reichlich **Haustieren** ›bestückt‹ ist. Hunde gehören ebenso dazu wie Katzen und manch Exotisches. Ein Farmbetrieb ohne **Nutzvieh** ist nicht vorstellbar. Das heißt Kühe, Schafe und die oft recht bunt zusammengewürfelten Ziegenherden der Farmarbeiter sind Standard und machen einen Farmaufenthalt für Groß und Klein zum Erlebnis.

Doch damit noch lange nicht genug. Auf der Farmrundfahrt mit dem Chef selbst werden dem Besucher nicht ohne Stolz möglichst viele der **Wildtiere** gezeigt, die zu einer namibischen Farm gehören. Je nachdem, wo die Farm liegt, wie groß sie ist und wie sie bewirtschaftet wird, ist das sehr unterschiedlich. Verschiedene Antilopenarten und Warzenschweine sieht man fast immer, oft ergänzt durch Zebras, Giraffen und sogar Löwen, Leoparden und Nashörner.

Etosha National Park

Der Etosha National Park zählt zu den attraktivsten Naturschutzgebieten. So wie Namibia selbst zu den tierreichsten Ländern Afrikas gehört, präsentiert der Etosha-Nationalpark diesen Wildreichtum in konzentrierter Form. Es gibt nur noch wenige Regionen in Afrika, wo man so beeindruckende Herden von Großwild beobachten kann.

Sportlich & aktiv

Sicher ist Namibia kein klassisches Sport-Urlaubsziel. Es dürften kaum Gäste aus Übersee kommen, deren Reisegrund darin besteht. Einzige Ausnahme bilden die Jäger, soweit man gewillt ist, Jagen als Sport anzusehen. Trotzdem gibt es auch in Namibia verschiedene Möglichkeiten, den Urlaub mit sportlichen ›Einlagen‹ perfekt zu ergänzen. Neben der Jagd sind dies besonders zahlreiche attraktive Wanderungen, Erlebnisse zu Pferd oder auf dem Wasser.

Angeln und Jagen

Wenn auch weite Landesteile unter der Trockenheit stöhnen, in den Stauseen im Landesinneren, in den Flüssen im Norden, besonders im Caprivi Strip,

Quadfahren in der Wüste

und am Meer gibt es für passionierte **Angler** Möglichkeiten, ihrem Hobby nachzugehen. Während für das Angeln an der Westküste fast überall keine Genehmigung notwendig ist, gibt es für die zu fangenden Fische natürlich Regelungen zur Größe und zur Fangmenge. Von Walvis Bay, Swakopmund und Lüderitz aus werden auch Angelfahrten auf hoher See angeboten. Auskünfte erteilen die örtlichen Informationsbüros. **Angelscheine** für die Binnengewässer gibt es unter anderem beim Ai-Ais-Erholungsgebiet, am Hardap Dam, am Von Bach Dam und beim Reservierungsbüro von Namibia Wildlife Resorts.

Für **Jäger** ist Namibia ein Paradies. Jagdfarmen liegen im Trend, denn sie bieten Farmern oft die einzige Möglichkeit zum wirtschaftlichen Überleben. Die Palette der jagdbaren Wildtiere ist groß und lockt Jäger aus der ganzen Welt. Umfassende Informationen dazu erteilt **NAPHA,** Namibian Professional Hunters Association (Tel. 061/23 44 55, napha@mweb.com.na).

Fallschirmspringen

Ein Absprung über der Wüste ist für viele Skydiver oder auch konservative Fallschirmspringer ein besonderes Erlebnis. Für all jene, die das Erlebnis nicht missen möchten, aber bisher noch keine Gelegenheit hatten, das Fallschirmspringen zu erlernen, sind auch Tandemsprünge möglich. Ansprechpartner dafür ist unter anderem das **Swakopmund Adventure Centre** (Tel. 064/40 60 96, swkadven@iafrica.com.na).

Golf

Man mag es kaum glauben, doch in Namibia gibt es über 20 Golfplätze, die zum Teil mit großem Aufwand der Wüste abgerungen wurden. Ein typisches Beispiel ist der Platz vor den Toren von Swakopmund (s. S. 176). Andere Plätze findet man unter anderem in Windhoek (s. S. 88), Walvis Bay, Lüderitz und Tsumeb.

Kanufahren

Auf den Grenzflüssen im Norden und Süden des Landes offerieren verschiedene Anbieter ein- und mehrtägige Ka-

Eldorado für Segelflieger

Als ein unter Kennern bekanntes Segelfliegerparadies präsentiert sich die Bitterwasser Lodge unweit von Kalkrand am Rande der Kalahariwüste. Das Flugzentrum bietet reichlich Platz für viele Segelflugzeuge. Die Thermik über der Wüste ist für diesen Sport perfekt. Es werden auch Ballonfahrten organisiert. Es stehen zwei Segelflugzeuge zum Chartern zur Verfügung (ab 100 €/Tag). Außerdem organisiert das Flugzentrum auch den Transport eigener Segelflugzeuge aus Deutschland und zurück. Ansprechpartner in Deutschland: Lydia Casper, Tel. 07951/51 54, caflug@t-online.de, www.bitterwasser.com.

nutouren sowie Ausflüge im Raft. Unter ihnen der südafrikanische Veranstalter **Felix Unite River Adventures** (Tel. 00 27/21/425 51 81, info@felixunite.com).

Reiten

Immer mehr Gästefarmen und Lodges haben **Pferderitte** in ihr Angebot aufgenommen. Ein- und mehrtägige Reitausflüge organisiert unter anderem Okakambe Trails (Tel. 064/40 27 99, okakambe@iway.na) in Swakopmund. Weitere Anbieter sind die Farmen Büllsport (s. S. 191) und Ababis (s. S. 191) am Naukluftgebirge.

Afrikagemäß, doch nicht namibiatypisch werden von der Rostock Ritz Desert Lodge (Tel. 061/25 74 67, kuecki@mweb.com.na) sogar **Kamelritte** in die Wüste angeboten. Mit dem Wüstenschiff durch die Wüste ist sicher eine tolle Erfahrung, und da stört es kaum, dass es Kamele im südlichen Afrika normalerweise nicht, sondern erst seit wenigen Jahren gibt.

Skilaufen

Bereits seit Jahren organisieren kleine Veranstalter von Walvis Bay und Swakopmund aus Surfausflüge auf die großen Dünen der Namib. Relativ neu dagegen ist die Möglichkeit, je nach Lust und Laune mit Abfahrtski in wilder Fahrt die Dünen hinabzuschießen (s. S. 65) oder auf schmalen Langlauflatten durch den heißen Wüstensand zu gleiten. Sogar eine kleine Sprungschanze wartet auf wagemutige Touristen. Informationen dazu gibt es von Henrik May, Sophia Dale Restcamp, Tel. 064/40 32 64, sophia@mweb.com.na.

Wandern

Zwar ist Namibia sicher nicht das klassische Ziel für Wanderer, doch haben sich in letzter Zeit auch für diese Urlaubsform neue, oft noch unbekannte Möglichkeiten erschlossen. Schon die riesigen Unterschiede in der Landschaft lassen erahnen, wie spannend es ist, zumindest einen Teil des Landes zu Fuß zu erkunden. Die klassische Fußwanderung, die für viele Langstreckenwanderer ein Muss ist, ist der Weg durch den tief im Süden gelegenen **Fish River Canyon** (s. S. 208). Er gilt nach dem Grand Canyon als zweitgrößter Canyon weltweit und ist eine der beliebtesten Sehenswürdigkeiten des Landes. Während Jahr für Jahr Tausende die mächtige Naturkulisse des Canyons von seinem Rand aus genießen und bestaunen, hält sich die Zahl der Wanderer in Grenzen.

Der Weg durch die Schlucht ist auch für geübte Sportler eine Herausforderung. Das liegt sicher nicht allein an der Länge von rund 90 km, sondern auch an den harten klimatischen Bedingungen tief unten in der Schlucht und am schwierigen Terrain. Ohne **Permit** (s. S. 221) geht da nichts und ohne **Gesundheitszeugnis** gibt es kein Permit. Die ›Wächter der Schlucht‹ gehen auf Nummer sicher. Das Gesundheitszeugnis muss aktuell sein (möglichst nicht älter als 90 Tage). Man kann es aus Deutschland mitbringen oder es sich vor Ort bei einem Arzt besorgen. Da die Hitze in den heißen Monaten

SKILAUFEN IN DER WÜSTE

Wenn im afrikanischen Sommer das Thermometer in Richtung 40-Grad-Marke wandert und die Luft über den Dünen vor Hitze flimmert, und man denkt an Wintersport? Weit und breit kein Schnee in Sicht und auch bei Liftanlagen ist Fehlanzeige – doch kein Grund zum Verzweifeln: Auch wenn es den ausgemachten Skifreak in diesem Jahr ausnahmsweise ins südliche Afrika gezogen hat, auf rasante Abfahrten von steilen Hängen muss er nicht mehr verzichten.

Es gibt jetzt für Skifans einen guten Grund mehr, eine Namibiareise mit einem Besuch im Restcamp Sophia Dale unweit von Swakopmund zu verbinden. Seit vier Jahren hier im Camp zu Hause, setzt der Thüringer Henrik May die völlig neue touristische Attraktion ›Dünen-Ski-Spaß‹ in Szene. Bisher war noch niemand mit Ski über die Dünen gegangen. Zumindest nicht professionell. Mit dem Sandboard über Dünen gleiten hat sich in den letzten Jahren fast zu einer Trendsportart entwickelt. Nun gleitet man auch mit Abfahrtsski oder auf den schmalen Langlaufbrettern elegant über die hohen Sanddünen der Namib-Wüste. Sogar eine kleine Sprungschanze gibt es, die zu Flügen einlädt. »So richtig rasant abwärts geht es natürlich auf den Abfahrtsski. Auf den schmalen Brettern fällt das Wedeln flach, doch mit denen kommt man freilich schneller wieder auf den Dünenkamm«, erläutert Henrik May den Unterschied. Die unter Namibia-Insidern bekannte Düne 7 zwischen Swakopmund und Walvis-Bay ist das ›Heimrevier‹ von Henrik May.

Wer kann schon von sich behaupten, bei 35 Grad im Schatten Abfahrtsski gefahren zu sein? »Es ist wirklich ein tolles Gefühl«, schwärmt Henrik May von seinem neuen Hobby, das er natürlich gern mit Gästen des Camps teilt. »Für jeden die richtige Skiausrüstung habe ich im Lager. Dem Skispaß auf Sanddünen steht also nichts im Wege. Alle, die es bisher versucht haben, waren begeistert. Viele kamen gleich am nächsten Tag wieder.«

Dabei weiß der ehemalige Nordischkombinierte, dass es wichtig ist, Erfahrung auf Schnee zu haben, dass sich die Schussfahrt von der Sanddüne dann aber erheblich anders ›anfühlt‹. Es wartet also ein Erlebnis, das wie Skifahren aussieht, aber die Besonderheiten des sandigen Untergrundes nicht leugnen kann. Das merkt Skiprofi May auch immer dann, wenn er im Nachhinein die Bretter wieder auf Vordermann bringt und für neue Abenteuer vorbereitet. »Natürlich geht das Sandfahren bedeutend mehr über die Laufsohlen als Schneetouren. Doch das gehört ebenso zum Dünenskispaß wie die Tatsache, dass man Liftanlagen hier vergebens sucht«, ergänzt Henrik May. Wo kein Lift ist, gibt es garantiert auch keine Warteschlange. Der Skispaß auf den Dünen kostet 25 € oder als Paket mit 3 Übernachtungen inkl. Frühstück und 2 x Skispaß 140 Euro. Traumhaftes Urlaubsfeeling unter afrikanischer Sonne und überwältigende Panoramablicke vom Dünenkamm gibt es gratis dazu. An der B2 12 km vor Swakopmund ausgeschildert, Tel. 002 64/64/40 32 64, www.ski-namibia.com.

Zu Fuß durch die Wüste

Zu den großen Herausforderungen einer Namibiareise gehört das dreitägige Trekking (50 km) entlang des **Ugab River.** Ein Naturschutzwart ist dabei. An jedem 2. und 4. Dienstag im Monat startet die Wanderung am Eingangstor zum Ugab River. Ein aktuelles Gesundheitszeugnis gehört ebenso an den Mann wie die persönliche Ausrüstung und Verpflegung. Buchungen nur beim Namibia Wildlife Resort in Windhoek (s. S. 219).

hier unerträglich werden kann, ist der Weg nur von Mai bis September geöffnet, also im Süd-Winter. Mindestens drei und maximal 40 Wanderer bilden eine Gruppe. Alles, was man für den fünftägigen Trip braucht, muss mitgenommen werden. Feste Übernachtungsplätze und Wege gibt es nicht. Jede Gruppe sucht sich ihre eigene Route und ihre Rastplätze.

Eine wohl noch größere Herausforderung ist der **Naukluft-Wanderweg** durch die wilde Bergwelt. Er ist rund 120 km lang und wird in vier bzw. acht Tagesetappen absolviert. Übernachtet wird in alten Farmhäusern und Hütten. Wasser gibt es dort überall, doch Schlafsack und Verpflegung müssen mitgenommen werden. Wie auch am Fish River Canyon gibt es die **Permits** für den Weg nur im Südwinter, hier von März bis Oktober. In dieser Zeit kann es in den Bergen ganz schön kalt werden. 0 Grad sind keine Seltenheit. In der Gästefarm Büllsport hängen sogar Fotos, die die Naukluft unter einer dicken Schneedecke zeigen.

Natürlich gibt es auch Wanderwege für ›Normalsterbliche‹. Allein von der **Gästefarm Büllsport** (s. S. 191) aus kann man zahlreiche Wanderungen im Tages- oder Halbtagesformat unternehmen. Wie die Familie Sauber auf Büllsport haben immer mehr andere Gästefarmer Wanderwege auf ihren

Die Fingerklip Lodge

Farmen erschlossen. So auf der nur 50 km entfernten **Farm Ababis** (s. S. 191), in vielen Farmen an der Etosha-Pfanne, zum Beispiel in der **Kavita Lion Lodge** (s. S. 150), und am Waterberg in der **Wilderness Lodge** (s. S. 106).

Selbst wenn eine Gästefarm nicht mit Wandermöglichkeiten wirbt, gibt es, abhängig natürlich vom Wildtierbestand, fast immer Möglichkeiten, zu Fuß auf Erkundungstour zu gehen. Die Eindrücke, die einen dabei erwarten, hätte man, immer nur im Auto unterwegs, komplett verpasst.

Wichtig: Die Sonne in Namibia kann unerbittlich brennen. Nicht nur im Südsommer. Sonnenschutz auf der Haut, Hut auf dem Kopf und ein ausreichender Wasservorrat im Rucksack sind unverzichtbar.

Klima und Reisezeit

Genau genommen stellt sich diese Frage bei der Planung einer Namibiareise nicht. Mit über 300 Sonnentagen ist Namibia ein Reiseland für das ganze Jahr. In Namibia überwiegt subtropi-

sches und überwiegend trockenes Klima. Da das Land auf der Südhalbkugel liegt, sind die Jahreszeiten dort den unseren entgegengesetzt. Doch so einfach ist es wiederum auch nicht.

Der Charakter der Jahreszeiten unterscheidet sich deutlich. Der **Südsommer** dauert von Dezember bis März. Dann herrschen zum einen hohe Temperaturen, die regelmäßig die 30-Grad-Grenze übersteigen, zum andern ist dann Regenzeit. Trotzdem ist das Wetter meist freundlich. Die Niederschlagstendenz steigt nach Norden hin stark an. Zum Leidwesen der Namibier, die immer auf viel Regen hoffen, sind die Sommerregen meist ebenso schnell vorbei wie sie begonnen haben. Belohnt wird man wenige Tage später mit blühenden Wüsten und frischem Grün auf den vorher scheinbar verdorrten Bäumen. Besonders für Touren in den trockenen Süden und an die Küste sind diese Monate ideal. Ab und an kann es passieren, dass sich durch starke Regenfälle die Trockenflussbette mit Wasser füllen und man warten muss, bis das Wasser abgeflossen ist, oder dass Pads durch Wasserschäden für einige Zeit unpassierbar werden.

Der **Südwinter** dagegen ist trocken und selbst im Hochland im Durchschnitt angenehm warm. Auf den Bergen und in der Wüste kann Nachtfrost auftreten. Alle paar Jahrzehnte fällt in den Bergen Schnee. Der Südwinter bietet sich besonders für ausgiebige Pirschfahrten im Etosha National Park an. Noch ist das Gras niedrig und die Tiere zieht es durch die Trockenheit an die Wasserstellen.

Der **Südherbst,** also unser Frühling, im April/Mai und der **Südfrühling** im Oktober/November sind ebenfalls relativ niederschlagsfrei und durch ihre ausgeglichenen Temperaturen recht angenehm. Während im Herbst durch die vergangene Regenzeit, je nach Niederschlagsmenge, noch viel Grün die Natur schmückt, präsentiert sich die Vegetation im Frühling meist dürr und verbrannt. Ebenfalls eine exzellente Zeit für Tierbeobachtungen. – Alles in allem bestätigt sich die These: Man kann nicht zur falschen Zeit nach Namibia reisen.

Was kommt in den Koffer?

Diese Frage lässt sich nicht pauschal beantworten. Nur eines kann gleich am Anfang festgestellt werden, der Smoking gehört nicht dazu. Ansonsten ist die **Kleidung** abhängig von der Art der Reise und der Jahreszeit. Keinesfalls vergessen sollte man ausreichend Sonnencreme, eine Kopfbedeckung und leichte, lockere Baumwollhemden bzw. Blusen, die man zu jeder Jahreszeit brauchen kann. Ebenso wichtig sind feste Wanderschuhe und mindestens ein warmer Pulli für den Abend.

Wer mit dem Allradcamper im Südwinter unterwegs ist, sollte reichlich warme Sachen für den Abend und die Nacht im Dachzelt mitnehmen. Zwar sind die Camper mit Schlafsäcken ausgerüstet, doch wenn sich die Temperatur dem Gefrierpunkt nähert, reichen diese Schlafsäcke nicht aus. In der kühlen Jahreszeit ist es günstig, wenn man seine Bekleidung nach dem Zwiebelprinzip variieren kann. Denn Minusgraden in der Nacht kann durchaus ein Tag mit strahlendem Sonnenschein und 25 Grad plus folgen.

Die **Ausstattung** der Allradcamper mit Geschirr, Töpfen, Pfannen und Besteck ist zwar komplett, doch sollte man sich, am besten in kleinen Plastikdosen, Gewürze und Salz, etwas Öl und, ganz wichtig, etwas Geschirrspülmittel und Allzweckreiniger mitbringen. Zwar gibt es das alles auch vor Ort, jedoch in viel zu großen Packungsgrößen für zwei bis drei Wochen Urlaub. Vorteilhaft ist es, etwas Draht und Bindfaden einzupacken, die man im Camper manchmal gut gebrauchen kann. Ebenfalls zu einem Namibia-Urlaub gehören, nicht nur für Camper, ein Taschenmesser und eine kleine, aber starke Taschenlampe.

Nicht in den Koffer, aber unbedingt ins Handgepäck, müssen **Fotoapparat** oder **Videokamera** mit ausreichend **Filmmaterial** oder genügend Speicherkapazität. Es wäre einfach zu schade, wenn man sich die schönsten Erlebnisse nicht als Andenken mit nach Hause nehmen könnte.

Urlaub mit Kindern

Einerseits sind Reisen dieser Länge Familien mit Kindern nicht zu empfehlen, und auch das Klima in Namibia ist nicht unbedingt perfekt für kleine Besucher aus Europa. Andererseits sind die Erlebnisse im Land für Kinder oft ein einziger Ausflug in eine große Abenteuerwelt. Wer seinen Kindern den langen Flug zumuten kann und will (jedes Kind ist anders und reagiert anders), der wird vor Ort, besonders auf vielen Gästefarmen, freundliche Aufnahme und für die Kinder perfekte Bedingungen finden. Da kann man Urlaub verbringen fast wie auf dem Bauernhof, nur eben mit der ›Zugabe‹ toller Safaris auf den Spuren wilder Tiere. Es ist kein Problem, mit den Betreibern der Gästefarmen, die man gern besuchen möchte, bereits im Vorfeld abzusprechen, was für die Kinder vor Ort möglich ist.

Nicht zu empfehlen sind Rundreisen mit ständigem Wohnortwechsel. Die damit verbundenen zusätzlichen Belastungen und die ständig notwendige Umgewöhnung sollte man den Kleinen auf gar keinen Fall zumuten. Mit kleinen Kindern beschränkt man sich am Besten auf zwei oder drei Übernachtungsplätze, von denen aus man die afrikanische Wildnis erkunden kann.

Wer mit Kindern unterwegs ist, ist gut beraten, das Mietauto lieber eine Nummer größer zu wählen. So hat der Nachwuchs auch bei längeren Pirschfahrten mehr Freiraum.

Nicht zu vergessen sind gesundheitliche Risiken, die für Kinder, besonders für Kleinkinder, natürlich ebenso bestehen wie für die Eltern, da erkundigt man sich am besten beim zuständigen städtischen Gesundheitsamt.

In den Supermärkten der Städte erhält man alles, was man rund ums Kind braucht, von der Babynahrung bis zu den Windeln. Oft die gleichen Marken wie in Europa erhältlich, nur meist etwas teurer.

UNTERWEGS IN NAMIBIA

Ein Leitfaden für Ihre Namibia-Reise mit vielen Tipps für unterwegs

Genaue Beschreibungen von Städten und Dörfern, Sehenswürdigkeiten, Ausflugszielen und Reiserouten

Namibia erleben: Ausgesuchte Hotels, Lodges, Restaurants und Touren

Eselskarren im Nordwesten Namibias

VIRUS
VIRUS

Windhoek und das Zentrum

Der Meteoritenbrunnen in Windhoek

Namibia-Atlas S. 236–237

WINDHOEK UND UMGEBUNG

Eine Metropole zwischen zwei Welten, so präsentiert sich Windhoek: modern und europäisch im Zentrum und in den Wohngebieten der Weißen, arm und afrikanisch in den Vororten der Farbigen. Doch ist Windhoek im Aufbruch. Die Umgebung lädt zu interessanten Ausflügen ein und vermittelt einen ersten Eindruck davon, was einen im Land erwartet.

Windhoek

Atlas: S. 236, C2
Windhoek ist nicht nur die Hauptstadt Namibias, sondern, zumindest nach europäischem Verständnis, auch die einzige Großstadt des Landes. Es ist Regierungssitz und das wirtschaftliche und kulturelle Zentrum. In Windhoek befindet sich die einzige Universität Namibias, fast alle Straßen- und Flugverbindungen führen über die Metropole, und vor den Toren der Stadt liegt der einzige internationale Flughafen. So ist Windhoek naturgemäß für die Mehrzahl der Touristen aus Europa die erste Station ihrer Reise. Die Stadt liegt durchschnittlich rund 1600 m über dem Meeresspiegel. Damit wird es im Sommer nicht zu heiß und im Winter manchmal empfindlich kalt.

In der Bevölkerungsstruktur der Hauptstadt spiegelt sich das bunte Völkergemisch wider, das allmählich zu einer namibischen Nation zusammenwachsen soll. Durch den ungesteuerten Zuzug vieler Landflüchtlinge aus dem Norden Namibias und aus Angola gibt es keine verlässlichen Einwohnerzahlen. Man kann aber davon ausgehen, dass es um die 250 000 sind. Davon leben rund 200 000 im schwarzen Stadtviertel Katutura im Norden. Auch wenn kaum mehr als 2 % der Einwohner Deutsch als Muttersprache sprechen, ist die deutsche Sprache neben der Amtssprache Englisch weit verbreitet.

Trotz der ständig steigenden Einwohnerzahl und der Hochhäuser im Zentrum links und rechts der Independence Ave. hat sich Windhoek seinen eher kleinstädtischen Charme bewahrt. An die 90 % der Einwohner wohnen in Hütten oder kleinen Häusern am Rande der Stadt. Die Weißen, ca. 30 000, leben noch immer bevorzugt in eigenen Stadtteilen. So zum Beispiel in Klein Windhoek und Ludwigsdorf. Deren Wohnhäuser, teils auch Villen, sind oft bedeutend großzügiger gebaut als die der schwarzen Mittelschicht. Daran hat sich bisher wenig geändert.

Das größte Problem für die Hauptstadt ist der permanente Wassermangel. Im Durchschnitt fallen pro Jahr nicht einmal 400 mm Regen pro Quadratmeter. Der ungehinderte Zuzug nach Katutura verschärft dieses Problem ständig. Das Wasser, das über Kanalsysteme aus dem Norden kommt, reicht oft nicht aus, und so muss Trinkwasser mehrfach wieder aufbereitet werden. Die regenreichsten Monate sind November und Januar bis März. Wenn es dann mal einen Tag richtig regnet, sollte man als Tourist seinen eigenen Ärger darüber unterdrücken und verstehen, dass sich die Menschen in der Stadt riesig darüber freuen. Wenn man in Namibia Grüße zum Fest austauscht, wünscht man sich: »Ein verregnetes Weihnachten!« So etwas sollte man in Europa lieber nicht sagen. Es sei denn, man möchte seine Freunde oder Bekannten nicht wieder sehen.

Geschichte

Ihren heutigen Namen erhielt die Stadt vom berühmten Nama-Häuptling Jan Jonker Afrikaner. Als er 1840 mit seinem Stamm an diese Stelle kam, erinnerten ihn die umliegenden Berge an die Farm Winterhoek in der südafrikanischen Kapprovinz, wo er geboren wurde. Bei den Herero hieß dieser Ort *otjomuise,* was man mit ›Stelle des Rauches‹ übersetzen könnte und sich auf die zahlreichen dampfenden Quellen bezog, die es in und um Windhoek gibt. Doch bevor aus Windhoek endlich Windhoek wurde, trug es zahlreiche andere Namen. Captain James Alexander taufte es 1837 nach der englischen Königin ›Queen Adelaide's Bath‹. Daraus wurde nur wenige Jahre später ›Elberfeld‹. Diesen Namen erhielt der Platz durch die Missionare Kleinschmidt und Hahn. 1844 nannte die Wesleyan Mission Windhoek ›Concordiaville‹. Auch unter seinem endgültigen Namen Windhoek war der Weg bis zur Stadt noch weit. Über Jahrzehnte lag diese Missionsstation inmitten der blutigen Stammesfehden von Nama und Herero.

Erst mit der Ankunft des Hauptmanns Curt von François und einiger deutscher Schutztruppler änderte sich das. In kurzer Zeit wurde die Alte Feste gebaut, und bereits ein Jahr später zog das deutsche Verwaltungszentrum von Otjimbingwe nach Windhoek um. Erste Siedler ließen sich nieder und ganz allmählich entwickelte sich die ehemalige Missionsstation zur wichtigsten Stadt des Landes, in der es einige Geschäfte gab. Waren, aber auch Munition und Baumaterial wurden auf beschwerlichen Wegen über das Khomas-Hochland von Walvis Bay aus hertransportiert. Das änderte sich erst 1902 mit der Eröffnung der Eisenbahnlinie zwischen Swakopmund und Windhoek. Damit stand einem Aufschwung der Stadt nichts mehr im Wege.

Bis 1915, dem Ende der deutschen Kolonialherrschaft, blieb Windhoek, damals eingedeutscht ›Windhuk‹ genannt, der Sitz der deutschen Kolonialverwaltung. Unter südafrikanischer Mandatsherrschaft verlor Windhoek über Jahrzehnte seine Bedeutung. Erst in den 60er und 70er Jahren besann man sich auf die infrastrukturellen Voraussetzungen und die zentrale Lage der Stadt. Damit begann für Windhoek eine Entwicklung, die sich auch nach dem Erreichen der Unabhängigkeit fortsetzte. Dass Windhoek auch die Hauptstadt des unabhängigen Namibia werden sollte, stand außer Frage, und das nicht nur mangels sinnvoller Alternativen.

Alte Feste

So wie sich die Größe des Windhoeker Stadtzentrums in Grenzen hält, ist auch die Zahl der Sehenswürdigkeiten überschaubar und an einem Tag bequem und völlig stressfrei zu bewältigen. Windhoek ist eine saubere und angenehme Stadt und hat für jeden etwas. Mal modern europäisch, mal exotisch afrikanisch. Bevor man sich ins Gewimmel stürzt – das Zentrum von Windhoek ist übrigens der einzige Ort im Land, an dem man sich ins Gewimmel stürzen kann –, lohnt sich ein Blick auf die Stadt. Ein grandioses Panorama bietet sich von der Heinitzburg (s. S. 85), die man über den Sam Nujoma Drive erreicht. Doch auch an der Kreuzung Nujoma Dr./Mugabe Ave. dürften Fotografen völlig zu ihrem Recht kommen.

Für die Besichtigung der Stadt gibt es zum Stadtrundgang zu Fuß keine Alternative. Als Erstes benötigt man einen (möglichst sicheren) Parkplatz. Zwischen Fidel Castro St. und Independence Ave. befindet sich ein großer Parkplatz mit Parkwächtern. Dort, unterhalb der Alten Feste, erhält man eigentlich immer einen Stellplatz und kann seinen Rundgang beginnen. Nur wenige Schritte die Fidel Castro St. bergauf steht man dort, wo alles begann. Die **Alte Feste** 1 ist das älteste Gebäude der Stadt. Die Bauarbeiten

Sehenswürdigkeiten
1 Alte Feste
2 Offiziershaus
3 Reiterdenkmal
4 Christuskirche
5 Tintenpalast
6 Meteoritenbrunnen
7 Kudu-Denkmal
8 Bahnhof
9 Turnhalle
10 Werthsingel
11 Nationalgalerie
12 Nationaltheater
13 Owela Museum
14 Georg's Cathedral
15 State House
16 Schwerinsburg
17 Heinitzburg
18 Sanderburg

Übernachten
19 Kalahari Sands Hotel
20 Fürstenhof

Essen und Trinken
21 Leo's at the Castle
22 Gathemann
23 Homestade Restaurant
24 Africa
25 La Gondola
26 Sardinia
27 Jenny's Place

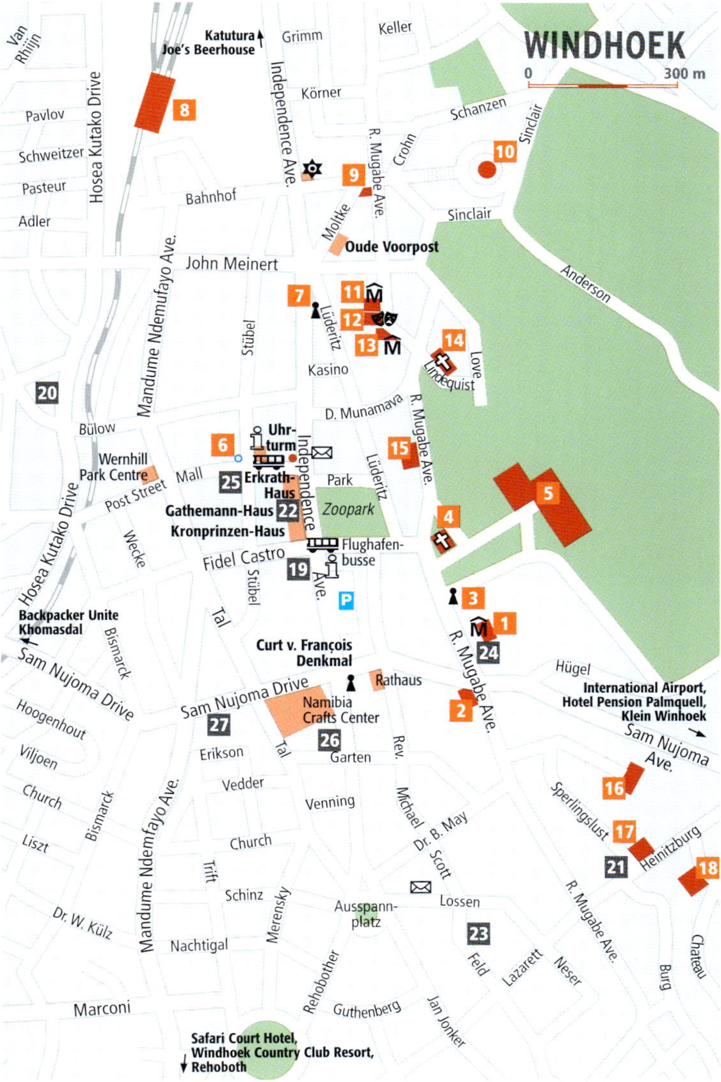
WINDHOEK
0
300 m
Katutura
Joe's Beerhouse
Van Rhijn
Grimm
Keller
Körner
Pavlov
Schweitzer
Pasteur
Adler
Hosea Kutako Drive
Independence Ave.
R. Mugabe Ave.
Crohn
Schanzen
Sinclair
Bahnhof
Moltke
Oude Voorpost
Anderson
John Meinert
Mandume Ndemufayo Ave.
Stübel
Lüderitz
Kasino
Love
Lindequist
D. Munamava
Bülow
Uhr-
turm
Wernhill
Park Centre
Mall
Post Street
Erkrath-
Haus
Park
Zoopark
Gathemann-Haus
Kronprinzen-Haus
Wecke
Fidel Castro
Flughafen-
busse
Tal
Backpacker Unite
Khomasdal
Bismarck
Curt v. François
Denkmal
Rathaus
Hügel
International Airport,
Hotel Pension Palmquell,
Klein Windhoek
Sam Nujoma Drive
Sam Nujoma Ave.
Hoogenhout
Namibia
Crafts Center
Viljoen
Erikson
Garten
Rev.
Church
Vedder
Venning
Sperlingslust
Michael
Dr. B. May
Liszt
Heinitzburg
Trift
Scott
Schinz
Merensky
Ausspann-
platz
Lossen
Dr. W. Külz
Nachtigal
Feld
Lazarett
Neser
Chateau
Burg
Rehobother
Guthenberg
Jan Jonker
Marconi
Safari Court Hotel,
Windhoek Country Club Resort,
Rehoboth
1
2
3
4
5
6
7
8
9
10
11
12
13
14
15
16
17
18
19
20
21
22
23
24
25
26
27

Die Independance Avenue

wurden sofort nach Ankunft von Hauptmann Curt von François begonnen und bereits 1892 beendet. Umbauten 1895 und 1912 gaben ihr das heutige Aussehen. Als Festungsbauwerk wurde sie jedoch nur bis 1915 genutzt. Später zog ein Internat in die alten Mauern, und schon 1957 wurde die Alte Feste zum Nationalmonument erklärt. Heute sind in den Festungsräumen die Exponate des **Staatsmuseums** untergebracht. Die historische Sammlung umfasst Ausstellungsstücke aus der Zeit der ersten Missionsstationen, der deutschen Kolonialzeit, der Mandatsverwaltung durch Südafrika bis hin zum schweren Weg zur Erlangung der Unabhängigkeit (Mo–Fr 9–18, Sa/So 10–12, 14–18 Uhr).

Gegenüber der Alten Feste steht das 1905/06 errichtete **Offiziershaus** 2. Ein Blick in die Ställe und die Sattelkammer ist möglich. Wenige Schritte entfernt kann man eines der meistfotografierten Wahrzeichen der Stadt nicht übersehen, das **Reiterdenkmal** 3. Es wurde von Adolf Kürle entworfen und am 27. Januar 1912 pünktlich zu Kaisers Geburtstag enthüllt. Es ehrt die während der Feldzüge gegen die Herero und Nama von 1904 bis 1907 gefallenen deutschen Soldaten. Nur weil es nach der Regierungsübernahme durch die SWAPO keinen Bildersturm gab, kann man das Denkmal noch heute sehen.

Gleiches trifft auf das **Curt von François-Denkmal** zu, das an der Ecke Sam Nujoma Dr./Independence Ave. steht. Auf der Gedenktafel am Sockel des Reiterdenkmals kann man lesen: ›Zum ehrenden Angedenken an die tapferen deutschen Krieger, welche für Kaiser und Reich zur Errettung und Erhaltung dieses Landes während des Herero- und Hottentotten-Aufstandes 1903–1907 und während der Kalahari-Expedition 1908 ihr Leben ließen. Zum ehrenden Angedenken auch an die deutschen Bürger, welche den Eingeborenen im Aufstand zum Opfer fielen.‹ Erstaunlich, dass selbst diese Tafel den Machtwechsel überstanden hat. Doch Tafel und Denkmal waren ständig Ziel populistischer verbaler Angriffe von Sam Nujoma und seinen Mitstreitern.

Christuskirche und Tintenpalast

Mindestens ebenso oft im Sucher der Kameras der Touristen befindet sich die **Christuskirche** [4]. Regierungsbaumeister Gottlieb Redecker entwarf das 1910 geweihte Gotteshaus der evangelisch-lutherischen Gemeinde. Typisch für die Kirche ist der rötliche Quarzsandstein, der in der Nähe von Windhoek gebrochen wurde. Das Portal hingegen wurde aus original Carrara-Marmor errichtet, der mit Schiff und Bahn aus Europa kam. Die wunderschönen Buntglasfenster stiftete Kaiser Wilhelm II. 1971 erfolgte eine umfassende äußere und innere Renovierung. 80 % der dafür benötigten Gelder kamen aus Deutschland. Eine Besichtung ist möglich. Den Schlüssel erhält man im Kirchenbüro (Fidel Castro St. 12, Tel. 061/22 42 54).

Bevor der Weg in Richtung Zentrum führt, sollte man hinter der Christuskirche noch ein Stück bergauf gehen. Der lang gestreckte, ebenfalls von Gottlieb Redecker entworfene Bau wird **Tintenpalast** [5] genannt. Diesen mittlerweile offiziellen Spitznamen erhielt das Verwaltungsgebäude wohl deshalb, weil die Beamten, egal unter welcher Regierung, hier so viel Tinte verschrieben haben. Der Tintenpalast wurde 1913 eingeweiht und war als Verwaltungssitz der deutschen Kolonialregierung konzipiert. Doch nur ein Jahr, vom Mai 1914 bis Mai 1915, tagte hier der Landesrat. Noch unter der Mandatsherrschaft der Südafrikaner erhielt der Tintenpalast 1964 einen weiteren, moderneren Gebäudekomplex. Zu dieser Zeit war er Sitz der Administration und des Landrates. Heute ist er der Sitz der Nationalversammlung. In letzter Zeit war eine Besichtigung nicht mehr möglich, was sich aber auch wieder ändern kann.

Vom Tintenpalast zum Bahnhof

Vom Tintenpalast erreicht man vorbei an der Christuskirche und dem Zoopark, der mit einem Zoo im eigentlichen Sinne nichts tun hat, sondern einfach eine schöne Parkanlage ist, **die Independence Ave.** Viele Einkaufsmöglichkeiten konzentrieren sich rund um diese Hauptstraße. Gegenüber dem Zoopark befindet sich der größte

»WIR WOLLEN BLEIBEN ...«

14 Jahre sind seit der Unabhängigkeitserklärung vergangen, vieles hat sich verändert, doch manches blieb, wie es war. Noch immer wohnt die Mehrzahl der schwarzen Windhoeker in Katutura, dem schwarzen Stadtteil der namibischen Metropole, der sich eigentlich zu einer richtigen, selbstständigen Stadt entwickelt hat. Immerhin wohnen und leben in Katutura über 200 000 Menschen. Mehr als in allen anderen Stadtteilen Windhoeks zusammen. Katutura, »Platz, wo wir nicht leben möchten«, nennt sich der Stadtteil und trifft damit genau die Intentionen all der Schwarzen, die Mitte der 60er Jahre nach den Apartheidsgesetzen der südafrikanischen Besatzer aus der ›Old Location‹, ihrer früheren Wohnsiedlung in Windhoek, vertrieben wurden. 1968 war die Vertreibung abgeschlossen und das alte Windhoek so weiß, wie es die Apartheid verlangte. In den Jahren vor der Unabhängigkeit wurden die Menschen selbst in Katutura streng getrennt nach ihrer ethnischen Zugehörigkeit untergebracht. So gab es Viertel für Ovambo, Herero und Damara.

Immer wieder kam es im Township zu gewalttätigen Auseinandersetzungen mit Militär und Polizei. Schnell und zwangsläufig entwickelte sich Katutura zu einem Zentrum des Widerstandes. Am 9. Oktober 1987 wurde das traurigste Kapitel Katutura gesprengt, ein Teilerfolg für die Vertragsarbeiter: das so genannte Ovambo-Hostel, ein Wohnheim für Wanderarbeiter aus dem Norden mit ständig überbelegten Schlafsälen für 20 und mehr Männer. Doch bis heute gibt es hier Wohnblöcke für Vertragsarbeiter, die fern von Frau und Kindern arbeiten müssen, um das Überleben ihrer Familie zu sichern.

Die Trennung nach Stammeszugehörigkeit gehört schon lange der Vergangenheit an. Jeder kann jetzt hinziehen und wohnen, wo er will. Dennoch ist ein Weißer in Katutura noch immer ebenso die Ausnahme wie ein Schwarzer in den weißen Wohnvierteln. Aber es hat sich viel verändert in Katutura. Mit einem Elendsviertel, wie man es aus anderen Ländern der dritten Welt kennt, hat es kaum etwas gemein. Die namibische Regierung unternimmt seit Jahren große Anstrengungen, um die Infrastruktur und die Lebensumstände der Einwohner zu verbessern. Straßen wurden asphaltiert, Telefon- und Stromleitungen gelegt und Wasseranschlüsse geschaffen. Auf den Straßen Katuturas ist es sauberer als in mancher europäischen Großstadt. Viele der Bewohner leben in flachen Baracken mit etwa 45 m^2 Wohnfläche, die zumeist noch aus der Zeit vor 1990 stammen. Nicht selten teilen sich bis zu 20 Menschen die vier winzigen Zimmer. Stück für Stück etabliert sich daneben eine schwarze Mittelschicht, die sich kleine, teils recht schmucke Häuser nach eigenen Vorstellungen errichtet. Überall wird gebaut und überall wird gehandelt.

Trotzdem, noch immer reichen die Lebensmittelgeschäfte und Märkte nicht aus, noch immer fehlt es an Wohnungen, Schulen und Kindergärten, und noch immer gibt es kaum Arbeitsmöglichkeiten für die Bewohner des Stadtteils. Die größten Probleme bereitet der Zuzug von immer mehr Menschen aus dem Norden Namibias und aus Angola, die hoffen, in der Stadt ihr Glück zu machen. In den Randgebieten Katuturas müssen diese Neuankömmlinge oft jahrelang in Hütten aus Wellblech und Pappe leben. Ohne Wasser, Strom, Telefon und Kanalisation.

All das ändert nichts daran, dass viele Einwohner Katuturas in ihrem Stadtteil ›angekommen‹ sind. Man merkt das schnell, wenn man mit einem ortskundigen Führer eine Tour durch Katutura unternimmt. Die Menschen gehen offen und selbstbewusst mit ihrem Alltag um. Fast jeder versucht, irgendetwas zu tun, um sich auch ohne geregelte Arbeit ein menschenwürdiges Leben zu schaffen. Die Arbeitslosigkeit ist und bleibt das größte Problem. Immer mehr Bewohner identifizieren sich mit dem ›Ort, an dem sie nicht leben wollen‹. Für viele wird aus Katutura ›Matutura‹: ›Wir wollen bleiben‹.

Eine Touristenattraktion im landläufigen Sinne will Katutura natürlich ebenso wenig sein wie ein Zoo für kamerabewehrte Weiße auf der Suche nach dem besten ›Armutsschnappschuss‹. Trotz alledem ist es für den Besucher Namibias gerade Katutura, wo man viel über das Land und seine Menschen lernen kann. Vorausgesetzt, man hat einen Insider an seiner Seite.

Eine Bar in Katutura

Freiluftmarkt mit afrikanischem Kunstgewerbe. Geht man dann die Independence Ave. in nördlicher Richtung, findet man viele kleine Geschäfte und Gaststätten, deren deutscher Ursprung zumeist nicht zu übersehen ist.

Von der Independence Ave. biegt links die **Post Street Mall** ab, die neue, moderne Fußgängerzone der Metropole. Auch hier verkaufen Straßenhändler Souvenirs und andere Waren. Den Eingang zur Fußgängerzone kann man nicht verfehlen. Er wird markiert von einem recht auffälligen **Uhrturm.**

Nicht achtlos vorbeigehen sollte man am **Meteoritenbrunnen** [6], dem interessantesten Blickfang der Post Street Mall. Er wurde aus 33 Gesteinsbrocken errichtet, die als Meteoritenschauer auf Namibia niedergegangen sind. Sie bestehen zu über 90 % aus Eisen und sollen rund 600 Mio. Jahre alt sein. Die Fußgängerzone führt direkt in das 1990 eröffnete **Wernhill Park Centre** mit zahlreichen Läden, Boutiquen und Cafés.

Zurück auf der Independence Ave., passiert man auf der anderen Straßenseite die Post. Auf der rechten Seite steht das **Kudu-Denkmal** [7], ein weiteres Wahrzeichen der Stadt. Das vom Münchner Professor Fritz Behn geschaffene Standbild ist nicht nur beliebter Hintergrund für Erinnerungsfotos, sondern auch oft benutzter Orientierungs- und Treffpunkt im Windhoeker Zentrum. Ein Stück weiter folgt das 1902 erbaute, als **Oude Voorpost** bezeichnete ehemalige Landesvermessungsamt, heute Sitz des Ministeriums für Naturschutz und Tourismus.

An der Kreuzung Bahnhofstraße hält man sich links und gelangt zum **Bahnhof** [8]. Das 1912 gebaute und 1929 erweiterte Bahnhofsgebäude ist ein Stilgemisch aus wilhelminischen und Jugendstilelementen. Im ersten Stock des Bahnhofsgebäudes wartet das kleine **Transportmuseum** auf Besucher und hält interessante Einblicke in die Geschichte der Trans-Namib Railways bereit (Mo–Fr 10–12 und 14–18 Uhr). Vor dem Bahnhof steht, durch ein Dach vor der Sonne und dem seltenen Regen geschützt, der **Poor Old Joe,** eine Schmalspurlokomotive. Über 100 Loks dieses Typs wurden aus Deutschland importiert.

Robert Mugabe Avenue

Die Bahnhofstraße zurück kommt man jenseits der Independence Ave. zur **Turnhalle** [9]. In ihr wurde Geschichte geschrieben, denn hier tagte die erste verfassunggebende Versammlung, die als Turnhallen-Konferenz in die namibischen Geschichtsbücher einging. Bis heute ist die größte Oppositionspartei, die Democratic Turnhalle Alliance, nach diesem Ereignis benannt. Sportler findet man in der Turnhalle nicht mehr, sie wird weiterhin für Konferenzen genutzt. Nicht weit von der Turnhalle entfernt führt die Straße hinauf auf einen Hügel. Der so genannte **Werthsingel** [10] ist ein weiterer beliebter Aussichtspunkt.

Auf der Robert Mugabe Ave. zurück in Richtung Zentrum passiert man zuerst die **Nationalgalerie** [11]. In einer ständigen Ausstellung werden Werke namibischer Künstler gezeigt. Zusätzlich finden regelmäßige Sonderausstellungen mit Arbeiten zeitgenössischer Künstler statt (Di–Fr 9–17, Sa 9–14 Uhr). Direkt daneben folgt das 1960 erbaute **Nationaltheater** 12**.** Ein Dreispartenhaus mit Ballett, Schauspiel und Musical.

Das nächste interessante Gebäude an der Robert Mugabe Ave. ist das **Owela Museum** 13**.** In diesem Komplex ist die natur- und volkskundliche Sammlung des Staatsmuseums untergebracht. Schwerpunkt der Ausstellung sind Dioramen zum Alltagsleben afrikanischer Völker wie etwa der Himba, Nama und San (Mo–Fr 9–18, Sa/So 10–12 und 15–18 Uhr).

Auf dem Weg zurück ins Stadtzentrum passiert man als Nächstes die **St. Georg's Cathedral** 14**,** die kleinste Kathedrale im südlichen Afrika. Mit einem Blick auf das **State House** 15**,** dem Amtssitz des Präsidenten, geht der Stadtbummel langsam zu Ende. Sollte man bei dieser Runde in Sachen Souvenir noch nicht fündig geworden sein, so lohnt der Weg ins **Namibia Crafts Centre** in der alten Brauerei an der Tal St. (s. S. 87).

Windhoeks Burgen

Wer immer noch gut zu Fuß ist oder, noch besser, ein Auto zur Verfügung hat, kann nun einen kleinen Abstecher auf dem Sam Nujoma Drive in Richtung International Airport unternehmen.

Schwätzchen vor der Haustür

... UND AM ABEND INS BIERHAUS

Um die abendliche Attraktivität Windhoeks ist es noch immer nicht zum Besten bestellt. Das mag sicher auch daran liegen, dass die Mehrzahl der Namibia-Touristen andere Schwerpunkte setzt als Night-Life. Doch Ausnahmen bestätigen die Regel und die Ausnahme schlechthin ist Joe's Beerhouse. Sicher könnte man diese riesige Bierkneipe, immerhin bietet sie bis zu 450 Gästen Platz, auch als typische Touristenfalle bezeichnen, doch würde man damit der Sache nicht gerecht. Zwar ist ein Besuch bei Joe mittlerweile ein fester Programmpunkt vieler Reisegruppen und Einzeltouristen, doch das Publikum im Bierhaus rekrutiert sich fast zu gleichen Teilen aus Windhoekern, von denen viele schon fast zum Inventar des rustikalen Pub gehören. Es ist so ansprechend, dass inmitten von Schrott, Trödel und brennendem Feuer die Massenabfertigung völlig in den Hintergrund tritt.

Als Joe Groß vor 18 Jahren nach Namibia kam, war an diese Erfolgsstory nicht zu denken. Relativ schnell jedoch entwickelte sich Joe's Beerhouse, damals noch kleiner und intimer im Zentrum der Stadt, von einem Geheimtipp zu einem Muss für jeden Windhoek-Besucher. So mancher seiner Stammgäste war gar nicht froh, als sich Joe zusammen mit Ehefrau Annette entschloss, zu vergrößern und in den Stadtteil Eros zu ziehen. Die kritischen Stimmen verstummten schnell. Es gelang den Beiden, die einzigartige Atmosphäre des alten Pub in den Neubau hinüberzuretten. Reetgedeckte Häuser und Schutzdächer im Freien bilden viele einzelne Pubs. Eine Menge historischer Trödel und das Spiel des Feuers in der Dunkelheit der Nacht verleihen dem Bierhaus, ob man nun drinnen oder draußen den Abend verbringt, ein Flair, wie man es in deutschen Biergärten nicht findet.

Dass das Bierangebot bei Joe breit ist, aber die guten, nach dem Deutschen Reinheitsgebot gebrauten Sorten aus Windhoek und Swakopmund als Favoriten bei den Besuchern gelten, versteht sich von selbst. Ebenso, dass zum Bier Rustikales vom Grill serviert wird. Aber Vorsicht, schon die kleineren Portionen verlangen dem Gast Kondition und einen gesunden Appetit ab. Wer sich von den relativ moderaten Preisen zur großen Variante der Gemischten Fleischplatte verführen lässt, sollte sich schnell noch mindestens zwei ›Mitesser‹ suchen. Fast alles, was auf den Tisch kommt, stammt vom heimischen Wild. Da reicht die Palette vom Strauß über Kudu und Zebra bis zum Impala.

Aber Joe und Annette Groß' Faible für die Tierwelt beschränkt sich nicht auf die kulinarische Ebene, beide sind leidenschaftliche und ausgezeichnete Tierfotografen. Ihr jährlicher Kalender beweist das. In tausendfacher Auflage geht er über den Ladentisch. Komplettiert wird Joe's Beerhouse übrigens durch eine kleine Volkskunstgalerie, in der die Bilder der beiden ausgestellt und traditionelle Souvenirs verkauft werden. Wer bisher nicht an die Lieben zu Hause gedacht hat, kann es hier nachholen. Joe's Beerhouse, 160 Nelson Mandela Ave., Tel. 061/23 24 57, www.joesbeerhouse.com.

Rechter Hand liegen dann, bevor man den Berg ganz nach oben gefahren ist, Windhoeks drei Burgen.

Natürlich können diese altersmäßig keinen Vergleich mit ihren europäischen Verwandten aushalten. Sie sind alle drei erst zwischen 1913 und 1917 entstanden. Den Anfang machte die **Schwerinsburg** 16, in der heute die italienische Botschaft residiert. Wie die beiden anderen Trutzbauten wurde auch sie vom Architekten Wilhelm Sander projektiert. Graf von Schwerin ließ dann ein Jahr später für seine Frau eine zweite Burg bauen, die **Heinitzburg** 17. Seit 1996 befinden sich darin ein komfortables Hotel und ein Café. Die dritte Burg, die Sander errichtete, wurde sein eigener Wohnsitz, deshalb **Sanderburg** 18. Sie ist bis heute in Privatbesitz.

Khomasdal und Katutura

Bei einem Streifzug durch Windhoek darf man sich nicht allein auf das Zentrum beschränken. Man bekäme dann nur einen unvollständigen Ein- und Überblick. Interessant ist auch eine Fahrt auf den Spuren der beiden Extreme, die Windhoek auch 15 Jahre nach Erreichen der Unabhängigkeit bestimmen. Das sind zum einen die typischen Stadtteile der Weißen, unter denen besonders **Klein Windhoek** und das angrenzende **Ludwigsdorf** mit schmucken Einfamilienhäusern und luxuriösen Villen hervorstechen. Im krassen Gegensatz dazu stehen die Stadtteile der Farbigen (Khomasdal) und Schwarzen (Katutura) im Norden der Stadt. Der Grundstein beider Wohngebiete, heute leben hier an die 200 000 Einwohner, wurde in der Zeit der südafrikanischen Apartheidsherrschaft gelegt. Man sieht die damals festgeschriebenen Unterschiede bis heute. **Khomasdal** liegt näher am alten Windhoek und auch die Grundstücke und Häuser machen im Durchschnitt einen bedeutend großzügigeren Eindruck als das, was in Katutura folgt. Zwar gibt es in **Katutura** (s. S. 80) mittlerweile einige Straßenzüge, denen man ansieht, dass eine schwarze Mittelschicht entsteht, doch dominiert wird es von einfachen Häusern, Baracken-ähnlichen Gebäuden, Wellblechhütten und anderen notdürftigen Unterkünften.

Windhoek Tourism Information Office: Post Street Mall/City Bus Terminal, Ecke Fidel Castro St./Independence Ave., Tel. 061/290 20 58 und 061/290 20 92, Fax 061/290 20 91, www.windhoekcc.org.na/tourism.
Namibia Tourism: Continental Bldg., 272 Independence Ave., Private Bag 13345, Tel. 061/284 23 60, Fax 061/284 23 64, www.tourism.com.na.

Windhoek Country Club Resort: P.O. Box 30777, Pioneers Park, Tel. 061/205 59 11, Fax 061/25 27 97, www.legacyhotels.co.za. Großzügige, relativ neue Hotelanlage am Rande der Stadt, fünf Minuten Fahrt bis ins Stadtzentrum, direkt am 18-Loch-Golfplatz. Tennis, Badewelt, Gesundheitszentrum, Kasino, Restaurant mit internationaler Küche und Terrasse, 159 luxuriöse Räume. DZ 2040 N$.
Hotel Heinitzburg 17**:** P.O. Box 458, 22 Heinitzburg St., Tel. 061/24 95 97, Fax 061/24 95 98, www.relaischateaux.com. Das Burghotel bietet, was der Gast erwartet. Das fürstlich geführte Haus wur-

Die Heinitzburg in Windhoek, heute ein Hotel

de 1996 in der Burg von 1914 eröffnet. 17 Zimmer stilvoll gestaltet, guter, persönlicher Service, Terrassencafé, toller Blick auf die Stadt, Restaurant ›Leo's‹ mit bestens sortiertem Weinkeller. DZ 1500 N$.

Safari Court Hotel/Hotel Safari: P.O. Box 3900, Tel. 061/24 02 40, Fax 061/23 56 52, safari@safarihotel.com.na. Moderner Hotelkomplex, auf 13 ha Privatgrundstück am südlichen Stadtrand. Zwei Häuser: das luxuriöse 4-Sterne-Hotel Safari Court Hotel & Conference Centre mit 252 Zimmern und das 3-Sterne-Hotel Safari mit 200 Zimmern. Luxuriöser Bustransfer vom Hotel zum internationalen Flugplatz, kostenloser Shuttlebus ins Stadtzentrum, das größte Konferenzzentrum des Landes. DZ 1280 N$.

Kalahari Sands Hotel 19**:** P.O. Box 2254, Windhoek, Independence Ave., Tel. 061/22 23 00, Fax 061/22 22 60, ksand@sunint.co.za. Erstes 3-Sterne-Hotel der Stadt, modernes Hochhaus im Zentrum, 184 Zimmer, Restaurant, Konferenzräume, Casino und Pool auf der Dachterrasse. DZ 1130 N$.

Hotel Pension Palmquell: P.O. Box 6143, 60 Jan Jonker Rd., Tel. 061/23 43 74, Fax 061/23 44 83, www.palmquell.com. 5 Min. Fahrt ins Zentrum. Über den Dächern der City. Angenehmes, sehr privat geführtes Haus mit persönlichem Service und 16 Luxuszimmern, zwei Pools, Sauna, Restaurant unter Palmen, gut sortiertem Weinkeller, unter österreichischer Leitung. DZ 830 N$.

Hotel Fürstenhof 20**:** P.O. BOX 2330, 4 Romberg St., Tel. 061/23 73 80, Fax 061/23 78 55, fursten@iafrica.com. 5 Min. Fußweg vom Stadtzentrum. Gourmet-Bistro, Barterrasse mit Blick auf die Stadt, multifunktionales Restaurant, 33 luxuriöse Zimmer. DZ 600 N$.

Thüringer Hof: P.O. Box 112, Independence Ave., Tel. 061/33 60 31, Fax 061/23 29 81, www.namibiasunhotels.com.

na. Direkt im Zentrum, perfekter Ausgangspunkt für Stadtbesichtigung und Shopping, Mitglied von Namib Sun Hotels, 40 gemütliche Zimmer, schattiger Thüringer Biergarten, Restaurant mit einheimischer und deutscher Küche, Konferenzraum. DZ 550 N$.

Backpacker Unite: 5 Griegstreet, Tel. 061/25 94 85, magicbus@iafrica.com.na. Unterkunft für den kleinen Geldbeutel. 7 Min. vom Stadtzentrum, kostenloser Transfer, Pool, Waschsalon, Campingmöglichkeiten, berühmt für tollen ›Big Braai‹. DZ 80 N$.

Leo's at the Castle 21: 22 Heinitzburg St., Tel. 061/24 95 97, www.relaischateaux.com. Der französische Chefkoch des beliebten Gourmet-Restaurants war früher im legendären Mount Nelson in Kapstadt. Bestes Haus in der Stadt mit hervorragender internationaler Küche und Panoramablick auf Windhoek. Menü ab 120 N$.

Gathemann 22: 169 Independence Ave., Tel. 061/22 88 53. Perfekt, um vom Balkon im ersten Stock das bunte Treiben im Zentrum der Stadt zu beobachten. Spezialität: Wildgerichte. Menü ab 90 N$.

Homestade Restaurant 23: 53 Feld St., Ausspannplatz. In historischem Ambiente. Das Haus wurde 1906 gebaut. Herzhaft kräftige Spezialitäten aus Wild und Fisch. Nur Dinner, Mo–Sa ab 18 Uhr. Menü ab 80 N$.

Restaurant Africa 24: 3 Kasch St., Tel. 061/24 71 78. Hier kommt echt Afrikanisches auf den Tisch, Spezialitäten aus verschiedenen Regionen des schwarzen Kontinents. Menü ab 80 N$.

Restaurant La Gondola 25: Kaiserkrone Centre. Gemütliche Tische unter Palmen, Spezialität sind Pizza, Pasta und Salate, Samstagvormittag Live-Musik. Menü ab 80 N$.

Sardinia 26: 39 Independence Ave., Tel. 061/22 56 00. Italienisches Spezialitätenrestaurant im Herzen der Stadt. Pizza, Pasta, Steaks und der beste Espresso und Cappuccino. Menü ab 70 N$.

Joe's Beerhouse: 160 Nelson Mandela Ave., Eros, Tel. 061/23 24 57, www.joesbeerhouse.com. Rustikales Western-Ambiente mit viel lustigem Trödel unter reetgedeckten Dächern, typische In-Kneipe für Einheimische und Touristen gleichermaßen, rund 400 Plätze im gemütlichen Biergarten und im Restaurant, Bier nach dem Reinheitsgebot vom Fass, Wildgerichte vom Grill, riesige Portionen (s. S. 84). Menü ab 70 N$.

Jenny's Place 27: 78 Sam Nujoma Dr., Tel. 061/23 06 64. Leckere kleine Gerichte im alten Farmhaus. Coffee- und Souvenirshop mit Atmosphäre, frisch gepresste Säfte und fantasievolle Salate. Menü ab 60 N$.

Otjikaendu Restaurant: 3440 Atiechie Street-Luxury Hill, Katutura, Handy 08 12 45 40 75. Guter Platz für experimentierfreudige Gäste. Spezialität: ganzer Ziegenkopf. Menü ab 50 N$.

Ein Eldorado für Shopping-Freaks ist Windhoek nicht, trotzdem lohnt sich ein Bummel durch die Innenstadt mit einer Reihe netter kleiner Geschäfte, die ergänzt werden durch einige Supermärkte und Kaufhäuser.

Für **Souvenirs** gibt es unter anderem zwei recht umfangreiche Straßenmärkte. Der eine befindet sich direkt neben dem Großparkplatz Ecke Fidel Castro St./Independence Ave. und der zweite im Bereich der Fußgängerzone an der Post Street Mall. Dort warten auch kleine Souvenirläden mit einem teils recht ansprechenden Sortiment und kompetenter Beratung.

Das **Namibia Crafts Centre** an der Tal St. 40, dort wo früher die alte Brauerei war, überrascht in zweierlei Hinsicht. Erstens

kann man hier, zumindest oft, Handwerkern bei der Arbeit über die Schultern schauen, und zweitens sind die Preise recht moderat. In letzter Zeit bekommt man manch schönes Stück sogar günstiger als bei den Straßenhändlern. Der **Souvenirshop in der Alten Festung** ist eine gute Adresse in Sachen Kunsthandwerk, besonders für all jene, die keine Massenware von der Stange suchen.
Für **Safari-Bekleidung, Keramik,** zeitgenössische **Malerei, Schmuck** und anderes findet man entlang der Independence Ave. verschiedene Einkaufsmöglichkeiten.
Das beste Angebot **deutschsprachiger Literatur** aller Genres steht seit Jahr und Tag im Bücherkeller an der Fidel Castro St. (von der Independence Ave. talwärts links) in den Regalen.
Man sollte auch einen der **Märkte** in Katutura besuchen. Allerdings lohnen die sich in der Regel eher wegen des Marktflairs an sich als wegen des Warenangebots.
Auch ein Besuch von **Penduka** ist interessant. Penduka ist ein staatliches Projekt zur Förderung von Frauen und liegt malerisch am Ufer des Goreangab Dam am Rand von Katutura. Hier kann man den Frauen bei ihrer Arbeit, zum Beispiel dem Bedrucken von Stoffen mit ethnischen Motiven, zusehen und in einem Verkaufsraum praktische Souvenirs erwerben. Das angeschlossene kleine Restaurant mit Terrasse bietet Gelegenheit für eine Siesta in ruhiger, erholsamer Umgebung (Penduka, Tel. 061/25 72 10, pendu ka@namib.com).

Per Desert Express nach Swakopmund

Einige Male in der Woche fährt der Desert-Express in rund 22 Stunden von Windhoek nach Swakopmund und umgekehrt. Dieser Touristenzug bietet ausgesuchten Komfort. Die Reise wird durch einen Aufenthalt an der Okapuka-Ranch mit Löwenfütterung und einem Ausflug zur Mondlandschaft aufgelockert. 1998 ging erstmals ein Rovos-Trail von Johannesburg auf die lange Reise nach Swakopmund. Seither wird diese Tour mindestens einmal pro Jahr gefahren. Nicht nur für Eisenbahnfreunde ein Erlebnis. Informationen und Buchung s. S. 224.

Ähnlich wie bei den Einkäufen ist Windhoek auch kein Eldorado für Unterhaltungssüchtige. Die aktuellen Programme des **Kinos** (Kine 300 in Eros, Tel. 061/341 55) und der beiden **Theater** (National Theater und The Warehouse) kann man den Tageszeitungen entnehmen bzw. bei Windhoek Tourism erfragen.

Golfplätze am Windhoek Country Club (s. S. 85) und am Safari Court Hotel (s. S. 86) sowie verschiedene **Tennisplätze** laden ebenso zu eigenen sportlichen Aktivitäten ein wie im Sommer (April–Sept.) ein Besuch des **Jan Jonker Road Swimming Bath** am Maeru Park.
Die Bergwelt rund um Windhoek, besonders das Khomas-Hochland mit dem Gamsberg, verführt zum **Wandern** und zum **Mountainbiken.**
Eine etwas andere Sicht auf Namibia zeigen geführte **Betriebsbesichtigungen** in Namibia Breweries Ltd. (nambrew@olfi tra.com.na) und in Hartliefs Continental Meat Products (hartliefs@mweb.com.na). Beide Betriebe kann man nach Voranmeldung ebenso besichtigen wie Nakara

(www.nakara-namibia.com, Tel. 061/21 50 03), wo Lederwaren produziert werden, und Springer Chocolates. Aktuelle Auskünfte zu diesen Möglichkeiten ebenfalls bei Windhoek Tourism.

Rundfahrten durch Katutura mit einheimischen Führern organisieren die zur NACOBTA gehörenden Katutura Face-to-Face Tours (NACOBTA Booking and Information Office, Namibia Crafts Centre, Tel. 061/25 59 77, Fax 24 49 57, www.nacobta.com.na). Ganz auf die individuellen Wünsche der Gäste eingestellt, erläutern die Führer die Entwicklung des Stadtteils, zeigen verschiedene Bereiche und besuchen mit den Gästen zusammen auch Märkte.

Flugzeug: Der internationale Flughafen **Hosea Kutako Airport** liegt reichlich 40 km östlich von Windhoek. Es gibt eine **Busverbindung** in die City. **Taxis** stehen ebenfalls bereit. Einige **Mietwagenfirmen** sind direkt am Airport präsent, andere holen ihre Gäste ab. Das trifft auch auf die Vermieter von Allradcampern und Wohnmobilen zu.

Der **nationale Flughafen** befindet sich an der westlichen Stadtgrenze und ist in knapp 10 Minuten über die Auas St. zu erreichen.

Air Namibia (Gustav Voigts Centre, 125 Independence Ave., Tel. 061/299 64 44, Fax 061/22 61 64, creservations@airnamibia.com.na) fliegt von hier nach Katima Mulilo (Caprivi), Lüderitz, Keetmanshoop, Mukuti (Etosha), Indangwa, Oranjemund, Rundu, Swakopmund und Tsumeb.

Zug: Verbindungen bestehen von Windhoek über Keetmanshoop nach De Aar in Südafrika, nach Walvis Bay über Swakopmund, nach Gobabis, Tsumeb, Grootfontein und Outjo. Allerdings ist eine Fahrt mit dem Desert Express reizvoll (s. S. 88).

Windhoeks Umgebung

Daan Viljoen Game Park

Atlas: S. 236, C2

Auf der ehemals wichtigsten Verbindungsstraße in Richtung Swakopmund, der C28 in westlicher Richtung, sind es vom Stadtzentrum aus nur rund 20 km bis zum Daan Viljoen Game Park. Hierher zieht es Touristen und Windhoeker gleichermaßen. Ein Tag Namibia konzentriert, unter dieses Motto könnte man einen solchen Ausflug stellen. Er bietet eine Möglichkeit, afrikanischer Wildnis auf Schusters Rappen nahe zu kommen. Angst vor Raubtieren ist überflüssig, die gibt es hier nicht.

Mit seiner Fläche von gerade 40 km^2 ist er zwar nicht sonderlich groß, doch gibt es eine Reihe interessanter Wanderpfade verschiedener Längen. Familien mit kleinen Kindern und all jene, die es lieber bequem mögen oder nicht so gut zu Fuß sind, ist der **Wag'n-Bietje-Weg** zu empfehlen. Er ist nur 1,5 km lang, beginnt bei der Parkverwaltung, führt zum Stengel-Stausee und von dort wieder zurück. Mit etwas Glück und vielleicht sogar Wasser im See kann man bereits auf diesem kurzen Weg viele Tiere des Parks zu Gesicht bekommen. Das Spektrum ist recht groß und reicht von Bergzebras über Gnus, Elands und Springböcke bis hin zum Strauß. Außerdem fühlen sich im Parkgelände auch die Vertreter von über 200 Vogelarten pudelwohl.

Schon etwas mehr Vorgeschmack auf die kommende Namibiatour hält der 9 km lange **Rooibos-Rundwanderweg** bereit. Der Start erfolgt am Freibad des Parks, von dort führt der Weg, immer wieder begleitet von tollen Ausblicken, bis auf eine Höhe von 1763 m. Er endet, was ja nicht unpraktisch ist, am Restaurant des Wildparks. Wer sich mal wieder richtig ›Auswandern‹ will, dem sei eine 32-km-Tour empfohlen. Dazu ist jedoch eine Voranmeldung notwendig.

Festes Schuhwerk ist für alle Wanderungen im Park Pflicht, im Sommer für die längeren Strecken ausreichend Trinkwasser mitnehmen! Schatten gibt es im Hochland kaum. Für notorische ›Gehmuffel‹ und natürlich für Besucher, die aus gesundheitlichen Gründen auf das Auto angewiesen sind, gibt es eine 6,5 km lange Piste für **Game Drives** durch den Park. Die beste Besuchszeit ist Dezember bis Mai. In den Wintermonaten kann es wegen der Höhe und des regelmäßig wehenden Windes empfindlich kühl werden.

Übrigens ist der Park eine perfekte Adresse für Windhoek-Gäste, die nicht in der Stadt wohnen möchten. Es stehen einfache Unterkünfte in kleinen Bungalows zur Verfügung. Das Restcamp bietet Stellplätze für Zelte und Wohnwagen. Reservierung über **Namibia Wildlife Resorts,** Tel. 061/23 69 7-5/6/7/8, www.namibiawildliferesorts.com.

Khomas-Hochland

Atlas: S. 236, B2/3
Vorbei am Daan Viljoen Game Park führt die Straße weiter hinauf ins Khomas-Hochland. Dort kann man ebenfalls so manche Wandertour unternehmen. Wenn auch fast alle Autofahrer in Richtung Swakopmund die zeitlich kürzeste Strecke auf der bestens geteerten Straße über Okahandja wählen, so haben die alten Passstraßen durchaus ihren eigenen Reiz.

Das betrifft nicht nur die C28 sondern ganz besonders die C26. Allein die rund 120 km bis zum **Gamsberg Pass** sind einen Tagesausflug von Windhoek aus wert. Der höchste Punkt, den diese Straße erreicht, liegt bei 2334 m ü. d. M. Nicht nur die Fahrt dorthin ist reich an Landschaftseindrücken, ganz besonders der Blick vom Pass über die Weiten der Namib-Wüste bleibt, klares Wetter vorausgesetzt, noch lange in Erinnerung.

Wildlife Impressions

Atlas: S. 236, C2
Viel geschrieben und viel berichtet wird über die kleinen, gefährlichen Bewohner Namibias, über Schlangen und Skorpione. Als ›normaler‹ Reisender ist man froh, ihnen in freier Wildbahn nicht zu begegnen. Andererseits gibt es da die Neugier und Verlockung, den tödlichen Bedrohungen doch einmal Auge in Auge gegenüber zu stehen. Wildlife Impressions macht das möglich. In dem kleinen Zoo direkt an der Straße zum internationalen Airport sind sie alle vertreten: Puffottern, Mambas, Kobras, Vipern, verschiedene Skorpione und giftige Spinnen. Und das zum Glück hinter sicheren Glasscheiben. So kann man den Namibia-Besuch starten oder beenden. Aber es geht nicht nur ›gefährlich‹ zu im Zoo. Für die kleinen Besuche gibt es ein Streichelgehege mit Stachelschweinen und Erdmännchen. Und

Gelbschnabel-Toko

man kann Fotos vom Toko, dem Gelbschnabelhornvogel, der in Namibia weit verbreitet ist, machen. Die Tokos gehören zum Ambiente des **Zoo-Restaurants** (Mo–Sa 8–18, So 9–18 Uhr, Tel. 061/25 36 03).

Karakulfarmen Ibenstein und Peperkorrel

Atlas: S. 237, D2
Über Jahrzehnte galt das Gebiet zwischen Dordabis und Gobabis östlich der Hauptstadt als Zentrum der Karakul-Schafzucht. Seit die Nachfrage nach Karakulfellen völlig zusammengebrochen ist, gibt es keine kommerziellen Karakulfarmen mehr im Land. Trotzdem lohnt sich ein Besuch auf den Farmen Ibenstein bzw. Peperkorrel. Auf **Farm Ibenstein,** nur 4 km südlich von Dordabis, gründete die deutsche Malerin und Pioniersfrau Marianne Kraft bereits 1952 eine Weberei. Bis heute werden die Ibenstein-Teppiche in bewährter Handarbeit gefertigt. In Jahrzehnten erwuchs auf Klein Ibenstein, wohin die Weberei verlegt wurde, ein richtiges Entwicklungshilfeprojekt. Mit den Erlösen aus der Weberei entstand ein kleines Dorf, zu dem sogar ein eigener Kindergarten gehört. Einheimische Farmarbeiter entdeckten, motiviert von Marianne Kraft, ihre Kreativität

wieder. Auf Klein Ibenstein bewies Marianne Kraft, dass ein harmonisches Zusammenleben verschiedener Kulturen möglich ist. Die faszinierende Geschichte der Ibenstein Weavers ist auch auf Video erhältlich (Tel. 062/57 35 24, gebhardt@ibensteinweavers.com.na).

Auf der **Farm Peperkorrel** leben seit 1984 Volker und Dörte Berner. Volker Berner erfüllte sich, fasziniert von der Weite und den Möglichkeiten des Landes, seinen Traum von einer künstlerischen Weberei und setzt sein Wissen und Können als Textildesigner im Zusammenspiel mit namibischen Traditionen um. Unter Mitarbeit einer Gruppe ovambostämmiger Weber entstehen Teppiche, die eine Brücke zwischen seiner europäischen Herkunft und der Wahlheimat Namibia schlagen. Volker Berner hat es mit ›Dorka‹ Teppichen, so heißt die Weberei, ebenso zu internationaler Anerkennung gebracht wie seine Frau Dörte als Bildhauerin. Ihr Medium ist der Stein. Ihre Hauptmotive sind die Menschen der Region. Es ist spannend, beiden über die Schulter zu schauen. Die Farm und die komfortable **Eningu Clayhouse Lodge,** in der die Besucher übernachten können, liegen nicht weit entfernt vom internationalen Flughafen. Man erreicht sie über die B6 und die D1472 (Tel. 061/22 69 79).

Arnhem Cave

Atlas: S. 237, D2
Von der Farm Peperkorrel ist es ein Katzensprung zur Arnhem Cave. Mit einer Länge von 4,5 km verspricht die Höhle zwar nichts Spektakuläres, gehört jedoch zu den größten Höhlensystemen des Landes. Das Interessante an der Höhle ist die rustikale Art, sie zu besichtigen. Licht spendet nur die eigene Taschenlampe. Wer schreckhaft ist, sollte sich auf sechs verschiedene Fledermausarten einstellen. Im Gegensatz zu Höhlen in Europa liegt die Temperatur in der Arnhem Cave konstant bei 24 Grad. Angst vorm Frieren muss man also nicht haben. Täglich 9.30 und 14.30 Uhr starten zwei- bis dreistündige Höhlentouren. Man sollte auf jeden Fall ältere Bekleidung anziehen (Tel. 061/57 35 87).

Eagles Rock Leisure Lodge auf Farm Baumgartsbrunn: P.O. Box 6176, Ausspannplatz, Tel. 061/25 71 16, eaglerol@qiafrica.com.na. 40 km westlich von Windhoek im Khomas-Hochland. Neun komfortable Zimmer im Bungalowstil, Pool, Grillplatz, internationale und namibische Küche, Wandermöglichkeiten, Reiten. DZ 650 N$
Gästefarm Elisenheim: P.O. Box 3016, Tel. 061/26 44 29, www.natron.net/tour/elisenheim. Die Farm ist eine der ersten deutschen Farmen im Land und wurde bereits 1896 am Fuße der Erosberge rund 15 km nördlich von Windhoek gegründet. Acht Zimmer, Pool, Billardtisch, Bar, Campingplatz, Wandermöglichkeiten im Tigertal, Tierbeobachtung am farmeigenen Damm. DZ 450 N$.
Hakos Guest Farm: P.O. Box 5056, Tel. 062/572 11, www.natron.net/tour/hakos. 135 km von Windhoek an der C26 auf der Höhe des Gamsberg Passes am Fuß des Hakos-Berges. Zehn komfortable Zimmer, kräftige herzhafte Küche, Indoor Pool, schattige Stellplätze. DZ 375 N$.

HEISSE QUELLEN UND HERERO

Die heißen Quellen von Gross Barmen, die alten Traditionen der Herero, deren Führer hier ihre letzte Ruhestätte gefunden haben, und die verkehrsmäßig so prädestinierte Lage machen das kleine Handelsstädtchen Okahandja, nur 70 km nördlich von Windhoek, für Besucher interessant.

Okahandja

Atlas: S. 236, C1
Rund 15 000 Einwohner leben in Okahandja. Somit gehört der Ort schon zu den größeren Städten im Land. Am Schnittpunkt der beiden wichtigsten Fernverkehrsstraßen Namibias, der B1 in Richtung Norden und der B2 nach Swakopmund, haben sich in Okahandja einige kleinere Betriebe niedergelassen, so zum Beispiel eine Fleischverarbeitung zur Produktion von Biltong, dem gut gewürzten Trockenfleisch. Der Name Okahandja heißt so viel wie ›große, sandige Ebene‹. So präsentiert sich auch die Natur.

Geschichte

Bereits um 1800 besiedelten die von Norden kommenden Herero das Gebiet. Doch auf die Dauer fanden sich die Nama, die vorher hier gelebt hatten, nicht mit dem Verlust des Landes ab, und so gab es immer wieder blutige Zusammenstöße zwischen ihnen und den Herero. Am 23. August 1850 kam es zum schwersten Massaker. Unter Führung von Jan Jonker Afrikaner überfielen die Nama die Herero am Moordkoppie und töteten 700 von ihnen.

1872 gründete die Rheinische Missionsgesellschaft an einem Nebenfluss des Swakop eine Missionsstation in Okahandja und ließ eine Kirche bauen. Zur Stadt wurde die Station aber erst 1894, als die Deutschen hier einen militärischen Stützpunkt, ein Fort bauten. Einen weiteren Schub für die Entwicklung der Stadt brachte 1901 die Anbindung an das namibische Schmalspurbahnnetz.

Anfang 1904 brach hier der Herero-Aufstand aus. Die weißen Einwohner suchten Schutz im Fort. Ihre Häuser und Gehöfte wurden verwüstet und geplündert. Bis Ende Januar wurde das Fort belagert und erst dann von Schutztruppen befreit.

Kirchen und Kunsthandwerkermarkt

Okahandja selbst hat seinen Gästen nicht viel zu bieten. Zu den ältesten Gebäuden der Stadt gehört die 1872 er-

Dr. Heinrich Vedder

Vedder gehört zu den deutschen Missionaren, die in Namibia Bleibendes geschaffen haben. Der 1877 geborene Sprachforscher analysierte die Sprachen afrikanischer Völker und legte den Grundstein für die schriftliche Überlieferung der Kulturen verschiedener Stämme. Vedder wirkte als Missionar und Wissenschaftler in Okahandja.

baute **Kirche der Rheinischen Mission.** Ihr Flachdach ist mit Zinnen versehen, was ihr ein wehrhaftes Aussehen verleiht. Nicht gerade typisch für Kirchenbauten in Afrika. Seit 1952 finden keine Gottesdienste mehr in ihr statt, doch wird sie als Nationaldenkmal erhalten. Auf dem Friedhof liegen neben den Herero-Häuptlingen Trougoth und Willem Maharero auch Soldaten der deutschen Schutztruppen begraben.

Gegenüber der alten Kirche steht, ebenfalls an der Kerk St., die 1952 als Ersatz für diese errichtete **Friedenskirche** mit dem neuen Missionshaus. Hier wohnte mit dem Missionar Dr. Heinrich Vedder (1876–1972) einer der wichtigsten Sprachforscher des südlichen Afrika. Nicht weit entfernt liegen die Gräber des Nama-Häuptlings Jan Jonker Afrikaner, der 1861 gestorben ist, und der Herero-Häuptlinge Hosea Kutako (1872–1970) und Clemens Kapuuo (1923–78). Die Beisetzung Kutakos direkt neben einem der erbittertsten Feinde seines Volkes, Afrikaner, sollte ein Zeichen der Versöhnung sein. So hatte es Kutako gewollt.

Etwas nördlich am Stadtpark befinden sich die **Grabstätten der wichtigsten Herero-Führer** der Maharero-Dynastie, Tjamuaha (1898–1989), Kamahero (gest. 1890) und Samuel Maharero (1854–1923). An der Main St. steht das **alte Fort,** das heute als Polizeistation genutzt wird. Nicht fotografieren! Polizeistationen dürfen nicht fotografiert werden, auch wenn sie in einem historischen Gebäude untergebracht sind.

Unter Touristen ist Okahandja besonders für seine hervorragenden **Kunsthandwerker** bekannt. An den nördlichen und südlichen Ortsausfahrten bieten Schnitzer aus Okavango und den nördlichen Nachbarländern ihre Waren an. Das Angebot kann sich mit dem in Windhoek messen und man kann hier, geschicktes Handeln vorausgesetzt, manches Schnäppchen erstehen.

Okahandjas Umgebung

Noch bevor sich die beiden Fernverkehrsstraßen teilen, führt eine kleine Pad in südöstlicher Richtung zum **Von Bach Dam,** der den Swakop staut und damit ganz nebenbei dafür sorgt, dass noch seltener Wasser in das Trockenflussbett Richtung Swakopmund fließt. Das Speichervolumen des Sees beträgt stattliche 54 Mio. m^3. Fertig gestellt wurde der Damm 1970, und er ist ein wichtiger Bestandteil der Trinkwasserversorgung der Hauptstadt. Außerdem hat sich der malerisch zwischen hohen Bergen liegende See zu einem beliebten Ausflugsziel für Alt und Jung gemausert. Im **Von Bach Recreation Resort** werden Wassersportarten wie Angeln, Surfen und Motorbootfahren angeboten. Es gibt auch einen Campingplatz.

24 km südwestlich von Okahandja, an der D1972, liegen die heißen Quellen von **Gross Barmen.** Sie gehören zu den bekanntesten im südlichen Afrika. Hier war 1844 eine der ersten Missionsstationen im Land errichtet worden. Davon sind kaum mehr als einige Mauerreste erhalten geblieben. Attraktion von Gross Barmen sind die Thermalanlagen, die sich um einen kleinen Stausee gruppieren. Es warten ein Hallenbad mit 41 Grad warmem Wasser und ein Feibad mit 29 Grad. Das Thermalwasser gilt als universell heilkräftig. Für Gäste stehen Bungalows, ein Zeltplatz und ein Restaurant bereit. Es gibt Tennisplätze sowie einen Kinderspielplatz (Anmeldung für Tagesbesucher Tel. 062/50 10 91, www.namibiawildliferesorts.com).

Ein relativ neues Ausflugsziel ist die erst 1997 eröffnete **Ombo-Straußen- und Krokodilfarm** 3 km nördlich von Okahandja. Neben den Straußen und Krokodilen, von denen es reichlich zu

Holzschnitzer auf der Ombo-Straußenfarm, nördlich von Okahandja

sehen gibt und über die viel Wissenswertes mitgeteilt wird, gehören zur Farm mittlerweile noch ein kleiner Streichelzoo und ein Herero-Dorf. Im Restaurant brutzelt natürlich Leckeres vom Strauß in der Pfanne, und man kann originales Straußenrührei probieren.

Herero-Gedenktage in Okahandja

Jedes Jahr am Wochenende vor oder nach dem 26. August finden in Okahandja die Herero-Gedenktage statt. In farbenprächtigen Fantasieuniformen ziehen die Nachkommen des Samuel Mahaereo durch den Ort, um ihre toten Führer und gleichzeitig ihre toten Feinde zu ehren. Zuerst besuchen sie die Gräber der deutschen Schutztruppler und dann gedenken sie ihrer Verstorbenen. Die stolzen Männer in ihren Uniformen, die stark an die der deutschen Schutztruppe erinnern, sind ein tolles Bild. Noch prächtiger wirken jedoch die Herero-Frauen in ihren viktorianischen Trachten mit den riesigen Kopfbedeckungen. Bis zu 12 m Stoff verbrauchen sie für eines dieser Festkleider. Begleitet wird die Prozession von Blasmusik. Das Erstaunlichste ist, dass man keinen Hass auf die Weißen, die so viel Leid gebracht haben und das Volk der Herero fast ausgerottet hätten, spürt. Und dass man die Toten des Feindes genauso ehrt wie seine eigenen. Den genauen Termin erfährt man bei der Visitor Information (Tel. 062/50 10 51).

Farm Okomitundu: P.O. Box 285, Tel. 062/50 39 01, www.okomitundu.com. 18 000 ha große, bereits 1903 gegründete Farm, acht Zimmer, afrikanische Küche, sehr persönliche Betreuung, Reiten, Vogelbeobachtung, zwei beheizte Pools, Farmrundfahrt, Sundownerfahrten, kleine Sternwarte. DZ/HP 1040 N$.

The Rock Lodge: P.O. Box 1297, Tel. 062/50 38 40, www.rock.lodge.na. 12 km nördlich von Okahandja unweit der B2. Ambiente aus heimischen Hölzern und Steinen, namibische Landküche, Konferenzräume, Pool, Game Drives mit Zebras, Giraffen, Gnus, Vogelbeobachtung, 40 komfortable Zimmer. DZ 860 N$.

Okahandia Lodge: P.O. Box 1524, Tel. 062/50 42 99, okalodge@africaonline.com.na. Perfekter Platz zum Erholen in der Gartenstadt Okahandja. Pool, Restaurant, Bar, Biergarten, 23 sehr komfortable Zimmer und zwei Familienzimmer. DZ 850 N$.

Otjisazu-Gästefarm: P.O. Box 149, Tel. 062/50 12 59, otjisazu@iafrica.com.na. Nordöstlich von Okahandja, traditionelle afrikanische Speisen, Wanderungen, Mountainbiking, Ausritte, Geländewagenfahrten. DZ 520 N$.

Sylvanette Guesthouse: P.O. Box 529, Tel. 062/50 12 13, www.sylvanette.com. Direkt in der Stadt gelegenes, komfortables Gästehaus mit sieben Doppelzimmern. Afrikanisches Ambiente, für Selbstversorger mit komplett ausgestatteter Küche, Pool. DZ 480 N$.

Züge der Strecke Windhoek–Swakopmund/Walvis Bay verkehren Do, Fr und So, die der Linie Windhoek–Tsumeb Fr und So.

Mainliner-Busse der Linie Windhoek–Tsumeb halten ebenfalls in Okahandja.

VON WINDHOEK ZUM HARDAP DAM

100 oder 200 km sind für Namibier keine Entfernung, erst recht, wenn sie die Strecke auf gut asphaltierten Straßen mit voller Geschwindigkeit zurücklegen können. Kein Wunder also, dass Rehoboth, die Heimat der Baster, und selbst der Hardap Dam noch zu den Naherholungszielen der Hauptstädter gehören.

Rehoboth

Atlas: S. 236, C3
Nur eine knappe Stunde südlich von Windhoek ist Rehoboth für so manchen Reisenden vor dem Weg in die Namib-Naukluft die letzte Station, um den Proviant aufzufrischen. Ein Sparmarkt, aus der Heimat gut bekannt, ist darauf bestens eingestellt. Doch ansonsten halten wenige Touristen im Ort, die meisten fahren auf der B1 von Süden oder Norden kommend ihrem nächsten Ziel entgegen. Dabei ist das kleine Städtchen mit seinen rund 15 000 Einwohnern nicht hässlich.

Wie bei so vielen anderen Orten Namibias liegt der Ursprung Rehoboths in einer Missionsstation. Um 1870 kamen die Baster aus der Kapregion, wo sie von der wachsenden Zahl weißer Siedler bedrängt wurden, in die Region und ließen sich hier nieder. Heute sollen es an die 30 000 Baster sein, die in und um Rehoboth leben – bis in die Gegenwart oft noch nach den strengen Sitten und Moralvorstellungen ihrer Vorfahren.

Einen Stadtkern im eigentlichen Sinn gibt es nicht. Stark zergliedert schmiegen sich die vielen kleinen Häuser an die sanften Hänge entlang des Trockenflussbettes des Oanob. Das einzige herausragende Bauwerk ist die 1907 errichtete **Pauluskirche** der Bastergemeinde.

Ein lohnendes Ziel für jeden, der sein Interesse an namibischer Geschichte nicht auf die weißen Einwanderer reduziert, ist das kleine, 1986 eröffnete **Museum** im ehemaligen Haus des Postvorstehers. Im Mittelpunkt der Exposition steht dabei natürlich die Geschichte der Baster. Im Rahmen des Community Based Tourism werden vom Museum Ausflüge zu eindrucksvollen Felsgravuren und in den Akazienwald organisiert (Tel. 062/52 29 54, Mo–Fr 10–12 und 14–16 Uhr, Sa 9–11 Uhr).

Auch in Rehoboth gibt es **Thermalquellen,** die in einem Hallen- und einem Freibad gebändigt werden. Dem fluorid-, chlorid- und sulfatreichen Heilwasser sagt man eine ausgezeichnete lindernde Wirkung bei rheumatischen Erkrankungen nach. Ein kleiner Erholungspark mit Restaurant und Bungalows vervollständigt die Badeanlagen (7–18 Uhr).

ALS BASTER STOLZ AUF DIE HERKUNFT

Im bunten Völkergemisch Namibias nehmen die Rehobother Baster eine besondere Stellung ein. Und das nicht nur, weil sie als die konservativste Volksgruppe im Land gelten. Dabei wird diese Bezeichnung, die in deutschen Ohren wie ein Schimpfwort klingt, von ihnen selbst mit großem Stolz benutzt. Über Jahrhunderte galten sie als eine Art geschlossene Gesellschaft. Eine Charakterisierung, die auf den inneren Zusammenhalt der Bastergemeente (Bastergemeinschaft) bis heute in starkem Maß zutrifft. Ihre Beziehungen nach außen haben sich da schon eher den modernen Zeiten angepasst. Heute mögen es rund 30 000 Baster sein, die so wie schon ihre Vorfahren eine streng patriarchalische Ordnung und einen typisch westlichen Lebensstil pflegen. Um das Selbstverständnis dieser Menschen zu begreifen, muss man einen Blick in ihre Geschichte werfen.

Als in der Mitte des 17. Jh. Holländer am Kap der guten Hoffnung landeten und mit der weißen Besiedlung Südafrikas begannen, gab es kaum Frauen, die diese beschwerliche Reise auf sich nahmen. So suchten sich die Neuankömmlinge einheimische Khosian-Frauen aus. Die Folge waren Mischlingskinder, so genannte Bastarde (Baster). Je nach ihrer Farbe wurden sie mehr zur weißen Gemeinschaft oder zu den Coloureds gezählt. Doch sie wollten immer als Weiße gesehen werden und übernahmen die Sprache und die Religion der ersten Siedler. Die alten Familiennamen wurden stolz bewahrt und über die Jahrhunderte weitergegeben. Bereits Mitte des 19. Jh. nannten sich über 5000 Menschen Baster.

Um Konfrontationen mit den neu ankommenden Weißen zu vermeiden, zogen sie immer weiter nach Norden und gelangten 1871 nach Rehoboth, wo sie von den Nama Land pachteten bzw. kauften. Sie gaben sich eine eigene Verfassung und wählten Hermanus van Wyk zu ihrem Kapitän. Während der deutschen Kolonialzeit standen sie stets loyal hinter den Kolonialherren und schlossen sogar mit dem Deutschen Reich einen Schutz- und Freundschaftsvertrag. So erhielten sie sich ihre relative Unabhängigkeit. Als Hermanus van Wyk 1905 starb und die Deutschen die Baster nicht mehr als loyale Partner brauchten, schaffte die Kolonialmacht kurzerhand den Kapitänsstatus ab. Das führte zu Spannungen. Doch der Drang nach Unabhängigkeit blieb erhalten. 1924 versuchten die Baster erneut, dieses Mal gegen die südafrikanische ›Schutzmacht‹, ihre Unabhängigkeit zu erzwingen. Erfolglos. Erst 1979 wurde Rehoboth wieder zum Staat im Staat. Mit der Schaffung von Homelands wurde ihnen ein Großteil der erstrebten Selbstbestimmung gewährt. Heute, 14 Jahre nach der Unabhängigkeit Namibias, schwelen noch immer Prozesse und andere Streitigkeiten zwischen Bastern und Regierung um die rund 100 000 ha Basterland, die zum Staatsgebiet erklärt wurden, sowie um Fragen der Selbstverwaltung. Auch nach 150 Jahren Ringen um Selbstbestimmung haben die Baster ihren Stolz nicht aufgegeben. Wer durch Rehoboth nicht nur durchfährt, kann sich davon selbst davon überzeugen.

Schulmädchen in Rehoboth

Ausflüge

Nur 10 km westlich gibt es einen kleinen Stausee am **Oanob Dam,** der 1990 fertig gestellt wurde. Der Stausee fasst rund 35 Mio. m^3. Picknickplätze und ein Aussichtspunkt sind hier eingerichtet.

Eine weitere interessante Stelle befindet sich rund 15 km südlich von Rehoboth direkt an der B1. Ein Schild weist darauf hin, dass man den **›Tropic of Capricorn‹,** den Wendekreis des Steinbocks, überfährt. Dieser südliche Wendekreis ist der Breitenkreis, an dem die Sonne zum Zeitpunkt der Sommersonnenwende im Zenit steht. Danach wendet sich ihr Lauf zurück in Richtung Äquator. Der europäische Winteranfang am 21. Dezember ist der Tag, an dem die Sonne am Mittag ihren Zenit über dem südlichen Wendekreis erreicht. Über dem nördlichen Wendekreis, dem des Krebses, passiert das am 21. Juni. Dieser Wendekreis liegt etwa auf der geografischen Breite vom ägyptischen Assuan, d. h., wenn man im Dezember oder Januar im Norden des Landes unterwegs ist, geht der Lauf der Sonne über den Südhimmel.

Reho Spa Recreation Resort: P.O. Box 1025, Tel. 062/52 27 74, www.namibiawildliferesorts.com. Bungalows,

Stellplätze für Zelte und Wohnwagen, Restaurant, direkt am Reho Spa Thermalbad. DZ 400 N$.

Lake Oanob Resort: Tel. 062/52 23 70, Oanob@namib.com. Geschmackvoll eingerichtete Chalets im afrikanischen Stil, einfaches Restaurant, Zelt- und Campingplatz schön am Oanob-Stausee, Grillplatz, Bootsvermietung. DZ 600 N$.

Hardap Dam

Atlas: S. 237, D4

1963 wurde der Fish River rund 20 km nördlich von Mariental durch eine 865 m lange und 39 m hohe Staumauer abgeriegelt. Mit einer Fläche von rund 25 km^2 und einem Fassungsvermögen von ca. 323 Mio. m^3 Wasser ist nach einigen Jahren Anstauzeit der größte Stausee Namibias entstanden. Er hat sich zu einem Eldorado für Wassersportler entwickelt, die auch aus der Hauptstadt kommen und die rund 200 km Fahrt nicht scheuen. Zwar hat er durch den Oanob-Stausee in Rehoboth etwas Konkurrenz bekommen, doch bleibt er weiterhin die Nummer 1, besonders bei den Süßwasseranglern. Den **Angelschein** gibt es vor Ort im Büro der Verwaltung. Außerdem kann man segeln, windsurfen und Wasserski fahren. Die riesige blaue Wasserfläche inmitten der trockenen, kargen Hügellandschaft ist ein beeindruckendes Bild. Weniger attraktiv präsentiert sich der Stausee, wenn der Fish River Hochwasser führt. Dann wird aus dem Blau eine trübe braune Brühe. Doch so oft passiert das nicht.

Auf dem Weg von der B1 kommend durchfährt man kurz vor dem Ziel eine saftig grüne Oase, wie man sie sonst kaum in Namibia findet. Dort hat das **Süßwasserfisch-Institut** seinen Sitz. Im **Hardap Recreation Resort** (s. S. 101) am Nordufer gibt es einige Bungalows, einen Campingplatz, ein Restaurant hoch über dem See, einen kleinen Laden mit einem, besonders außerhalb der Hauptsaison, sehr bescheidenen Angebot, Tennisplätze und ein Schwimmbad. Wie bei manchen anderen Unterkünften, die von Namibia Wildlife Resorts verwaltet werden, sieht man auch hier, dass größere Investitionen notwendig sind, um mit der wachsenden privaten Konkurrenz von Gästefarmen und Lodges mithalten zu können.

Natürlich ist der Stausee auch ein wahres Paradies für Vogelliebhaber. Über 260 Arten sind heimisch. Darunter viele Wasservögel wie Pelikane, Flamingos und Kormorane.

Bereits 1964 wurden das nördliche und ein Teil des südlichen Ufers zum Naturschutzgebiet erklärt. Die Gesamtfläche des Wildparks beträgt 252 km^2. Vom Camp aus kann man auf einer Piste durch den Park fahren. Leoparden, Geparden und Spitzmaulnashörner sind das Wildeste, was herumstreicht. Außerdem kann man Oryxantilopen, Springböcke, Kudus, Kuhantilopen, Steinböcke, Zebras und Strauße beobachten.

Im Gegensatz zu anderen Wildparks kann man ohne Führer das Auto verlassen und einen der beiden 15 bzw. 9 km langen Wanderwege in Angriff nehmen. Leoparden und Geparden sind im Normalfall schon lange weg, bevor man sie sieht, nur vor den Nashörnern sollte man sich in Acht nehmen und genügend ›Sicherheitsabstand‹ halten.

Mariental und Kgalagadi Transfrontier Park

Atlas: S. 237, D4, E4

Die kleine Stadt **Mariental** hat für Reisende auf der B1 zwischen Windhoek und Keetmanshoop fast ausschließlich eine Bedeutung als Stopp auf der eintönigen Fahrt durch die trockene, trostlose Landschaft am Rande der Kalahari. Banken, Tankstellen und ein recht gut sortierter Supermarkt sind wichtige Anlaufpunkte für Durchreisende, die von Windhoek in Richtung Süden unterwegs sind oder in die Hauptstadt fahren. Wenn in der Hauptsaison am Hardap Dam alles belegt ist, übernachten manche Gäste in der Stadt. Reichlich Möglichkeiten dafür bietet auch die Region östlich von Mariental. In der Umgebung, speziell in der Kalahari entstandene Gästefarmen und Lodges entwickeln sich für anspruchsvolle Touristen immer mehr zu einer Alternative zu den staatlichen Unterkünften am Stausee. Außerdem erwartet die Touristen dort das eindrucksvolle Erlebnis der Kalahari mit ihren roten Sanddünen.

Auf der C18 gelangt man nach **Gochas.** Auf dem Friedhof des Orts erinnern Gräber deutscher Schutztruppler an die Kämpfe mit den Nama 1905.

Gochas ist ein guter Ausgangspunkt für Fahrten in den **Kgalagadi Transfrontier Park.** Dieser neue Park mit dem fast unaussprechlichen Namen entstand 1999 durch den Zusammenschluss des Kalahari Gemsbock National Parks auf südafrikanischer und dem Gemsbock National Park auf botswanischer Seite. Damit wurde der erste Schritt des Project Peace Parks in die Tat umgesetzt. Im Rahmen dieses Projekts sollen grenzüberschreitende Nationalparks geschaffen werden, die sich an den über Jahrhunderte gewachsenen Wanderwegen und Lebensräumen von Mensch und Tier orientieren.

Verwaltung des Hardap Recreation Resort, Tel. 063/24 03 81.

Anib Lodge: P.O. Box 800, Mariental, Tel. 063/24 05 29, www.africa-adventure.de/net. Rund 30 km von der Stadt an der C20. Sehr komfortable Lodge unter österreichischer Leitung mit ausgezeichneter Küche. Pool, acht Zimmer mit Klimaanlage und vier exklusive Stellplätze für Wohnmobile mit eigenen Sanitäranlagen. Tolle Touren in die rote Dünenwelt der Kalahari geführt von Rangern, die viel über diese scheinbar so unwirtliche Region erzählen können. DZ/VP/Farmrundfahrt 1200 N$.

Hardap Recreation Resort: P.O. Box 2020, Mariental, Tel. 063/24 03 81, www.namibiawildliferesorts.com. Sehr schön direkt am Stausee, Angeln, Wassersport, Wildpark, Konferenzmöglichkeiten. Einfache Zwei- und Fünfbett-Bungalows, Stellplätze für Camper. Bungalows 400 N$.

Auob Country Lodge: P.O. Box 17, Gochas, Tel. 063/25 01 01, www.namibialodges.com. Grüne Oase am Ufer des trockenen Auob-Flusses nicht weit von Gochas. Die 54-Betten-Lodge bietet unter anderem zwei Familieneinheiten, ein Restaurant, Fernsehzimmer, Aufenthaltsraum mit Kamin, Pool, Bar, Pooltisch. Möglichkeiten zum Wandern und Reiten. Campingstellplätze. DZ 580 N$.

Der Nordosten

Bootstour im Okavango-Delta

Namibia-Atlas S. 233–235

RUND UM DEN WATERBERG

Die Tierwelt am Waterberg ist ebenso überwältigend wie das Farbenspiel der Abendsonne in den rotbraunen Felsen des Tafelberges. Kaum vorzustellen, dass dieses Gebiet vor 100 Jahren vom Blut der Gefallenen in der Schlacht am Waterberg getränkt war. Noch immer findet man auf Wanderungen Patronenhülsen.

Waterberg Plateau Park

Atlas: S. 233, F3
Es gibt wenige Landschaften in Namibia, die für die Touristen eine solche Vielzahl von Eindrücken und Erlebnissen bereithalten, wie der Waterberg mit seinem Plateau Park: Nicht nur der riesige, immerhin an die 50 km lange, bis zu 16 km breite und rund 200 m hohen Tafelberg mit seinen schroffen Felswänden ist imposant, sondern auch die unglaublich artenreiche Tierwelt, die wegen des Wasserreichtums am Waterberg heimisch ist, beeindruckt. Interessant ist auch die Möglichkeit, auf eine Reise zurück in eines der schrecklichsten Kapitel deutscher Kolonialgeschichte zu gehen. Man ist gut beraten, für den Waterberg mehr als nur einen Tag als Transit-Stopp zwischen Windhoek und dem Norden einzuplanen.

Der Berg selbst, fast 1900 m ü.d.M., hat rund 180 Mio. Jahre Geschichte. Funde lassen darauf schließen, dass die erste Begegnung von Menschen mit dem Tafelberg einige tausend Jahre zurückliegt. Eingebrannt in die Geschichte der deutsch-namibischen Beziehung hat sich der Berg in den Sommermonaten des Jahres 1904. Zehntausende Herero mit Frauen und Kindern standen auf einer 40 km langen Frontlinie den deutschen Schutztruppen mit 1600 gut bewaffneten Soldaten und Offizieren gegenüber. Die Herero hatten sich an den Waterberg zurückgezogen, glaubten sicher zu sein, saßen jedoch in einer tödlichen Falle. So kam es am 10. August 1904 zur entscheidenden Schlacht und in der Folge zur Niederschlagung des Herero-Aufstandes (s. S. 29). Der Waterberg wurde für die Herero zum Schicksalsberg. Heute kommen an jedem zweiten Sonntag im August Herero und Deutsche gemeinsam zum Soldatenfriedhof am Fuße des Berges und gedenken ihrer Opfer.

Auch am Waterberg existierte in der zweiten Hälfte des 19. Jh. eine Missionsstation, die jedoch 1907 aufgegeben wurde. Das Land ging an Farmer. Die an den Berg angrenzenden Farmen nutzten das Plateau als Weidefläche. Damit war 1972 Schluss. Der Waterberg Plateau Park wurde gegründet und das Plateau unter strengen Naturschutz gestellt.

Am Waterberg kann man binnen weniger Stunden völlig unterschiedliche Eindrücke von afrikanischer Fauna und Flora sammeln. Während das recht wasserarme Plateau zwischen den mächtigen Felsen von Baum- und Buschsavannen bedeckt ist, findet man am Fuße des Berges in den kleinen Seitentälern, dort, wo sich das Wasser sammelt und in üppigen Quellen ans Tageslicht sprudelt, eine fast tropische, paradiesische Vegetation: riesige wilde Feigenbäume, Akazien, Farne und immer wieder Feuerlilien und Korallenbäume. Die Tier- und Pflanzenwelt präsentiert sich in einzigartiger Vielfalt. Im Park gibt es nicht nur zahlreiche Antilopenarten, sondern auch Giraffen, Breitmaul- und Spitzmaulnashörner, Klippspringer, Geparden, Leoparden und Schakale. Über 200 verschiedene Vogelarten wurden am Berg beobachtet. Auch Pythonschlangen, Schwarze Mambas und Puffottern leben im Naturschutzgebiet, doch bekommt man sie normalerweise auf Wanderungen zum Glück nicht zu Gesicht.

Bernabé de la Bat Rest Camp: P.O. Box 2607, Otjiwarongo, Tel. 067/39 50 01, www.namibiawildliferesorts.com. Eines der schönsten Rastlager von Namibia Wildlife Resorts, ansprechende Bungalows am Berg mit herrlichem Ausblick, großzügiger, schattiger

Das Waterberg-Plateau

Campingplatz, Restaurant, Laden, Tankstelle (kein Diesel!) und Pool. 68 Zimmer und 40 Stellplätze. DZ 700 N$.

Waterberg Wilderness Lodge: P.O. Box 767, Otjiwarongo, Tel. 067/30 63 03, www.natron.net/tour/wwl. Im Jahr 2000 eröffnete private Alternative zum staatlichen Camp. Acht komfortable Doppelzimmer, Pool und eine ausgezeichnete Küche, in der die Schweizerin Caroline Rust Leckeres für hungrige Wanderer zaubert. Zur Farm gehört die stärkste konstant fließende Einzelquelle der Region. DZ/HP 1700 N$.

Neben **Farmrundfahrten** auf der Waterberg Wilderness Lodge ist der Waterberg vor allem ein Paradies zum **Wandern.** Allein vom staatlichen Rastlager aus laden Wege ganz verschiedener Länge und Schwierigkeitsgrade ein. So beginnen von April bis November immer am 2., 3. und 4. Wochenende des Monats dreitägige geführte Wanderungen durch den Park. Buchen muss man frühzeitig und für Schlafsack und Verpflegung ist man selbst verantwortlich. Seit einigen Jahren gibt es einen 50-km-Wanderweg, den man auch ohne Führer begehen darf. Das gleiche trifft natürlich auf die zahlreichen kurzen Wanderungen zu. Der beliebteste ist sicherlich der **Mountain View Trail** durch eine enge Schlucht hinauf aufs Plateau. Interessant sind auf jeden Fall auch der **Mission Way** vorbei an der ersten Missionsstation zum Soldatenfriedhof sowie der **Kambazembi Walk,** der sich am Fuße des Steilhangs entlang schlängelt. Von der Wilderness Lodge werden geführte Wanderungen auf das Plateau und kurze Fußwege auf dem Farmgelände in der Otjosongombe-Schlucht angeboten.

Kapgeier

Zu den interessantesten Tieren am Waterberg gehören die seltenen Kapgeier, die sonst nirgendwo in Namibia zu finden sind. Nach neuesten Zählungen fühlen sich über 20 Kapgeier auf dem Waterberg Plateau heimisch. Mit etwas Glück kann man die majestätischen Tiere über dem Berg kreisen sehen.

Otjiwarongo

Atlas: S. 233, E3

Otjiwarongo ist eine wichtige Station an der B1 in Richtung Norden. Aus diesem Grund kommt fast jeder Tourist auf seiner Rundreise durchs Land einmal in die Stadt. Für die umliegenden Farmen und Dörfer ist sie Einkaufs- und Schulzentrum. Die Region ist für namibische Verhältnisse sehr fruchtbar und bis jetzt noch fast ausschließlich in der Hand weißer Farmer.

Nach einem Abkommen mit dem Herero-Häuptling Kambazemi wurde 1891 eine Rheinische Missionsstation errichtet. 1904 folgte ein Militärposten der deutschen Kolonialarmee. Wie für andere Ortschaften brachte auch für Otjiwarongo der Anschluss an das namibische Eisenbahnnetz einen wichtigen Entwicklungsschub. In und um Otjiwarongo findet man eine Reihe von Hotels und Gästefarmen, die gern als Zwischenstopp auf dem Weg zum Etosha National Park oder ins Kaokoveld und ganz nach Norden, an den Kunene oder den Okavango, genutzt werden.

Die Attraktion ist die **Krokodilfarm** am Campingplatz Acacia Park am östlichen Ortsrand. Hier leben mehr als 2000 Zuchtkrokodile. Ehe aus ihnen Handtaschen, Schuhe oder ein saftiges Stück Fleisch auf dem Teller wird, werden die Tiere zwei bis drei Jahre groß gezogen. Das ist nicht viel im Vergleich zur Lebenserwartung ihrer frei lebenden Kollegen, die weit über 100 Jahre beträgt (Mo–Fr 9–16, Sa–So 10–13 Uhr, Fütterung Sa 12 Uhr, Tel. 067/30 21 21).

Vor dem Bahnhof steht eine in Kassel gebaute **Schmalspurlokomotive,** die 1912 bis 1960 auf der Strecke Swakopmund–Tsumeb eingesetzt wurde.

Touristinformation Otjiwarongo: an der Bahnhof St. gegenüber dem Hamburger Hof, Tel. 067/30 38 30.

Hotel Hamburger Hof: Bahnhof St., P.O. Box 8, Tel. 067/30 25 20, hamhof@mweb.com.na. Gepflegtes Stadthotel mit 26 klimatisierten Zimmern und einem gemütlichen Restaurant mit lokaler Küche. DZ 420 N$.

Otjiwa Game Ranch: P.O. Box 1231, Tel. 067/30 66 67, www.namibsunhotels.com. 38 km südlich der Stadt an der B1. 18 Zimmer, offene Veranda, Restaurant, Grillplatz, Pool, Kinderspielplatz, Bar und Fernsehraum, Konferenzräume. DZ 360 N$.

Out of Africa Town Lodge: Long St., P.O. Box 182, Tel. 067/30 22 30, www.out-of-afrika.com. Neue, komfortable Lodge in der Stadt. Zehn Zimmer mit Klimaanlage, Fernseher und Telefon. Bewachter Parkplatz, Restaurant, Bistro, Pool und Konferenzräume. DZ 350 N$.

Pension Falkennest: P.O. Box 107, 21 Industrie Ave., Tel. 067/30 26 16, www.natron.net/tour/falkennest. Gemütliches Bed & Breakfest direkt im Ort. Sicheres Parken, Grillmöglichkeit, Klimaanlage, Fernsehraum und toller Kakteengarten. Neun Zimmer. DZ 270 N$.

Dino-Spuren

Auf der C33 kommt man nach rund 70 km in das Örtchen Kalkeld (Atlas S. 233, E4). Von dort sind es noch 30 km auf der D2414 bis zur Farm Otjihaenamaparero. Auf der Farm wurden Spuren von einem Dinosaurier entdeckt, die auf einer Länge von 25 m gut sichtbar sind. Man nimmt an, dass der ›Spurenverursacher‹ einem überdimensionalen Känguru geähnelt haben mag. Die Spuren sind etwa 150 Mio. Jahre alt.

Tsumeb

Atlas: S. 234, A2

Tsumeb ist die wichtigste und interessanteste Stadt zwischen Waterberg und Etosha National Park. Nicht umsonst wird das ›weiße‹ Stadtzentrum der 18 000-Einwohner-Stadt als ›Gartenstadt‹ bezeichnet: Besonders in der Regenzeit, wenn die Blüten von Jakaranda und Bougainvillea aufgegangen sind, verwandeln sich die Straßen und Parks in ein buntes Blumenmeer. Die Stadt lebt von der Otavi-Mine, die eines der größten Kupfervorkommen der Welt ausbeutet. Daneben werden aber auch seltene Mineralien und Halbedelsteine gefunden.

Barbarakirche in Tsumeb

Seit einigen Jahren ist die Stadt in die Route des Luxuszuges Desert Express eingebunden. Doch der größte Teil der Gäste besucht Tsumeb auf dem Weg zum oder aus dem Etosha National Park.

Kupferabbau

Schon bevor europäische Geologen die Kupferlagerstätten in der Region erkundeten, waren hier Buschmänner zu Hause, die Kupfererz im Tagebau förderten und es als wichtigen Tauschartikel im Handel mit den Ovambo einsetzten, die aus dem Kupfer Schmuck herstellten. Man geht davon aus, dass der Name der Stadt vom *tsomsoub* abgeleitet wurde, das in der Sprache der Buschleute so viel heißt wie ›Ein Loch graben‹.

In Tsumeb gibt es eine vulkanische Röhre, die bis 1700 m in die Tiefe reicht. Dieser Erzschlauch ist nicht nur voller Kupfer, sondern auch durchsetzt mit besonders wertvollen und schönen Mineralien. 1893 erreichte Mathew Rogers die Region und führte im Auftrag der South West African Company eingehende Studien über die Erzvorkommen und deren Abbaumöglichkeiten durch. 1900 begann die **Otavi Mining and Railroad Company** mit dem Abbau des Erzes. Gleichzeitig wurde der Bau der Schmalspurbahn in den Süden vorangetrieben. Nachdem das Kupfererz in den ersten Jahren mit Ochsenwagen nach Swakopmund gebracht werden musste, löste der Anschluss an das Schmalspurnetz im Jahre 1906 das Transportproblem. Für den Weitertransport nach Deutschland war dann die Woermann-Schiffslinie zuständig. Ein Teil der Erze wurde auch direkt in Tsumeb verhüttet. Abgesehen von den Flautejahren während der Weltkriege arbeitete die Mine mit großem Erfolg. 1947 wurde sie von der Tsumeb Mining Corperation übernommen, die die Mine modernisierte und den Abbau des Erzes bis in eine Tiefe von 1500 m vorantrieb. Seit dem drastischen Verfall des Kupferpreises auf dem Weltmarkt Mitte und Ende der 90er Jahre steht die Existenz der Mine ebenso auf der Kippe wie rund 3500 Arbeitsplätze und, genau genommen, die ganze Stadt Tsumeb, deren wirtschaftliches Überleben untrennbar mit dem Geschick der Mine verbunden ist.

Tsumeb Museum und Stadtzentrum

Die bekannteste und wichtigste Sehenswürdigkeit ist das **Tsumeb Museum** in der Main Street. Das von Ilse Schatz mit viel Liebe und noch mehr Engagement aufgebaute Kleinod ist eine wahre Schatzgrube, und das nicht nur auf Grund seiner tollen Exponate rund um die Geschichte der Stadt und der Minengesellschaft. Das Museum verfügt über eine hervorragende Sammlung herrlicher Mineralien, zum größten Teil aus der Otavi-Mine, die das Herz eines jeden Hobby-Mineralogen höher schlagen lässt. Ilse Schatz, die 1929 im damaligen Südwestafrika geboren wurde, arbeitete als Hebamme, Ärztin und Lehrerin für schwarze Familien der Hai/Om-San. Sie ist eine der besten Kennerinnen der Traditionen und Riten der Buschleute, denen sie mit großem Respekt und unstillbarem Wissensdurst entgegentritt. Ilse Schatz weiß bei der Führung die Exponate des Museums mit zahlreichen Geschichten und Anekdoten zu verknüpfen und sie dadurch lebendig werden zu lassen (Tel. 067/22 04 47, Mo–Fr 9–12 u. 15–18 Uhr, Sa 15–18 Uhr). Das Museum organisiert auch Besichtigungen der Mine.

Direkt neben dem Tsumeb Museum steht die liebevoll gepflegte **Barbarakirche** aus dem Jahre 1913. Eigenwillig besonders der eher an ein Verwaltungsgebäude erinnernde Turm.

Wie man die Barbarakirche mit einem Rathaus verwechseln könnte, so könnte man das 1907 errichtete hohe Verwaltungsgebäude des **Minenbüros** von weitem durchaus für eine Kirche halten.

Man muss nicht dort wohnen, um das historische Flair des alten **Minen Hotel** (s. S. 110) in der Post Street zu erleben. Hier wird noch der Stil der weißen Farmer gepflegt. Im **Tsumeb Arts and Crafts Centre** kann man nicht nur afrikanischen Kunsthandwerkern über die Schulter schauen und in einer Ausstellung deren Produkte ansehen, sondern auch das eine oder andere Souvenir mit nach Hause nehmen (Mo–Fr 8.30–18, 14.30–17.30 Uhr, Sa 8.30–13 Uhr).

Tsumeb Cultural Village

Ein zweites interessantes Museum entstand vor wenigen Jahren direkt an der Stadtgrenze an der B1 in Richtung Süden. Tsumeb Cultural Village nennt sich das Freilichtmuseum, das als Community Project über das traditionelle Leben der afrikanischen Völker informiert. Die Exponate, darunter auch Nachbauten der Hütten und Häuschen, erzählen von Kultur und Geschichte von Buschmännern, Ovambo und anderen und zeigen deren handwerkliche Erzeugnisse (Tel. 067/22 07 87).

Travel North Tourism Services: 1551 OMEG Allee, Tsumeb, Tel. 067/22 07 28, travelnn@tsunamib.com.

Makalani Hotel: 4th Rd., P.O. Box 27, Tel. 067/22 19 57, makalani@mweb.com.na. Zentrales Stadthotel, Restaurant, schöner Biergarten, einfache, zweckmäßige Zimmer, Pool. DZ 450 N$.
Minen Hotel: 3 Post und Hospital St., P.O. Box 244, Tel. 067/22 10 71, www.minenhotel.com. Traditionshotel mit bodenständigem Restaurant, herzlicher Bewirtung, Pool, Zimmer mit Klimaanlage, direkt am Stadtpark. DZ 400 N$.
Pension OMEG Allee: 3 OMEG Allee, Tel. 067/22 06 31 oder 22 05 20. Angenehme Lage etwas außerhalb des Zentrums in einem Wohngebiet. Großzügige Zimmer mit Klimaanlage, Bad, Kühlschrank und Fernseher. Sicherer Parkplatz. DZ 285 N$.
Municipal Caravan Park Tsumeb: P.O. Box 1494, Tel. 067/22 10 56. Herrliche grüne und sehr saubere Anlage im Südwesten des Ortes unmittelbar am Tsumeb Welcome-Torbogen.

Tamboti Lodge: P.O. Box 780, Tel. 067/22 24 97, tsmapt@iafrica.com.na. 10 km nördlich von Tsumeb an der B1. Umgebaute und renovierte Eisenbahnwaggons sowie reetgedeckte Bungalows im afrikanischen Stil. Geparden- und Leopardenfütterung. Plätze für Camper. DZ 340 N$.

Minen Hotel: s.o., Tel. 067/22 10 71, tgl. 7–9, 12.30–14, 19–21.30 Uhr. Sitzgelegenheiten innen und im Garten. Preiswerte, sehr schmackhafte und reichliche deutsche Hausmannskost, Frühstücksbuffet. Menü ab 80 N$.
Bäckerei Steinbach & Café: 1 Main St., Tel. 067/22 10 35, Mo–Fr 7–16.30, Sa

Paradies für Taucher: der Lake Otjikoto

8–14 Uhr. Traditionelle deutsche und italienische Küche, natürlich täglich frisches Brot. Menü ab 70 N$.

Etosha Café & Biergarten: 2 Main St., Tel. 067/22 12 07, Mo–Fr 7–17, Sa 8–13 Uhr. Beliebtes Restaurant im üppig grünen Innenhof. Frühstück, leichte Gerichte, Kuchen und Sandwiches. Menü ab 70 N$.

Zug: Der Bahnhof befindet sich nördlich der Stadt. Die Züge nach Windhoek und nach Swakopmund/Walvis Bay verkehren Mo, Mi und Fr.

Bus: Bushaltestelle am Travel North Namibia, 1551 OMEG Allee. Die Intercape Mainliner-Busse fahren Mi und So nach Windhoek und Di und Sa nach Victoria Falls.

Umgebung von Tsumeb

Atlas: S. 233, F2, S. 234, A2

Reichlich 40 km südöstlich an der C64 liegt das Städtchen **Grootfontein.** Schon der Ortsname ›Große Quelle‹ verweist darauf, dass in dieser Region reichlich Wasser und damit beste Voraussetzungen für Tierfarmen vorhanden sind. Außer Tankstelle, Supermarkt und deutschem Fort mit Museum (Di/Fr

16–18, Mi 9–11 Uhr) gibt es wenig, was den Reisenden halten könnte. Wobei sich das Museum in der Eric St. in keiner Weise mit dem Tsumeb Museum von Ilse Schatz (s. S. 109) messen lässt. Erfrischend kann der Stopp in Grootfontein durch den Besuch des großen Schwimmbads werden (Woodland Drive, Okt.–Mai tgl. bis 18 Uhr).

Anziehungspunkt für fast alle Touristen ist der **Hoba-Meteorit.** Rund 75 km südöstlich von Tsumeb, zwischen Grootfontein und Otavi, wurde in den 20er Jahren des 20. Jahrhunderts der zweitgrößte bekannte Meteorit der Erde gefunden. Der zu 93 % aus Eisen bestehende Brocken wiegt über 50 t. Ein Besucherzentrum mit kleinem Kiosk und Toiletten ist vorhanden.

Komplettiert wird das Städtedreieck im Südwesten durch **Otavi.** Wegen des auch hier vorhandenen Wasserreichtums war der Ort über Jahrzehnte heftig umkämpft. San und Herero wollten beide hier leben. Seit 1896 unterhielten die Deutschen in Otavi einen Außenposten ihrer Kolonialarmee.

Am 19. Juli 1915 wurde 3 km nördlich von Otavi in **Khorab** das Ende der deutschen Kolonialzeit besiegelt und der Waffenstillstand zwischen den Schutztruppen und der südafrikanischen Armee unterzeichnet. Sehenswert sind die **Höhlen von Ghaub,** die man in Richtung Nordosten durch das Tierkloof-Tal erreicht. In diesem Höhlensystem gibt es neben Stalaktiten Felsenzeichnungen der Buschmänner.

Der 20 km nordwestlich von Tsumeb liegende **Otjikoto-See,** ausgeschildert von der B1, entstand durch den Einsturz riesiger Hohlräume im Dolomitgestein. Vor Jahren war er an die 55 m tief, heute sind durch stetes Abpumpen noch 36 m übrig. Kurz vor Ende des Krieges gegen Südafrika versenkten die deutschen Truppen zahlreiche Kanonen und andere Ausrüstungsgegenstände im See. Ein Teil davon wurde später durch die Südafrikaner geborgen. Einige schöne Stücke kann man im Tsumeb Museum (s. S. 109) besichtigen. Das meiste liegt aber noch auf dem Grund des Sees. Darunter ein sagenumwobener Tresor, über dessen Inhalt seit jeher reichlich spekuliert wird. Da der See nicht von Zuflüssen gespeist wird, konnten sich einzigartige Fischarten entwickeln. So eine Brassenart Namens Otjikoto Cichlid. Am See gibt es einen Kiosk und Toiletten, und in den letzten Jahren ist ein kleiner Tierpark entstanden.

Straußenfarm

Man sieht sie oft von weitem, die Straußenvögel. Ein richtiges Foto zu bekommen ist jedoch schwierig. Das kann man auf der Straußenfarm von Udo Unkel ändern. Sie liegt ca. 6 km nördlich von Grootfontein an der Pad 2859 und ist auf Besucher eingestellt. Farmer Unkel erzählt gern über die Zucht der so ungewöhnlich aussehenden Riesenvögel. Natürlich bietet die Farmküche eine kräftige Schinkenplatte aus Straußenfleisch und Eierlikör. Bei Straußens reicht ein Ei für mehrere Flaschen (Tel. 067/24 22 77).

OVAMBOLAND

Hoch im Norden des Landes, zwischen dem nördlichen Grenzzaun des Etosha-Nationalparks auf der einen und der Grenze zu Angola auf der anderen Seite, befindet sich das Ovamboland. Von den Südafrikanern als Homeland für die Ovambo festgelegt, kann man hier das schwarze Namibia erleben.

Atlas: S. 233, D/E1
Mit dem Erreichen der Unabhängigkeit und der Auflösung der durch die südafrikanische Apartheidspolitik geschaffenen Homelands wurden aus dem ursprünglichen Ovamboland vier Regionen: Omusati, Ohangwena, Oshana und Oshikoto. Doch der Name Ovamboland hat sich erhalten. Kein Wunder, immerhin lebt hier auf nur rund 7 % der Landesfläche der Großteil der stärksten Bevölkerungsgruppe in Namibia, der Ovambo. Über 700 000 Menschen drängen sich auf dem fruchtbaren Land südlich der angolanischen Grenze. Damit ist diese Region die mit großem Abstand am dichtesten besiedelte des ganzen Landes. Die Landschaft ist flach und von vielen kleinen Flussläufen durchzogen. Überall trifft man auf die von dichten Zäunen umgebenen Krale der Großfamilien, *Omaumbo* genannt.

Mit dem Anbau von Hirse und dem Halten von einigen Rindern, Ziegen oder Schafen versuchen die Menschen, ihren Lebensunterhalt zu verdienen. Trotz der recht fruchtbaren Böden ein oft aussichtsloses Unterfangen. Darum gibt es, wie in vielen Entwicklungsländern, eine immense Landflucht. Immer mehr Menschen suchen in den beiden Städten Ondangwa und Oshakati ihr Glück oder fahren weiter in den Süden, zumeist nach Katutura.

Auch wenn im Ovamboland die meisten Menschen leben, verirren sich nur sehr wenige Touristen hoch in den Norden. Dafür gibt es eine Reihe von Gründen. Allen voran die fast völlig fehlende touristische Infrastruktur. Abgesehen von den geteerten Straßen B1 und C46 ist das Straßennetz in einem teils erbärmlichen Zustand. Durch die Niederschläge treten viele kleine Flüsse regelmäßig über die Ufer. Ein Allrad ist also Pflicht, und selbst mit dem geht es manchmal nicht weiter. Hotels oder Pensionen, selbst mit Minimalstandard, sind Mangelware. Durch den 25 Jahre dauernden Krieg zwischen SWAPO und südafrikanischer Armee, der zum größten Teil hier ausgefochten wurde, kam es zu großen Zerstörungen, die bis heute nicht zu übersehen sind.

Ein zweiter Grund ist, dass man in dem Gebiet zwischen Etosha National Park und Angola keine Sehenswürdigkeiten und touristischen Ziele im landläufigen Sinne findet. Die Ruacana-Fälle, vor Jahren noch ein guter Grund für so manchen Globetrotter, den Weg ins Ovamboland auf sich zu nehmen, sind durch ein Wasserkraftwerk ihrer Schönheit beraubt.

Was man allerdings erleben kann, ist das typische Schwarzafrika von heute, das Leben in Städten, die vor Menschen fast überquellen und wo jeder versucht, über seinen kleinen Handel ein Stück vom großen Kuchen abzubekommen.

Einen Vorteil hatte der Krieg: Da die südafrikanische Armee schnelle Nachschubwege benötigte, ließ sie die B1 und die C46 bis tief ins Ovamboland mit einer Teerdecke versehen. Für potenzielle Touristen eine willkommene Verkürzung der Anreisestrapazen.

Ondangwa

Atlas: S. 233, E1
Ondangwa ist die größte Stadt im dicht besiedelten Norden. Durch den ständigen Zuzug von Menschen aus den Dörfern des Ovambolandes ist es fast unmöglich, eine aktuelle Einwohnerzahl zu nennen. Die Schätzungen gehen bis 100 000. Es ist viel los in den Straßen der Stadt, doch Traditionelles darf man nicht erwarten. Auf der Suche danach wird man am ehesten auf dem Lande fündig. Es ist ganz einfach das schwarze Namibia, wie es sich ohne den Einfluss von Touristen entwickelt hat. Es gibt verschiedene Märkte. An den Straßen stehen ungezählte kleine Garküchen, die nach einer bekannten angolanischen Biermarke ›Cuca Shops‹ genannt werden. Natürlich gehören auch moderne Supermärkte und Tankstellen zum Straßenbild.

Von Ondangwa ist es nur ein kurzer Abstecher auf der B1 bis nach **Oshikango,** dem kleinen Grenzposten an der angolanischen Grenze. Deutlicher als anderswo stößt man hier noch immer auf Schritt und Tritt auf die Spuren des Krieges. 12 km südöstlich von Ondangwa, in **Olukondo,** steht das älteste Gebäude im Ovamboland, das Nakambale-Haus (Tel. 065/24 02 41, Mo–Fr 8–13, 14–17 Uhr, Sa/So 12–17 Uhr). Es erinnert daran, dass selbst ganz im Norden Missionare ansässig waren. In diesem Fall kamen sie aus Finnland. Mit finnischer Hilfe konnte die zur Missionsstation gehörende Kirche aus dem Jahre 1889 grundlegend renoviert werden. In der Missionsstation wurde ein Museum eingerichtet, das interessante Einblicke ins Alltagsleben der Ovambo gestern und heute vermittelt. Ein Bereich der Ausstellung beschäftigt sich mit dem Leben auf der finnischen Mission. Ein besonderer Teil des Museums zeigt eine maßstabsgetreu nachgebildete Ndonga-Siedlung.

Auf einer nahe gelegenen Farm kann man sich ganz praktisch über das Leben der Ovambo-Farmer informieren. Man kann selbst kochen, die Rezepte der Ovambo versuchen und ihre alten Tänze und Gesänge erleben. Dieses Nakambale-Projekt ist Teil des Community Based Tourism. Das heißt, alle Einnahmen kommen der einheimischen Bevölkerung direkt zugute. Auch die aus dem angeschlossenen Rastlager, in dem man die Nacht verbringen kann. Von hier besteht außerdem die Möglichkeit, mit einem einheimischen Führer den sehenswerten Markt von Oshakati zu besuchen. Dabei erfährt man mehr über den Alltag der Ovambo im 21. Jh.

Puny International Hotel & Casino: P.O. Box 247, Ondangwa, Tel. 065/24 05 56. Das erste große Hotel im Norden hat 85 Zimmer mit Klimaanlage, Telefon und Fernseher. Das Hotel ist zentral und trotzdem ruhig gelegen. Pool, Restaurant und Konferenzräume. DZ 700 N$.

Oshakati

Atlas: S. 233, E1
Oshakati ist Sitz der Regionalverwaltung von Oshana. Es gibt Hotels, Banken, große Läden und einen riesigen Markt. In Oshakati sieht man mehr noch als im größeren Ondangwa die fast unüberwindlichen Probleme, vor denen das Land steht. Vor allem die Wohnungsnot der in die Stadt strömenden Menschen ist kaum zu beherrschen. Es gibt einige Prestigeprojekte mit Siedlungshäusern für die, die vom Land kommen. Wasser- und Elektrizitätsanschlüsse sind vorhanden, doch wurden die Häuser völlig an den Bedürfnissen der Ovambo vorbeiprojektiert: Ovambo leben traditionell in Großfamilien, doch dafür sind die Häuser zu klein, außerdem ist nicht genug freie Fläche für ein paar eigene Tiere vorgesehen. Noch schlimmer sieht es in den wild wuchernden Siedlungen aus, die ohne jede Planung und Infrastruktur am Rande der Stadt wie Pilze aus dem Boden schießen. Ohne Trinkwasser, Strom und Toiletten herrschen teils unhaltbare Zustände. Doch es ist einfach nicht genug Geld da. Am schlimmsten werden sich aber die noch immer fehlenden Schulen und die Arbeitslosenquote von über 50 % auf die Zukunft der Ovambo auswirken.

Ruacana-Fälle

Atlas: S. 233, C1
Wer sich trotz der Auswirkungen des Wasserkraftwerkes die Ruacana-Fälle nicht entgehen lassen möchte, kommt auf der durchgängig geteerten C46 nach rund 200 km ans Ziel. Von einer Passhöhe aus öffnet sich ein überwältigender Blick auf den Kunene-Fluss mit seinen Stauseen. Hier steht das größte namibische Wasserkraftwerk. Der mächtige Kraftwerksblock auf einem Hügel unweit des Wasserfalls zerstört nicht nur das Landschaftsbild; da das Wasser für die Turbinen gebraucht wird, bleibt der Wasserfall meist trocken. Nur in der Regenzeit, und dann nur zweimal am Tag, werden die Schieber geöffnet und das Wasser des Kunene stürzt 123 m in die Tiefe. Im Niemandsland zwischen Namibia und Angola gibt es eine Aussichtsplattform. Deutlich beeindruckender sind die **Epupa-Fälle** rund 100 km westlich (s. S. 153).

Kunene River Lodge: P.O. Box 643, Ondangwa, Tel. 065/27 43 00, www.kuneneriverlodge.com. Abenteuer-Camp am Ufer des Kunene 50 km westlich der Ruacana-Fälle. Fünf Bungalows und 14 Stellplätze. Wandern, Angeln, Wildwasserfahrten, Sonnenuntergangstouren. Bungalow 650 N$.

OKAVANGO UND CAPRIVI STRIP

Während sich im Ovamboland immer mehr Menschen drängen und zum Teil eine Bevölkerungsdichte von europäischen Ausmaßen entsteht, wird es östlich davon anders. Wer Grootfontein verlässt und nach Nordosten ins Land der San fährt, kommt schnell in die Einsamkeit. Bis Rundu erstrecken sich fast menschenleere Savannen, ehe sich entlang des Okavango die pralle Vielfalt und der Überfluss tropischer Natur entfalten.

Kaudom Game Park

Atlas: S. 234–235, C–D 2–3
Es sind nicht mehr viele San, die wie ehemals in kleinen Gruppen durch die Savannen streifen. Doch wenn überhaupt, dann hat man nur hier vielleicht Glück und trifft auf sie. Fährt man vom Süden über Tsumkwe in den Park, muss man ca. 50 km nordöstlich von Grootfontein die B8 verlassen. Auf einer teils anspruchsvollen Piste geht es vorbei an den kleinen Siedlungen Maroelaboom, Kanovlei und Lufebu nach Tsumkwe. Diese 220 km geben einen ersten Eindruck davon, was den Besucher im Kaudom Park erwartet. Bereits auf dieser Strecke kann man ohne Allradantrieb erhebliche Probleme bekommen. In den Siedlungen an der Pad sind zahlreiche San sesshaft geworden, die sich aber trotzdem noch relativ streng an frühere Sitten und Gebräuche halten.

Der Kaudom Game Park ist etwas für Hartgesottene. Das 3842 km^2 große Gebiet wurde erst 1987 als Wildreservat ausgewiesen und allzu viel hat sich seitdem nicht getan. Das Gebiet ist nicht eingezäunt, so dass das Wild seine alten Wanderrouten beibehalten kann, sich der aktuelle Wildbestand und die Chancen zur Wildbeobachtung ständig ändern. Der Park ist Teil des Kalahari-Sandveld. Durch das Gelände ziehen sich breite Dünnenkämme. Nur an Flussbetten haben Pflanzen eine echte Chance, sonst findet man Trockenwald, Buschsavanne und Sand, immer wieder tiefen Sand.

Der Zustand des rund 300 km langen Wegenetzes im Park könnte schlechter kaum sein. Tiefer Sand und trockenes Buschgras zwischen den Rädern verlangen Fahrer und Fahrzeug alles ab. Die gesamte Allradstrecke mit Anreise über Tsumkwe und Weiterfahrt von Kaudom nach Katatere ist 500 km lang, davon ist mindestens ein Viertel mit Untersetzung zu fahren. Das heißt, der Spritverbrauch steigt in Schwindel erregende Höhen und ein großer Treibstoffvorrat ist lebenswichtig. Theoretisch kann man in Tsumkwe tanken, doch mancher, der sich darauf verlassen hat, war dann auch verlassen.

Die einsamen Strecken durch den Park von Tsumkwe bis Sikereti und von dort weiter nach Kaudom und dann zur B8 an der angolanischen Grenze dürfen nur im Konvoi, also mit mindestens zwei Autos gefahren werden. Eine Vorschrift, die vom gesunden Menschenverstand bestimmt wird. Übernachtet werden darf nur in den beiden Buschcamps Sikereti und Kaudom. Beide sind primitiv. Wasser ist jedoch vorhanden. Ranger kontrollieren die **Permits,** die man sich vorher in Windhoek besorgt haben muss.

Ab Sikereti wird es richtig haarig. Lange Strecken muss die Untersetzung eingelegt bleiben und der Fahrer hat vor lauter Sand kaum die Möglichkeit, einen Blick nach links oder rechts zu werfen. Also regelmäßige Verschnaufpausen einlegen und dabei unter dem Auto kontrollieren, ob sich trockenes Gras um den Auspuff gewickelt hat. Denn wer will schon seinen Mietwagen abfackeln? Da die Grassamen schnell die Lamellen des Kühlers verstopfen können, sollte man bereits vor dem Start eine Gaze als Schutz anbringen.

Zwischen Sikereti und Kaudom gibt es seit einigen Jahren eine alternative Sandpiste über Dussi nach Tsau. Darüber, ob diese Strecke wirklich günstiger ist als die östlichere, streiten sich die Geister. Fakt ist, dass man **Leeupan,** die ›Löwenpfanne‹, über die alte Route erreicht. An diesem Wasserloch besteht die größte Wahrscheinlichkeit, den König der Tiere zu beobachten.

Das **Kaudom Camp** liegt auf einem Sandhügel. Nach sechs oder sieben Stunden Pisten-Tortur verlangt dessen Auffahrt die letzten Reserven. Wer am Abend im Camp denkt, nun das Schlimmste hinter sich zu haben, irrt. Die letzten 50 km bis zum Trans Caprivi Highway sind erneut eine Strecke für niedrigen Reifendruck, Allrad und Vorgelege. Unter fünf Stunden geht da kaum etwas. Manche Fahrer sollen für dieses kurze Teilstück einen Verbrauch von über 25 Litern gemessen haben. In Katere kommt die dann wohl heiß ersehnte Teerstraße. Bis zur ersten Tankstelle sind es aber nochmals 80 km in Richtung Osten.

In der **Regenzeit** gibt es kein Durchkommen. Reviere kommen ab, Pads stehen unter Wasser. So, wie der Park in der Trockenzeit nur mit größter Mühe zu bezwingen ist, so selbstmörderisch wäre sein Besuch in der Regenzeit.

Caprivi Strip

Atlas: S. 235D–F1, E–F4
Für alle, die nicht den Weg über den Kaudom Game Park genommen haben, ist **Rundu** der Einstieg in das Caprivi-Abenteuer. Doch wer Rundu links liegen lässt, hat nichts verpasst. Rundu ist Sitz der Regionalverwaltung von Okavango. Interessant für den Touristen ist es bestenfalls als Tank- und Übernachtungsplatz auf dem Weg in Richtung Osten. Nach Rundu zieht es immer mehr Landflüchtige aus der Grenzregion. So wächst die Stadt ständig – und damit auch ihre Probleme. Sehens- und kaufenswert sind die Holzschnitzereien der Region, die an vielen Ständen angeboten werden.

Von Rundu geht es auf dem Trans Caprivi Highway nach Osten. Solange man nicht vorhat, nach links oder rechts abzubiegen, kann diese Fahrt heute mit jedem Auto absolviert werden. Die Strecke durch den Caprivi Game Park bis nach Katima Mulilo ist durchgehend asphaltiert. Doch schon die Fahrt zu einer der fast ausschließlich luxuriösen Lodges kann ohne Allrad unmöglich sein.

Der ›Caprivi-Zipfel‹ reicht rund 460 km in ›fremdes‹ Territorium hinein. Im Westen ist er kaum 30 km breit, im Osten immerhin 90. Ein Blick auf die Landkarte zeigt, dass es sich nur um einen künstlich angesetzten Appendix handeln kann. Tatsächlich ist dieser ›Zipfel‹ am grünen Tisch entstanden. Im Helgoland-Sansibar-Vertrag tauschten Großbritannien und Deutschland Ende des 19. Jh. verschiedene Territorien. Großbritannien erhielt von Deutschland die Gewürzinsel Sansibar und Teile des heutigen Botswana. Dafür bekam Deutschland Helgoland und als direkten Zugang zum damals strategisch wichtigen Zambezi den Caprivi Strip. Der Reichskanzler Georg Leo Graf von Caprivi wollte damit die Voraussetzung für eine durchgängige Landbrücke zu den anderen deutschen Gebieten in Ostafrika schaffen.

Für den Tourismus in Namibia hat der Caprivi Strip eine immense, weiter wachsende Bedeutung. Anders als im übrigen Namibia ist die Landschaft geprägt von einer wasserreichen, üppig blühenden Natur. Der Okavango und der Kwando sorgen mit ihrem Geflecht von Nebenflüssen für ein einzigartiges Kontrastprogramm, das Namibia seinen Besuchern bieten kann. Das einzige Problem ist die lange Anreise von Windhoek aus. Allein bis Rundu sind es 900 km. Aus diesem Grund nutzen viele Touristen die Möglichkeit, mit dem Flugzeug von Windhoek aus direkt nach Katima Mulilo zu fliegen. Aber natürlich hat die Anreise mit dem Auto auch ihren Reiz. Besonders die Chance zu zahlreichen Abstechern verlockt immer mehr Reisende zur Tour im Mietwagen. Wobei man jedoch zwei Dinge beachten sollte. Auf jeden Fall einen allradgetriebenen Wagen mieten und sich im Vorfeld über die aktuelle Sicherheitslage informieren. Caprivi ist, auch als Folge der jahrzehntelangen Buschkämpfe zwischen Südafrika und SWAPO/Angola, eine recht instabile Region. Erst 2000 kam es erneut zu militärischen Zwischenfällen und auch zu Übergriffen auf Touristen. Deshalb wurde den Selbstfahrern empfohlen, die Strecke zwischen Bagani und Katima Mulilo nur im Konvoi mit Armeebegleitung zu befahren. Die Lage hat sich zwar wieder entspannt, doch kann sich das schlagartig ändern. Außerdem sollte man in der Grenzregion Wege querfeldein meiden. Noch immer liegen tausende Landminen versteckt im Boden.

Katima Mulilo

Atlas: S. 235, E3
Die Stadt am Ende des Trans Caprivi Highway teilt das Los anderer Orte im Norden. Interessant ist der Ort nur als Anreise- oder Zwischenstation in die Naturparks. Es gibt Läden, Banken und ein Krankenhaus. Man kann tanken und in der Zambezi Lodge direkt am

Ufer des Zambezi komfortabel wohnen und sogar einen 9-Loch-Golfplatz nutzen. Während des Krieges gegen die SWAPO war Katima Mulilo ein wichtiges militärisches Zentrum. Zeitweilig waren hier starke Truppenkontigente der Südafrikaner stationiert. Heute wirkt die Stadt heruntergekommen. Das Geld der Soldaten fehlt. Noch können die Touristen das nicht ausgleichen.

Bwabwata National Park

Atlas: S. 235, D–F1
Der größte Naturpark der Region war der **Caprivi Game Park,** der den gesamten, rund 30 km breiten Landstreifen zwischen Angola und Botswana umfasste. Zwar wird touristisch noch immer mit diesem Namen geworben, doch ganz offiziell heißt der 1963 geschaffene Park seit 1999 **Bwabwata National Park.** Seither bildet der Caprivi Game Park mit dem kleinen Mahango Game Reserve etwa 15 km südlich der Popa-Fälle und dem Kwando Triangel nördlich von Kongola den neu gebildeten Wildpark. Im Wildpark ist Viehzucht verboten, was, nicht zum ersten Mal, viele San zwang, mit ihren Hütten weiterzuziehen. Innerhalb des ehemaligen Caprivi Game Parks wurden ihnen zwei je 600 km^2 große Landflächen für Ackerbau, Viehzucht und Jagd zugewiesen. Durch diese Veränderungen entsteht gemeinsam mit den

Üppige, wasserreiche Landschaften prägen den Caprivi Strip

Schutzgebieten in Botswana, Zambia und Angola ein einzigartiges Tierparadies. Auf namibischem Territorium umfasst es fast 6000 km^2.

Auf dem Gebiet des bisherigen **Mahango Game Reserve** bestehen keine Übernachtungsmöglichkeiten. Es gibt nur einen Picknickplatz, dafür aber mächtige Baobab-Bäume, und mit etwas Glück sieht man Flusspferde, Elefanten und Krokodile. Außerdem leben im Park die in Namibia seltenen Pferde- und Rappenantilopen. 10 bzw. 20 km lange Rundfahrten bieten reizvolle Ausblicke. Besonders beliebt ist der Park zur Vogelbeobachtung.

Mudumu National Park

Atlas: S. 235, F1
Der Mudumu National Park wurde erst 1990 eröffnet. Auf seinen reichlich 1000 km^2 Fläche findet sich eine artenreiche Tierwelt, die nicht nur von einer Vielzahl seltener Vogelarten dominiert wird, zu deren Schutz das Reservat eigentlich gedacht war. Elefantenherden gibt es ebenso wie die unvermeidlichen Flusspferde, Krokodile, verschiedene Antilopen, Hyänen und Löwen. Der Park ist nur im Allradfahrzeug zu befahren, und selbst damit wird man nicht selten an Grenzen

Im Lizauli Traditional Village

stoßen. Am besten kann man ihn mit einem Boot erkunden.

Hier gibt es die einzige private Lodge in einem staatlichen Park in ganz Namibia. In der **Lianshulu Lodge** (s. S. 124) kann man erstklassig wohnen, was natürlich seinen Preis hat. Von der Lodge werden Game Drives zu Wasser und zu Land organisiert. Das touristische Highlight dieser Lodge ist ihre Lage am Kwando, der sich ruhig und behäbig mit seinen vielen Nebenarmen durch die Caprivi schlängelt. Die Lodge kann man über die D3511 sogar im normalen Pkw erreichen. Zusätzlich gibt es die Variante, von Katima Mulilo mit dem Flugzeug anzureisen.

Nicht ganz einfach für Reiseführer und Gäste sind die ›Namensspiele‹ des Kwando. Mal heißt er Mashi, dann Linyanti, später Itenge, ehe er schließlich zum Chobe wird, als der er wohl am bekanntesten ist.

Am nördlichen Eingang des Mudumu Parks liegt das **Lizauli Traditional Village.** Früher war es ein kleines Dorf. Heute steht es als gelungenes Beispiel für den Community Based Tourism im Caprivi Strip. In Lizauli entstand mit viel Engagement der einheimischen Bevölkerung ein ›lebendes Museum‹. Und diese profitiert auch direkt von den Einnahmen. Ein Dorf, in dem man in den Lebensstil und die Traditionen der Caprivianer eintauchen kann. Blicke in den Alltag offenbaren sich, ohne dass man als gaffender Zaungast in fremde Häuser schielen muss. Da wird getanzt, Schmuck gefertigt, gekocht und all das getan, was zum normalen Leben in einem afrikanischen Dorf gehört (tgl. 9–18 Uhr).

Mahango Game Reserve

Klein, aber fein präsentiert sich das 1986 geschaffene Mahango Game Reserve 20 km südlich der Popa Falls. Sumpfgebiete und Galeriewälder am Okavango sowie Savannen laden in das 25 000 ha große Reservat ebenso ein wie Büffel, Elefanten und Antilopen. Das Auto darf man verlassen. Auf Löwen soll man selten treffen, auf Touristen übrigens auch. Im Park kann man nicht übernachten. Die Tickets gibt es am Gate.

Mamili National Park

Atlas: S. 235, F1
Südlich von Mudumu, dort, wo die Grenze sich als Dreieck ins botswanische Territorium schiebt, liegt der nur 320 km^2 große Mamili National Park. Als geschütztes Sumpfgebiet ist der Park mit dem Geländewagen nur in der Trockenzeit befahrbar. Selbst dann gibt es nur wenige Möglichkeiten, Game Drives im eigentlichen Sinne zu erleben.

In der Trockenzeit sind die Inseln Nkasa und Lupala, ein wahres Paradies für Ornithologen, zu erreichen. Die beste Zeit für die Vogelbeobachtung ist aber von November bis März, so dass nur der Wasserweg bleibt. Recht rustikale Campsites in Nzalu und Lyadura sind die einzigen Übernachtungsmöglichkeiten, für die man sich aber zuvor bei der Naturschutzbehörde in Katima Mulilo anmelden muss.

BLICKE HINTER DIE FASSADE

Während sich viele Reiseregionen der Welt durch Terror und Anschläge zu recht risikoreichen Urlaubszielen entwickelt haben, kann Namibia auf ein ruhiges und relativ sicheres Umfeld verweisen. Zwar lassen die Krisenerscheinungen in der Weltwirtschaft die Industrie des Landes nicht unberührt, doch blieb der Tourismus davon bisher verschont. Ständig steigende Touristenzahlen beweisen, Namibia hat sich zu einem der abwechslungsreichsten Touristenziele gemausert. Die Naturbelassenheit der Landschaft und die Vielfalt von Flora und Fauna sowie das Erlebnis grenzenloser Weite und Freiheit ziehen immer mehr Gäste aus der ganzen Welt an. So hat sich der Tourismus zu einem der wichtigsten Wirtschaftszweige und Devisenbringer aufgeschwungen. Es ist also recht und billig, dass die Einnahmen aus dieser Quelle nicht nur weißen oder ausländischen Investoren in die Hände fallen, sondern auch die einheimische Bevölkerung aktiv in die Entwicklung eingebunden wird. Dafür steht seit einigen Jahren der Community Tourism. In ihm ist erstmals das Recht der Gemeinden vor Ort festgeschrieben, mit ihren Möglichkeiten und Ressourcen am Tourismus teilzuhaben. Gleichzeitig offeriert diese Art des Tourismus all jenen, die nicht nur an der Oberfläche bleiben möchten, einen besonders intensiven Zugang zu den unterschiedlichen Kulturen und deren Traditionen, einen Blick hinter die Fassade. Nirgendwo sonst kann man besser mit dem Mann auf der Straße ins Gespräch kommen.

Unter dem gemeinsamen Dach von NACOBTA (Namibia Community Based Tourism Association) haben sich eine ganze Reihe touristischer Anbieter aus dem ganzen Land zusammengeschlossen, um auf dieser Plattform effektiver für ihre Form des Tourismus werben zu können. Immer mehr Gemeinden gründen eigene Betriebe oder kooperieren mit privaten Unternehmern. Ein wichtiger Schwerpunkt des Community Based Tourism sind die eigenen Campingplätze und Traditional Villages, die zumeist dort entstanden sind, wo es bisher keine Übernachtungsmöglichkeiten gab. So zum Beispiel das Okombahe Rest Camp zwischen Uis und Omaruru, der Aba-Huab-Campingplatz bei Twyfelfontein, an dem auch ortskundige Führer für die Felsgravuren bereitstehen, das Kunene Village Rest Camp am Rand von Opuwo sowie das Okondjou Traditional Village mit seinem auf einer kleinen Anhöhe wunderschön gelegenen Campingplatz.

Ein weiterer Schwerpunkt ist die Förderung der traditionellen Handwerkskunst und deren Verkauf. Einen ersten Eindruck davon kann man schon auf den Märkten und im Namibia Crafts Centre von Windhoek sammeln. Noch typischer und interessanter ist jedoch ein Besuch bei Penduka (›Wacht auf!‹), einem Handwerkszentrum in Katutura am Ufer des Goreangabedamms. Im Rahmen einer Tour mit Face to Face durch Katutura, übrigens auch ein Unternehmen des Community Based Tourism, kann man Penduka mit einbinden. Das Projekt bietet behinderten und ungeschulten arbeitslosen Frauen die Gelegenheit, handwerkliche Produkte herzustellen, die nicht nur im angegliederten Laden gut verkauft werden. So entstehen bei Penduka wunderschöne typische Souvenirs: Wandbehänge, Taschen, Kissen und vieles mehr. Selbst Schmuck aus Leder und Metallperlen, die aus im Krieg übrig gebliebenen Kugeln gefertigt werden, bereichert das Angebot. Solche Zentren traditioneller Handwerkskunst findet man im ganzen Land. In Oshiko, 10 km von Oshakati entfernt, sind es im Oshana-Kunstzentrum die Töpferinnen der Region. Im Daureb Crafts Centre in Uis findet man zeitgenössische Kunst, die fest in der Kultur der Damara verwurzelt ist.

Das dritte Standbein von NACOBTA sind Kulturzentren, die tiefe Einblicke in die Traditionen der Völker Namibias ermöglichen. Die attraktivsten Beispiele dafür sind das Anmire Traditional Village, ein Dorf in Khowarib, das in die Vergangenheit der Damara einlädt, und das im Mudumu National Park in Ost-Caprivi gelegene Lizauli Traditional Village.

Insgesamt haben sich 41 Gemeinden in NACOBTA zusammengeschlossen und weitere neun werden bei der Planung neuer touristischer Projekte unterstützt. Durch all diese Initiativen erhielten und erhalten zahlreiche Schwarze neue Perspektiven und Ziele sowie die Möglichkeit, ein selbst bestimmtes Leben zu führen.

Produkte der NACOBTA auf dem Kunstgewerbemarkt in Windhoek

Popas Game Park

Atlas: S. 235, D1
Nur winzige 25 ha Fläche hat der Popas Game Park. Letztlich ist er nicht mehr als ein Schutzgebiet rund um die sehenswerten Popa-Fälle und das dazugehörende Restcamp. Hier sollte man sich weder auf Auto noch Boot verlassen, sondern zu Fuß eine kleine Wanderung entlang der Stromschnellen am Okavango River unternehmen. Mit etwas Glück bietet das Spiel aus Licht und Wasser hervorragende Fotomotive. Im **Katima Mulilo Traditional Museum** auf dem Gelände des Caprivi Arts & Cultural Centre gibt es eine Ausstellung über die Geschichte, die kunsthandwerklichen Traditionen und über die Religion der Caprivianer.

Rundu
Suclabo Lodge: P.O. Box 894, Tel. 067/25 90 05, www.suclabo.iway.na. Elf wunderschöne Bungalows mit eigener Terrasse und Blick auf den Okavango. Pool, Bar und Restaurant. Bootsfahrten zu den Popa-Fällen, Krokodil und Flusspferdbeobachtungen. Game Drives in das Mahango Game Reserve. Ca. 7 km südlich von Bagani. Chalets ab 6000 N$.
Hakusembe Lodge: P.O. Box 1327, Tel. 066/25 70 10, www.namibianet.com/hakusembe. 12 km westlich von Rundu am Okavango. Sechs strohgedeckte Chalets. Fluss-Safaris, Sonnenuntergangsfahrten, Wasserski, Angeln auf Tigerfische. Chalets ab 4000 N$.
Kavango River Lodge: P.O. Box 634, Tel. 066/25 52 44, kavlodge@tsu.namib.com. In Rundu am Ufer des Okavango. 14 Zimmer mit Klimaanlage, Fernseher und Kühlschrank. Restaurant mit Blick auf den Fluss. DZ 1500 N$.

Katima Mulilo
Zambezi Lodge: P.O. Box 198, Tel. 66/25 31 49, katima@iafrica.com.na. Am Ortsrand von Katima Mulilo direkt am Zambezi. 26 Zimmer mit Klimaanlage und Blick auf den Strom. Tropischer Garten. Terrassen-Restaurant, Bar und Pool. DZ 700 N$.

Mudumu National Park
Lianshulu Lodge & Lianshulu Bush Lodge: P.O. Box 90391, Windhoek, Tel. 061/25 43 17, www.lianshulu.com. Luxuriöse Lodge malerisch am Ufer eines Seitenarms des Kwando gelegen. Die Haupt-Lodge besitzt elf Chalets, die angegliederte Bush-Lodge nur acht. Nachtexkursionen, Tierbeobachtungen vom Boot, mit dem Geländewagen und auf Fußwanderungen. Chalets ab 7000 N$.
Namushasha Lodge: P.O. Box 659, Windhoek, Tel. 061/24 03 75, afrideka@mweb.com.na. Lodge am Ufer des Kwando-Flusses. Bootsfahrten, Angeln, geführte Safaris, Nachtsafaris per Boot oder Landrover. 15 luxuriöse Bungalows. Perfekt auch für Besucher des Mudumu National Park. Bungalow ab 5500 N$.
Susuwe Island Lodge: P.O. Box 2021, Bryanston 2021, Südafrika, Tel. 00 27/11/706 72 07, www.islandsinafrica.com. Luxuriöse Lodge am Ufer des Kwando unweit des Mudumu National Park. Sechs Wohneinheiten, Pools. Flussfahrten und Allradtouren. Wohneinheit ab 5000 N$.
Stellplätze für Camper bieten z. B. die Zambezi Lodge, das Popa Falls Rest Camp und Open Skies auf halber Strecke zwischen dem Abzweig der Straße nach Kongola und Lianshulu Lodge.

Katima Mulilo Regional Arts and Cultural Festival: Tel. 067/3002. Unter der Schirmherrschaft des namibischen Ministers für Bildung und Kultur findet alljährlich ein zweitägiges Festival mit zahlreichen Veranstaltungen mit Musik, Tanz, Literatur, Kunst und Kunsthandwerk aus der Caprivi-Region statt. Der Termin variiert zwischen Juni und November. Also vorher informieren.

Chobe-Nationalpark (Botswana)

Atlas: S. 235, F4

Viele Besucher des Caprivi Strips kombinieren ihren Aufenthalt mit Abstechern in die Nachbarländer. Damit lohnt sich die lange bzw. teure (Flugzeug-)Anreise erst richtig. Ziel Nummer 1 für all jene, die süchtig sind nach immer mehr Tierbeobachtungen, ist der 11 000 km² große Chobe-Nationalpark in Botswana. Er gehört zu den betörendsten Tierreservaten in ganz Afrika. Die Eindrücke der grandiosen Landschaft mit den wilden Tieren kann man anderswo kaum so intensiv erleben wie hier. Drängen sich in den großen Wildparks, wie in der Etosha oder im Krügerpark, nicht nur die Tiere an den Wasserstellen, sondern auch immer mehr Menschen, findet man im Chobe-Nationalpark noch die Einsamkeit unerforschter Wildnis. Fahrten am Ufer des Chobe oder im Gebiet der Savuti-Sümpfe hinterlassen unvergessliche Eindrücke. Große Herden von Elefanten, Büffeln und Zebras ziehen durch das grüne Reich. Löwen, Hyänen und sogar die seltenen Wildhunde trifft man in schöner Regelmäßigkeit. Lodges gibt es reichlich, meist mit gehobenem Standard und Preisgefüge, doch auch Stellplätze für den Camper sind vorhanden. Allradfahrzeuge und gutes Kartenmaterial sind unverzichtbar.

Impalila Island Lodge: P.O. Box 70378 Bryanston 2021, Tel. 00 27/ 11/706 72 07 (Südafrika), www.islandsinafrica.com. Lodge in traumhafter Lage im Zusammenflussgebiet von Chobe und Zambezi. Acht sehr komfortable Bungalows unter zwei mächtigen Baobabs. Pool, Souvenirshop und Bibliothek. Jeder Bungalow mit eigener Terrasse über dem Wasser. Chalets ab 6000 N$.

Victoria Falls (Zimbabwe/Zambia)

Atlas: S. 235, östlich F4

Die Victoria-Fälle zählen zu den eindrucksvollsten Wasserfällen weltweit und gehören zu den meistbesuchten Naturwundern des schwarzen Kontinents. Auf einer Breite von 1700 m stürzt sich der Zambezi 119 m tief in die Felsenschlucht. Während der Regenzeit fallen in jeder Sekunde bis zu 10 000 m³ Wasser in die brodelnde Tiefe. Eine hohe Gischt- und Nebelwolke steigt in den Himmel, so dass man die Fälle bereits aus weiter Entfernung lokalisieren kann. Sie sind vom östlichen Katerakt toll zu sehen.

Der schottische Missionar und Afrikaforscher David Livingstone war es, der 1855 den Ruhm des heute meist kurz ›Vic Falls‹ genannten Naturwunders begründete. Er war nicht der erste Europäer, der die Fälle sah, doch er war der Erste, der sie in lebhaften Farben beschrieb und damit auch in Europa bekannt machte.

Bereits 1906 entstand im heutigen Zimbabwe das erste Gebäude des später legendär werdenden **Victoria Falls Hotel** (s. S. 127), das neu und

modernisiert Gäste aus der ganzen Welt empfängt. Um die Jahrhundertwende begann der Bau der transafrikanischen Eisenbahnlinie von Kapstadt nach Kairo. Bis heute ist deren Fertigstellung nur ein Traum geblieben, doch direkt an den Fällen steht als Andenken daran noch die Eisenbahnbrücke über den Zambezi, ein mächtiges Stahlviadukt hoch über der Schlucht.

War über Jahrzehnte der kleine Ort **Victoria Falls** auf zimbabwischer Seite das bevorzugte Ziel der Touristen, hat sich der Besucherstrom heute auf **Livingstone** in Zambia verschoben. Besuche in Zimbabwe sind seit dem Einsetzen der illegalen Farmbesetzungen und der andauernden allgemeinen Krise im Land (es gab auch Übergriffe auf Touristen) nicht zu empfehlen.

Von Katima Mulilo nach Livingstone sind es rund 220 km. Der erste Abschnitt auf der D3508 ist gut befahrbar. Die Strecke von der Nogoma Bridge bis Kasane ist zwar geteert, doch Vorsicht vor großen Schlaglöchern ist geboten. Eine Rennpiste ist es nicht. Hinter Kasane setzt man mit einer rustikalen Fähre über den Zambezi. Von Kazangula sind es noch einmal rund 60 km auf einer durchschnittlichen Pad bis Livingstone. Die Straße von Katima Mulilo über den Grenzübergang Sesheke direkt nach Zambia und dann auf der Pad über Maondo weiter nach Kazangula spart zwar zwei Grenzübertritte, ist aber teils eine mörderisch schlechte Piste, außerdem war die Sicherheitslage nicht immer garantiert.

Die Victoria-Fälle im Abendlicht

Ob sich das geändert hat, sollte man vor Ort erfragen, ebenso wie Auskünfte zu den aktuellen Grenzformalitäten, die sich in Afrika oft kurzfristig ändern. Was auf jeden Fall an den Grenzen gebraucht wird, ist eine schriftliche Genehmigung der Autovermieter für die Mitnahme des Fahrzeugs in das jeweils andere Land.

Victoria Falls Hotel: www.go2africa.com, Tel. 0027/839 60 33 91. Kolonialer Luxus am Fuße der Victoria-Fälle. Haus von 1904 mit dem Flair der ›guten alten Zeit‹. 190 Zimmer und Suiten. Fünf Minuten bis in das Städtchen Victoria Falls. Eigener Privatweg zu den Fällen. Pool, Tennisplätze Golfplatz, Safarifahrten. DZ ab 328 US$.

Livingstone hat in den letzten Jahren mächtig aufgeschlossen. So kann man unter vielen neu entstandenen Hotels und Lodges wählen, etwa:

Sun International Resort: Mosi-Ao-Tunya Road, Southern Provinze Livingstone, Zambia, Tel. 00260/3/32 11 22, www.sun-international.com. 3-Sterne-Hotel Zambezi Sun, fünf Minuten Fußweg zu den Fällen, Poollandschaft, Familienhotel und Konferenzzentrum, DZ ab 360 US$. The Royal Livingstone, 5-Sterne-Hotel am Zambezi am östlichen Katarakt. 173 äußerst luxuriöse Zimmer. DZ ab 550 US$.

Tongabezi Lodge: Private Bag 31, Livingstone, Zambia, Tel. 00260/3/32 32 35, tonga@zamnet.zm. Luxuriöse Safari-Lodge am Ufer des Zambezi. 20 Min. vom Airport in Livingston. Safaris zu Wasser und zu Land. Bungalows ab 600 US$.

Vielfältige Freizeitmöglichkeiten von Fahrten auf dem Zambezi über Elefantenreiten bis hin zu Game Drives im Busch. Nähere Informationen zu Livingstone: www.destinationzambia.com.

Der Nordwesten

›Märchenwald‹ im Etosha National Park

Namibia-Atlas S. 232–233

VON KARIBIB NACH OUTJO

Nirgendwo sonst in Namibia stößt man auf so viele Zeugnisse alter afrikanischer Völker wie zwischen Twyfelfontein, Brandberg und Spitzkoppe. Aus jüngerer Zeit stammen die Zeugnisse an der unwirtlichen Skelettküste. Dutzende Wracks erzählen manch schaurige Geschichte der christlichen Seefahrt und ziehen abenteuerlustige Touristen an.

Karibib

Atlas: S. 233, E4
Das kleine Städtchen mit dem deutschen Touch an der Hauptverbindungsstraße zwischen Windhoek und Swakopmund bietet sich nicht nur als Zwischenstopp auf der recht langweiligen Fahrt Richtung Küste an, sondern auch als Ausgangspunkt für die Reise in den Nordwesten. Der Ort mit reichlich 7000 Einwohnern hat deutlich bessere Zeiten gesehen. Schöne alte Gebäude wie der Bahnhof, die Christuskirche und das Roesemann-Haus erinnern daran. Interessant ist die etwas abseits der Hauptstraße gelegen Weberschule, die man besuchen kann und wo es natürlich auch Erzeugnisse aus Karakulwolle zu kaufen gibt.

Früher gab es einige gute Hotels in der Stadt, und auch heute könnte man ein Dach über dem Kopf finden. Seine frühere Hoteldichte verdankte Karibib der Eisenbahn. Zu Zeiten von Deutsch-Südwestafrika durften die Züge nur tagsüber fahren. Das bedeutete, dass Reisende von Windhoek oder Tsumeb nach Swakopmund in Karibib übernachten mussten. Heute wäre es schade, in der Stadt zu bleiben, denn in der Umgebung von Spitzkoppe und Erongogebirge profilierten sich einige Gästefarmen, auf denen sich landschaftsnah und viel angenehmer übernachten lässt.

Nur 60 km südöstlich an der D1953 liegt **Otjimbingwe,** ein kleines Dorf, das für wenige Jahre eine bedeutende Rolle in der namibischen Geschichte gespielt hat. 1849 errichtete die Rheinische Mission an diesem Ort eine Missionsstation, 1867 wurde das erste Gotteshaus der Herero gebaut. Die Lage Otjimbingwes an der damaligen Verbindungsstrecke zwischen Windhoek und Swakopmund ließ eine blühende kleine Stadt entstehen. Rund 4000 Menschen lebten hier, und so verwundert es nicht, dass der Sitz der Deutschen Kolonialverwaltung 1885 durch Dr. Heinrich Göring, Vater von Reichsmarschall Hermann Göring, gerade in diesen Ort verlegt wurde. Doch bereits 1890 machte man Windhoek zur Hauptstadt der Kolonie. Als dann auch noch die neue Eisenbahnlinie über die nördliche Route geführt und Otjimbingwe weit umgangen wurde, war das Aus für die weitere Entwicklung der Stadt besiegelt.

Spitzkoppe und Erongogebirge

Atlas: S. 233, D–E4
Selbst wenn sich einmal dichter Nebel übers Land gelegt haben sollte, merkt man deutlich, wenn man der **Spitzkoppe** näher kommt. Immer öfter stehen an der Straße junge Männer oder ganz Familien, die den Reisenden schöne Mineralien vom Spitzkoppe-Massiv verkaufen wollen. Die einen haben nur eine Hand voll, andere präsentieren ihre Schätze auf großen Tischen am Straßenrand. Da gibt es manch schönes Stück zu entdecken. Die Spitzkoppe selbst, ein 1759 m hoher, schroff in den Himmel ragender Felsen, ist zwar bei weitem nicht der höchste Berg des Landes, aber sicher einer der meistfotografierten. Gemeinsam mit den anschließenden Pondok Mountains bildet er den perfekten Hintergrund.

Schon bei der Vorbeifahrt auf der D1939 in Richtung Uis kann man das ›Matterhorn Namibias‹ in voller Schönheit bewundern. Wer näher ran will, sollte ein Stück weiter auf der B2 in Richtung Swakopmund fahren und sich dann über die D1918 und D3716 an den Berg herantasten.

An seinem Fuß gibt es zahlreiche Felsenbilder und manch attraktives, steiniges Motiv für die Kamera. Östlich davon erheben sich die Berge des **Erongogebirges.** Da geht es dann schon über 2000 m hoch. Toll sind die faszinierenden Felsformationen, die in Jahrmillionen durch Erosion aus dem Granit entstanden sind. Dieser Gebirgszug hat bereits die Altvorderen der Buschmänner und Damara in ihren Bann gezogen. Sie nutzten die Höhlen und Felsen als großes Malheft und hinterließen der heutigen Generation eine beeindruckende Sammlung prähistorischer Zeichnungen.

Wer das Erongogebirge kennen lernen möchte, kommt um einen Besuch der **Ameib Ranch** (s. S. 132) gar nicht herum. Zum Gelände der Ranch gehört ein großer Teil der Berge, und sie hat sich über die Jahre auf die Besucherströme eingestellt. Es gibt Gästezimmer und Bungalows, einen Campingplatz, einen Minizoo und jede Menge zu erleben.

Besonders faszinierend und sogar mit dem Auto erreichbar ist **Bull's Party.** Zwar findet man in der Region im-

›On the Rocks‹

Zu den Projekten des Communtity Based Tourism gehört die von den ansässigen Damara betriebene ›Spitzkoppe Natural Campsite‹. Das Camp wurde an einem landschaftlich traumhaften Platz errichtet. Im Ausgleich dafür darf man nicht auf zu viel Komfort hoffen. Hier findet man auch einen Guide für die Tour zu den Felszeichnungen an der Spitzkoppe.

›Namibias Matterhorn‹, die Spitzkoppe

mer wieder zu runden Kugeln zerfallene Felsen, doch so große und so perfekte wir hier kaum. Sieht man die tonnenschweren Brocken nur auf einer kleinen Spitze aufliegen, glaubt man, schon ein Stups würde reichen, um sie aus dem Gleichgewicht zu kippen. Aber weit gefehlt, die steinernen Kugeln stehen fest und sicher. Zum Glück. Oberhalb von Bull's Party findet man steinerne Brücken und Torbögen, fantasievolle Spielereien von Mutter Natur.

Nicht mit dem Auto zu erreichen ist **Phillips Cave,** ebenfalls auf dem Gelände der Ranch. Eine knappe halbe Stunde Klettern über Fels und Stein ist angesagt, will man die Felsmalereien darin besichtigen. Es ist zwar keine ›Weiße Lady‹, die wartet, aber zumindest ein ›Weißer Elefant‹. Im Gegensatz zur Lady ist der noch recht gut erhalten. Doch eins trifft auch hier zu. Die namenlosen Felsbilder sind oft viel interessanter und bildhafter als die immer wieder beschriebenen.

Rings um **Omaruru,** nördlich von Karibib, sind eine ganze Reihe gemütlicher Gästefarmen entstanden. 1904 war es in der Region bei weitem nicht so friedlich. Eine der Schlachten des Herero-Aufstandes wurde hier geschlagen. Die aufständischen Herero belagerten die Kaserne. In einem Gewaltmarsch erreichte die Kompanie des Hauptmanns Viktor Franke die Belagerten und konnte den Ring sprengen. In nur fünf Tagen legten er und seine Leute die fast 400 km von Gibeon nach Omaruru zurück. Heute hat sich das Städtchen einen Namen als Weinanbaugebiet gemacht. Man glaubt es kaum, doch so mancher Tropfen, der die Kristallkellerei verlässt, kann sich mit internationalen Spitzenweinen messen.

Etusi Lodge: P.O. Box 5, Karibib, Tel. 064/55 08 26, www.etusi.com. Sehr luxuriöse Lodge 36 km südwestlich von Karibib in den Otjipatera-Bergen. Sieben Bungalows und fünf Luxuszelte, Restaurant, Wandern, Reiten, Klettern. Bungalow ab 2000 N$.

Ameib Ranch: P.O. Box 266, Usakos, Tel. 064/53 08 03, www.natron.net/tour/

ameib. Rund 15 km nördlich von Usakos. Zwölf gepflegte Zimmer, Zeltplatz, kleiner Zoo, Felsmalereien, Bull's Party. DZ/HP 920 N$.

Spitzkoppe Natural Campsite: s. S. 131.

Erongo Wilderness Lodge: P.O. Box 581, Omaruru, Tel. 064/57 05 37, www.erongowilderness.com. Zehn komfortable Zelt-Bungalows. Geführte Wanderungen, Felsmalereien, Vogelbeobachtung. DZ/HP 1850 N$.

Omaruru Game Lodge: P.O. Box 208, Omaruru, Tel. 064/57 00 44, www.omaruru-game-lodge.com. Bungalows im Rundhüttenstil mit Komfort und Klimaanlage, Restaurant, große Wasserstelle. 15 km von Omaruru entfernt, mit eigenem Flugzeug und Konferenzbungalow. Bungalow ab 1250 N$.

Hotel Staebe: Dr. Scheeper's Drive, Omaruru, Tel. 064/57 00 35. Stadthotel im Zentrum mit 31 Zimmern und Pool. DZ 425 N$.

Brandbergmassiv, Twyfelfontein und Outjo

Atlas: S. 233, D4 – 232, C3

Man spricht offiziell nicht mehr vom Damaraland, denn auch dieses territoriale Gebilde, das sich nördlich von Karibib

AFRIKANISCHES BILDERBUCH IN STEIN

Da gibt es immer noch Ewiggestrige, die die Besiedlungsgeschichte Namibias auf 200 Jahre begrenzen. Dass vor den Weißen ›schon immer‹ Schwarze hier gelebt haben und auch schwarze Geschichte ihre unauslöschlichen Spuren hinterlassen hat, wird oft vergessen. Dabei trifft man gerade in Namibia auf mehr Zeugnisse jahrtausendealter Geschichte als sonst irgendwo. Die historischen Felsgravuren, die überall dort gefunden wurden und werden, wo sich in Namibia Gebirgsformationen türmen, sind, per Radiokarbon-Methode gemessen, an die 27 000 Jahre alt. Wahre Bildergalerien wurden von den Vorfahren der Buschmänner in die Felswände gekratzt. Nachdem die ersten Europäer wenig Zeit und Interesse auf die Felsgravuren verwandten und sie in der üblichen überheblichen Art als ›primitiv‹ abstempelten, begannen sich in der zweiten Hälfte des 19. Jh. speziell Deutsche für diese Gravuren zu interessieren. Dem deutschen Schutztruppenoffizier Jochmann ist es zu danken, dass erste Zeichnungen von Felsbildern aus der Erongo-Region auch dem breiteren Publikum zugänglich wurden. Reinhard Maak war es dann, der 1918 die bis heute legendäre ›Weiße Dame‹ am Brandberg entdeckte. Die Überreste dieser Felsmalerei kann man auf einem einstündigen Fußmarsch, am besten begleitet von einem lizenzierten Führer des Brandberg Community Tourist Project, besuchen.

Doch wie gesagt, von der ›White Lady‹, die seit vielen Jahren von einem Stahlgitter beschützt wird, sind nur vage Überreste erhalten. Umso interessanter ist der ›Interpretationsstreit‹, der sich seit über 50 Jahren um dieses Felsbild entsponnen hat. Während Entdecker Reinhard Maack und später auch der französische Forscher und Priester Abbé Breuil in der Darstellung eine Dame erkannt haben wollen, stellen moderne, schwarzafrikanische Forscher diese Erklärung in Frage. Kein Wunder, fehlen doch die Brüste. Die ›White Lady‹ hat auch insofern eine Sonderstellung, als im Allgemeinen Tiermotive und Jagdszenen vorherrschen. Kein Wunder, dass viele Forscher die Darstellungen mit Jagdriten in Verbindung brachten. Am Brandberg war es Harald Pager, der in siebenjähriger Kleinarbeit bis zu seinem frühen Tod 1985 versuchte, alle Felsbilder zu erfassen. Sein Nachlass bestand aus 43 000 Abbildungen von 879 Felsbildstellen.

Besser zugänglich und in einzigartiger Konzentration kann man Felsbilder in Ritztechnik, so genannte Petroglyphen, in Twyfelfontein bewundern. Gut 100 km von Khorixas entfernt erwartet die Besucher eine wahre Fundgrube, ein steinernes Bilderbuch afrikanischer Geschichte. Nicht ganz so alt wie die Zeichnungen am Brandberg, faszinieren die Petroglyphen durch ihre Klarheit, ihre Motivvielfalt und durch ihren teils hervorragenden Erhaltungszustand. Nahe dem Parkplatz warten Guides, um die Touristen auf einer ein bis zwei Stunden langen Wanderung in die Historie zu entführen. Ganz einig sind sich die Forscher auch hier nicht. Das Alter der Felsbilder schätzt man auf zwischen 200 und 6000 Jahre. Rund 2500

Felsgravuren kann man in Twyfelfontein sehen, einige der schönsten sind in den Rundgang der Führer eingeschlossen.

Zebras, Elefanten und Nashörner schmücken viele der großen Felsbrocken. Immer wieder entdeckt man Antilopen und Giraffen. Interessant und schwer erklärbar die menschlichen Fußabdrücke. Besonders oft fotografiert und durchaus ungewöhnlich ist der Löwe, dessen Schwanz nach oben zeigt. »Vielleicht stellt es ein Warzenschwein dar«, so ein Führer lächelnd, nach dieser eigenartigen Darstellung befragt. Leider trifft man auch immer wieder auf Gravuren wie »Günter war hier. 13. Oktober 2003«. Auf Rockart dieser Qualität könnte Twyfelfontein durchaus verzichten.

Viel Kopfzerbrechen, wenn auch nicht bei letztgenannter Gravur, ruft die Frage nach dem Alter der Felsbilder hervor. Die sonst übliche C-14-Methode zur Messung von radioaktivem Kohlenstoff ist nicht nur sehr teuer, sondern benötigt einige Gramm Farbe, kann also nur in Ausnahmefällen angewandt werden. So bleibt neben der inhaltlichen Deutung in vielen Fällen auch das Alter der Felsbilder und Gravuren sicher auch in Zukunft Gegenstand für sehr unterschiedliche Einschätzungen.

Da es auf der Wanderung keinerlei Schatten gibt, müssen, besonders im Sommer, eine Kopfbedeckung und eine Flasche Wasser, neben dem obligatorischen Fotoapparat, mit auf Tour gehen. Klettern über Stock und Stein gehört natürlich dazu, festes Schuhwerk sollte selbstverständlich sein.

Felsgravuren in Twyfelfontein

Versteinerter Baum im Petrified Forest bei Khorixas

bis nach Sesfontein und Oshakati zieht, entstand wie ähnliche Reservatsgebiete im Rahmen der Home-Land-Politik der südafrikanischen Verwaltung. So erhielten die Damara 1964 ein wahrhaft ›steinreiches Land‹. Steine, Steine und nochmals Steine in allen Größen und allen Formen. Eine Landschaft, in der es für die Bewohner nicht leicht ist, das tägliche Brot für ihre Familien zu verdienen. Nach den Vorstellungen der Südafrikaner also die idealen Landschaften für schwarze Völker Namibias. Bereits Spitzkoppe und Erongogebirge zählen dazu und sie setzen sich fort über Brandberg, Twyfelfontein bis zum Beginn des Kaokoveld. Bei der Gebietsreform nach Erreichen der Unabhängigkeit ging Damaraland in die Regionen Kunene und Erongo auf. Für die Touristen hingegen ist Damaraland eine Schatzgrube wildromantischer Urlaubserlebnisse.

Brandbergmassiv

Atlas: S. 233, D4
Wichtiger Anlaufpunkt und aus kaum einer Reiseroute wegzudenken ist das **Brandbergmassiv** mit dem höchsten Berg des Landes, dem 2573 m hohen Königsstein. Das Brandbergmassiv hat

mächtige Ausmaße. 30 km lang und 23 km breit, bedeckt es eine Fläche von reichlich 760 km^2. Die Bezeichnung Brandberg kommt wohl durch die zum Teil tiefschwarzen, glänzenden Felsenpartien, die aussehen, wie vom Ruß geschwärzt. ›Wüstenlack‹ nennen die Namibier diese Erscheinung umgangssprachlich. Mit Feuer hat die Schwärzung nichts zu tun, wohl aber mit der extremen Sonneneinstrahlung und der sich dadurch entwickelnden Hitze. So entsteht eine mineralhaltige Schicht aus Mangan-, Kieselsäure- und Eisenverbindungen, die sich dunkel verfärbt. Der stete Wüstenwind mit feinen Sandpartikeln erledigt den Rest, schleift die Felsen glänzend glatt.

Wanderungen im Brandbergmassiv sind eine anstrengende Angelegenheit. Das Terrain ist unwegsam, man braucht eine gute Ausrüstung, feste Schuhe, einen verlässlichen Führer und reichlich Wasser. Der leichteste Weg ist wohl der zur ›White Lady‹. Aber selbst für diese kurze Strecke, man benötigt rund eine Stunde hin und eine zurück, lohnt sich ein Führer. Das große Geheimnis des Brandbergsmassivs, seine rund 50 000 Felszeichnungen (s. S. 134), erschließt sich nur mit einem Begleiter, der sich im Labyrinth der Felsenformationen auskennt. Die Brandberg Mountain Guides vom Community Tourist Project aus Uis sind dafür bestens geschult (Tel. 064/50 40 30).

Das Städtchen **Uis** ist schon von weitem durch die hellen Abraumhalden der Zinn- und Wolframmine zu erkennen. Der Verfall der Weltmarktpreise für Zinn führte vor einigen Jahren zur Schließung der Mine. Von den ehemals 1000 Beschäftigten blieben nur wenige zur Sicherung des Geländes. Noch immer hofft der Bergwerkskonzern, die Mine eines Tages wieder gewinnbringend betreiben zu können. Denen, die heute in Uis leben, nützt das freilich wenig. Zumindest einige der Einwohner, und es werden langsam mehr, verdienen ihr Geld heute mit dem Tourismus bzw. in seinem Umfeld. Initiiert von NACOBTA, der staatlichen Organisation zur Förderung des Community Based Tourism, entstanden ein sehenswertes Crafts Centre gegenüber dem Brandberg-Rastlager sowie zahlreiche Ateliers im ehemaligen Minengebäude. Uis entwickelt sich zu einem Ausflugsziel für weiße Namibier.

Rund 120 Millionen Jahre mag es her sein, dass die Erde Feuer spie. Ein gutes Stück südwestlich des Brandbergmassivs, dort, wo es bis zu den Dünen der Namib nicht mehr weit ist, steht als Sockel eines erloschenen Vulkans der **Messum-Krater.** Es ist eine abenteuerliche, nicht einfache Tour über die C35 und die D2342 in Richtung Brandberg West und dann weiter einen kleinen Pfad entlang dem trockenen Messum Revier. Allraderfahrung und ein entsprechendes Fahrzeug sind die Voraussetzungen. Vor Ort sollte man die Wanderstiefel schnüren und den Krater zu Fuß erkunden.

Twyfelfontein

Atlas: 232, C3

Weiter nördlich, bei Twyfelfontein, wartet das nächste namibische Bilderbuch in Stein. 80 km westlich von Khorixas an der C39 wurden die wohl schönsten

Petroglyphen und Felsmalereien des Landes gefunden. Im Vergleich zu anderen Fundorten kann man hier mit dem Auto direkt bis zum Ziel fahren. Am Parkplatz warten immer einige Guides auf Gäste, die man als (mehr oder minder) sachkundige Begleiter auf die ein- bis zweistündige Klettertour durch die steinige Felsenwüste auf jeden Fall mitnehmen sollte. Man ist ohne Führer nicht verloren, doch wissen sie, wo die eindrucksvollsten Kunstwerke zu finden sind. Der Weg ist zwar überschaubar, doch die Sonne sticht meist unbarmherzig. Das heißt, man muss auf jeden Fall Wasser mitnehmen.

Zum **Verbrannten Berg** (Burnt Mountain) ist es von Twyfelfontein nur ein kurzer Abstecher. Nach rund 10 km erreicht man ihn über die D3254. Es war ein Vulkan, der im Erdmittelalter das schwarze, violette und dunkelrote Gestein an die Oberfläche drückte. Das bis zu 1000 Grad heiße Magma verbrannte das Schiefergestein. Besonders im Licht der Abendsonne bietet sich dem Betrachter ein wahrlich glühendes Farbenspiel.

Auf dem Weg zum Verbrannten Berg passiert man eine weitere geologische Besonderheit, die so genannten ›**Orgelpfeifen**‹ (Organ Pipes), bei denen es sich um aufrecht stehende Basaltsäulen handelt, die ebenfalls an die 120 Mio. Jahre alt sind und 2–5 m hoch reichen.

An der C39 zwischen Khorixas und dem Abzweig nach Twyfelfontein wartet auf engstem Raum erneut ein Grund zum Aussteigen. **Petrified Forest** steht auf den Landkarten, doch es ist natürlich kein komplett versteinerter Wald, der hier erhalten geblieben ist. Dutzende Baumstämme, teils in viele einzelne Stücke zerfallen, sind trotzdem interessant und nicht alltäglich. Man geht davon aus, dass die Stämme vor rund 250 Mio. Jahren durch Flüsse angeschwemmt und luftdicht und unter Schlamm und Geröll verschüttet konserviert und versteinert wurden. Über die Jahrmillionen brachten Verwerfungen und Erosion sie zurück an die Oberfläche. Die Souvenirjäger waren hier sehr aktiv. Aus diesem Grund wird das Areal jetzt bewacht und vor dem Rundgang ist ein kleiner Obolus zu entrichten.

Das Städtchen **Khorixas,** der ideale Ausgangs- oder Endpunkt für den Besuch der vier Sehenswürdigkeiten rund um Twyfelfontein, hat außer den notwendigen Versorgungseinrichtungen wie Läden und Tankstelle nichts zu bieten. Gern genutzt wird die gepflegte, staatlich geführte Khorixas Lodge vor den Toren der Stadt.

Khorixas Lodge: P.O. Box 13246, Windhoek, Tel. 061/206 22 52, info@namibiatourism.com. Gepflegtes staatliches Restcamp mit luxuriösen Bungalows, Stellplätzen, Pool, Restaurant und Pub. Bungalow 420 N$.

Vingerklip und Outjo

Atlas: S. 233, D–E3

Wer von Khorixas auf der gut asphaltierten C39 in Richtung Outjo rollt, wird etwa auf der Hälfte des Weges zu einem Abstecher in südlicher Richtung eingeladen. Auf der D2743 sind es dann rund 40 km bis zur **Vingerklip,** einem ganz eigenwilligen Felsen, der fast einem Finger gleich in die Höhe zeigt. Durch das ewige Spiel der Erosion entstand eine 35 m hohe Felsnadel. Man schätzt, dass die Fingerklippe bereits über 15 Mio. Jahre alt ist. Irgendwann wird die Erosion so weit fortgeschritten sein, dass dieser Felsen ganz einfach umkippt, wie es dem ähnlich aussehenden Finger Gottes im Süden des Landes 1988 geschah. Doch bis dahin werden sicher noch viele Generationen Reisender staunend den Fotoapparat oder die Filmkamera zücken. Der Fels steht auf dem Gelände der Farm Bertram, kann aber ohne Farmbesuch von der Pad aus fotografiert werden. Auch wenn ein Amerikaner 1970 als erster die Spitze des Felsens erreichte, ist er zum Klettern denkbar ungeeignet. Am Fuß der Fingerklippe genießt man einen herrlichen Blick auf die Tafelberge der Ugab-Terrassen. Ein Stück Wilder Westen in Afrika.

Das kleine Städtchen **Outjo** ist nicht nur ein Verkehrsknotenpunkt, an dem sich fünf Straßen aus verschiedenen Regionen des Nordens treffen, sondern für viele Touristen Ausgangspunkt ihrer Fahrt in den Etosha National Park. Der Ort wirkt freundlich und gepflegt. Man merkt, dass die Touristen hier manchen Namibia Dollar lassen. Lodge und Zeltplatz gibt es ebenso wie Hotel und Bäckerei, die in alter Tradition bis heute deutsch geführt werden. Bevor es weiter in Richtung Norden geht, kann man also bei einem Stück Schwarzwälder Kirschtorte so richtig in der Zivilisation schwelgen. Außerdem sollte man unbedingt die guten Versorgungsmöglichkeiten nutzen und die Vorräte für die kommenden Tage ergänzen. Ein kleines **Museum** erinnert an Major Viktor Franke, der das Haus 1899 als eines der ersten Steinhäuser bauen ließ (Mo–Fr 10–12, 14–16 Uhr).

Fingerklipp Lodge: P.O. Box 443, Outjo, Tel. 061/25 53 44 (Reservierung), vingerklip@iwwn.com.na. Komfortable Unterkunft ca. 30 km südlich der C39 direkt an der Vingerklip. Elf gemütliche Doppelbungalows. Sundowner-Veranda mit toller Rundumsicht. DZ/VP 1470 N$.

Bambatsi Holiday Ranch: P.O. Box 120, Outjo, Tel. 067/31 38 97, www.natron.net/tour/bambatsi/ranch.htm. Persönliche Gästefarm mit Blick auf eine Mopanewald-Ebene. Pool, Grillplatz, Bar, zehn Bungalows, Farmrundfahrten. Anfahrt direkt von der C39 ca. 80 km westlich von Outjo. Bungalow 740 N$.

Hotel Onduri: P.O. Box 14, Outjo, Tel. 067/31 34 05, onduri@iafrica.com.na. 29 Doppelzimmer mit Klimaanlage, Radio, Telefon, sehr gepflegter Service. DZ 580 N$.

Ombinda Country Lodge: P.O. Box 326, Outjo, Tel. 067/31 31 81, ombinda@out.namib.com. Luxuriöse Lodge am Rande der Stadt. 15 komfortable Bungalows im landestypischen Stil, ausgezeichnetes Restaurant. Pool, drei Tennisplätze, 9-Loch-Golfplatz und Konferenzraum. DZ 500 N$.

Etosha Garten Hotel: P.O. Box 31, Outjo, Tel. 067/31 31 30. Stadthotel im Schatten hoher Jacarandabäume, umgeben von üppigem Grün. 21 komfortable Doppelzimmer, Restaurant mit österreichischer Küchenchefin, Biergarten, Pool, bewachter Parkplatz. DZ 390 N$.

Die Vingerklip ▷

Atlas: S. 232–233

ETOSHA NATIONAL PARK

Etosha ist eine alte, aus der Buschmannsprache überlieferte Bezeichnung, die etwa ›eine große weiße Fläche‹ bedeutet. Damit ist klar, dieser Name bezieht sich ganz konkret auf das Herzstück des Nationalparks, auf die eigentliche Etosha-Pfanne. Wer einmal vor dieser verkrusteten Salzpfanne gestanden hat und das weiß leuchtende Land mit dem Blau des Himmels am Horizont verschmelzen sah, wird diesen Eindruck nie vergessen.

Atlas: S. 232–233, C2–F2

Die Pfanne allein ist über 100 km lang. Nur nach ganz regenreichen Jahren bildet sich ein großer, sehr flacher See, dessen Wasser meistens schnell wieder verdunstet. Ehe es aber soweit ist, zieht er tausende Flamingos zum Brüten an.

Doch zum Etosha National Park gehört viel mehr. Nicht umsonst zählt das über 22 000 km^2 große Reservat zu den attraktivsten, weil wildreichsten Naturschutzgebieten in ganz Afrika. Man trifft sonst kaum irgendwo auf solch große Tierherden wie hier. In der Ost-West-Ausdehnung erreicht der Park gute 300 km und in der Nord-Süd-Ausdehnung kann er immerhin noch 110 km vorweisen. Damit ist er etwa halb so groß wie die Schweiz und ungefähr so groß wie Hessen. Seine durchschnittliche Höhe über dem Meeresspiegel liegt bei rund 1100 m. Das ist die gleiche Höhe wie Deutschlands höchstgelegene Stadt Oberwiesenthal. Schon erstaunlich, denn davon merkt der Besucher im Allgemeinen nichts. Keine erfrischende Brise streift über die weite Landschaft. Glühendheiß brennt die Sonne und selbst der Luftzug gleicht einem Fön. Natürlich ist das Wetter jahreszeitlich differenziert. Aber so richtig warm kann es im Etosha National Park immer werden. Im Ostteil ist der Park flach, im Westteil, der für Besucher nur sehr eingeschränkt zugänglich ist, gibt es Hügel und Berge.

Fast alle Touristen kommen über das Andersson Gate im Süden oder über das Lindquist Gate im Osten in den Park. Ein dritter Parkeingang befindet sich im Westen, doch der darf nur von wenigen lizenzierten Gästefarmern und Rangern genutzt werden, die dann mit ihren Safarigästen im Westteil des Parks auf die Pirsch gehen. Aber egal, welches Tor man benutzt, geöffnet wird pünktlich zum Sonnenaufgang und geschlossen zum Sonnenuntergang. Da

Etosha National Park

gibt es kein Pardon und keine Ausnahme. An allen Toren, auch denen aus den Camps in den Park, stehen große Uhren, an denen man exakt ablesen kann, wann sich die Tore öffnen und schließen. Wer zu spät kommt, den bestraft in diesem Fall nicht das Leben, sondern die Parkverwaltung. Das kann teuer werden.

Geschichte

Wie immer waren es die ersten Europäer, die dafür sorgten, dass nichts so blieb wie es war. 1851 erkundeten die beiden Forscher Francis Galton und Charles Andersson die Etosha-Pfanne. Danach sprach sich unter den Großwildjägern schnell herum, welcher Wildreichtum hier zu finden war, und schon bald wurde der Bestand deutlich dezimiert. Die große Rinderseuche, die in den 90er Jahren des 19. Jh. den afrikanischen Kontinent heimgesucht hatte, übertrug sich auch auf die Paarhufer des Wildbestands. Die Folgen waren verheerend. Aus diesem Grund wurden bereits 1897 in Namutoni, Rietfontein und Okaukuejo drei tierärztliche Kontrollposten eingerichtet.

Nur zehn Jahre später erklärte Gouverneur Friedrich von Lindquist das Gebiet im Norden der Kolonie zum Wildreservat. Zu diesem Zeitpunkt war es annähernd 100 000 km^2 groß. 1964 kam mit dem Odendaal-Plan für den Wildpark ein erheblicher Einschnitt. Er verfügte, dass fast 80 % der Parkfläche für die Homelands der Damara und Herero benötigt würden. Zwar hatte der Park seit 1958 den Status eines Nationalparks, doch das half nicht. So existiert der Park seit 1964 in seiner heutigen Ausdehnung und hat sich zu einem Eldorado für Tierfreunde aus der ganzen Welt gemausert.

Paradies der Tiere

Es ist traurige Wirklichkeit, dass das natürliche Gleichgewicht der Tierwelt im Etosha National Park ebenso nachhaltig und unheilbar gestört ist wie in den anderen großen Wildparks Afrikas. So ist der Park von einem ca. 1640 km langen Zaun umgeben, der trotz der Größe des Territoriums viele natürliche Wildwanderwege abschneidet. Trotzdem bleibt der Park ein Paradies der Tiere und gleichzeitig ein Paradies für Tierliebhaber. Sein Wildbestand kann sich ohne weiteres mit dem des Krüger-Parks in Südafrika messen. Doch während sich dort Jahr für Jahr über eine Million Besucher drängeln, geht es in der Etosha eher ruhig zu, halten sich die Besucherzahlen bei wenigen Prozenten des bekannteren Nachbarn im Süden. Man kann also noch fast allein auf Safari gehen.

Was es da alles zu sehen gibt, sollen einige wenige Zahlen unterstreichen. Letzte Zählungen aus dem Flugzeug kamen zu folgendem Resultat: Allein von den zierlichen Springböcken leben rund 20 000 im Park, Steppenzebras gibt es rund 6000, Gnus 4000, dazu kommen unter anderem über 2000 Giraffen, 800 Oryxantilopen, rund 300 Nashörner, 2000 Elefanten und knapp 300 Löwen. Außerdem bevölkern den Park weitere rund 100 Säugetierarten, 340 Vogelarten und über 100 verschiedene Reptilien. Natürlich

Zebras an einem Wasserloch im Etosha National Park

sind im Nationalpark auch Hyänen, Schakale, Geparden und Leoparden zu Hause. Verlässliche Zahlen sind da sehr schwer zu erreichen.

Durch das permanente Wasserangebot an den künstlich angelegten Wasserstellen hat sich der Tierbestand so stark erhöht, dass es zu großflächigen Überweidungen kommt. Also müssen die Park-Ranger je nach der aktuellen Lage eingreifen. Das geschieht durch gezielten Abschuss oder auch durch die ›Anti-Baby-Pille‹. Ein Beispiel für deren Wirkung ist die Löwenpopulation. Anfang der 90er Jahre war die durch das große und beständige Nahrungsangebot auf über 500 Stück gewachsen. Deutlich zu viel für die Größe des Parks. Nach dem Einsatz der Anti-Baby-Pille für Löwen verringerte sich der Bestand auf die Hälfte. Die Pille wurde abgesetzt und jetzt sind es rund 300. Ein gesundes Maß. Aber das Beispiel beweist: Nachdem der Mensch den natürlichen Lebensraum der Tiere nachhaltig verändert hat, geht es auch in den großen Nationalparks nicht mehr ohne die lenkende Hand der Ranger.

Unterwegs im Park

Safaris durch den Etosha National Park gehören zu den einprägsamsten Erlebnissen einer Namibiareise. Kaum eine Gruppenreise lässt einen Besuch im Park aus. Im Normalfall geht man dann in dem Fahrzeug auf Tierbeobachtung, mit dem die Rundreise unternommen wird. Das gleiche trifft auf Individualtouristen zu. In dem allgemein zugänglichen Teil des Parks stehen insgesamt 1000 km Straßen und Pisten für Pirschfahrten zur Verfügung. Alle nicht gesperrten Wege können genutzt werden. Die Straßen sind zwar nicht geteert, doch überwiegend in einem guten Zustand und können alle problemlos mit einem normalen Pkw befahren werden. Es gibt **drei grundlegende Regeln:**

1. Das Fahrzeug nicht verlassen; 2. Tiere haben immer Vorfahrt; 3. nie schneller als 60 km/h fahren. Wobei man schon bei 50 km/h viele Tiere übersehen wird. Für Pirschfahrten sollte man nicht schneller als mit 30 km/h unterwegs sein. Man hat ja Zeit.

Feste Routenpläne sind sinnlos. Kein Mensch kann im Voraus sagen, wo man an welchem Tag welche Tiere sehen wird. Zwar gibt es aus der Erfahrung der Park-Ranger manch guten Tipp, doch niemals eine Garantie. Interessante Hinweise findet man in den Besucherbüchern der Camps. Oft kristallisiert sich heraus, dass die eine oder andere Wasserstelle von den Tieren besonders bevorzugt wird. Stößt man dann wirklich auf eine Elefantenherde, sollte man, auch wenn noch so tolle Fotos locken, immer einen gewissen Sicherheitsabstand wahren und sich nie in die Zugrichtung der Herde stellen. Besonders, wenn Elefantenbabys zur Herde gehören, was fast immer der Fall ist, verstehen die Muttertiere keinen Spaß. Ein offener Rückzugsweg kann im Notfall Nerven schonen.

Von den Park-Rangern werden keine Touren angeboten. Wer aber auf eine sachkundige Führung nicht verzichten will, findet in Windhoek und Swakopmund ein Safari-Unternehmen, das mehrtägige Touren in den Park anbietet. Auch die an den Park angrenzenden Lodges organisieren Tagesfahrten.

Wer in einem der drei Camps im Park übernachtet hat, sollte pünktlich zur Öffnungszeit mit dem Wagen am Tor stehen. Es ist um jede Minute schade, die man verschenkt. Nicht bestätigen lässt sich die Meinung mancher Ranger, gerade in den Morgenstunden gebe es die schönsten Wildbeobachtungen. Ganz abgesehen davon, dass zur frühen Tagesstunde das Licht noch nicht zum Fotografieren geeignet ist, sind gerade am späteren Vormittag und am frühen Nachmittag oft die größten Herden an den Wasserlöchern unterwegs. Nicht geeignet für die Fotopirsch sind die Stunden, an denen die Sonne im Zenit steht. Doch zu dieser Tageszeit ist es sowieso meist so heiß, dass die Safarifahrt wenig Vergnügen bereitet.

Für den Besuch des Parks sollte man zwei bis drei Nächte einplanen und möglichst in verschiedenen Camps übernachten. So kann man die Wasserlöcher im Umkreis der Camps ohne allzu lange Fahrten erreichen. In jedem Camp befindet sich auch eine Wasserstelle, an der man am Abend, wenn die Parktore verschlossen sind, den Tag im Park so richtig tierisch ausklingen lassen kann. Während die natürlichen Wasserstellen in trockenen Jahren oft versiegen, sprudelt aus den künstlich angelegten immer das erfrischende Nass. Man kann also ziemlich sicher sein, viele verschiedene Tiere erleben zu können.

Wasserstellen

Im Park gibt es recht detailliertes Kartenmaterial, auf dem alle Wasserstellen und Straßen eingezeichnet sind. Deren Zahl ist so groß, dass man nur einige davon herausheben kann. Von Okaukuejo aus in Richtung Westen liegt der so genannte **Märchenwald.** Eine Ansammlung von Moringa-Bäumen, die durch Umwelteinflüsse teils recht ei-

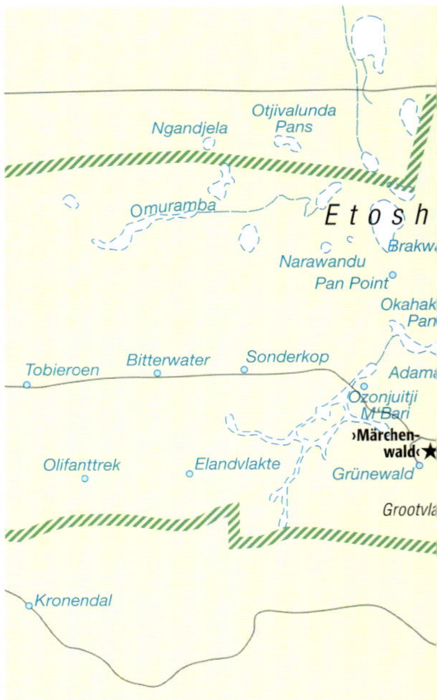

genartig verwachsen sind. Ein eigentlich untypisches Fleckchen Nationalpark. Nördlich des Camps, rund 20 km entlang der Etosha-Pfanne, befindet sich **Okondeka.** Die Wahrscheinlichkeit großer Tierherden ist zwar relativ gering, doch der Eindruck der Landschaft gleicht das aus.

So richtig ›tierisch‹ geht es dann östlich des Camps weiter. **Gemsbokvlakte** und **Olifantsbad** garantieren fast immer ausgezeichnete Tierfotos. Die Mopane-Bäume im Umfeld sind Delikatessen für Elefanten, die sich hier sehr wohl fühlen. Mit etwas Glück kann man Herden von bis zu 100 Stück an den Wasserstellen erleben. Abgesehen davon kommen verschiedene Antilopenarten, Zebras und Giraffen. Nicht selten trifft man auf Löwen. Kein Wunder bei dem ›Futter‹-Angebot. Beide Wasserstellen sind ideal für Fotografen und Filmer.

Für die Weiterfahrt in Richtung Osten empfiehlt sich die Route über Homob, Sueda und Salvadora. Entlang der Etosha-Pfanne ist die Chance, auf größere Elefantenherden zu treffen, zwar geringer, doch sind Oryxantilopen mit der Weite der Pfanne als Hintergrund traumhafte Motive.

Unweit des **Camps Halali,** in dem man die zweite Nacht im Park verbringen könnte, lockt die Wasserstelle

Goas zu einer morgendlichen Safari. Neben Elefanten sind es hier Streifengnus, Zebras und Schwarznasenimpalas, die ihren Durst stillen. Goas gehört zu den attraktivsten Plätzen im Park und es passiert, dass man sich einige Stunden nicht losreißen kann.

Wieder etwas weg von Tierbeobachtungen, aber deshalb nicht weniger interessant, führt die Fahrt zum **Etosha Lookout** nördlich von Halali. Das ist die einzige Stelle im Park, die dem Besucher gestattet, ca. 1,5 km in die Pfanne hineinzufahren und die fast Tischtuch-ebene Fläche als Rundum-Erlebnis zu begreifen. So weit das Auge reicht nur der helle, salzverkrustete, staubtrockene Boden, der am Horizont im Flimmern der Hitze verschwimmt. Dieses Bild ändert sich nur dann, wenn einer der seltenen Regenschauer über das Land zieht, den Boden aufweicht und farbigen Moosen und Sukkulenten neues Leben einhaucht. In der Regenzeit ist der Besuch des Lookout jedoch nur mit einem Allrad empfehlenswert.

Vom östlichsten **Camp Namutoni** aus gilt **Kalkheuwel** als beste Wasserstelle. Von Tieren wird sie ebenso geschätzt wie von den Touristen. Nur an wenigen Stellen kommt man so nahe an die Tiere heran. Auch ohne extrem lange Teleobjektive kann man tolle Tierfotos schießen.

Wenn man Glück hat und in **Fisher's Pan** unweit des Lindquist Gate Wasser steht, haben dort Pelikane, Marabus, Flamingos und zahlreiche Wasservögel ihr Zuhause auf Zeit gefunden. Nirgendwo sonst kommt man ans nördliche Ende des Parks, nur in **Andoni.** Von Namutoni sind es rund 50 km bis zu dieser Wasserstelle. Das künstlich angelegte Wasserloch ist besonders bei Elefanten beliebt.

Für Reisende, die den Besuch im Etosha National Park mit einer Stippvisite im Ovamboland verbinden wollen, ist das unweit von Andoni gelegene, erst vor wenigen Jahren eröffnete **King Nehale Gate** die perfekte Alternative. Im Vergleich zur Ausfahrt über das Lindquist Gate spart man reichlich Kilometer und ist bereits nach ein bis zwei Stunden in Ondangwa oder Oshakati.

im Park

Übernachtet werden darf im Nationalpark ausschließlich in den drei staatlichen Restcamps Namutoni, Halali und Okaukuejo. Alle Camps sind mit gut sortierten Läden und Tankstellen ausgestattet. Die Camps sind über die Zentrale von Namibia Wildlife Resorts in Windhoek zu buchen (Tel. 061/23 69 7-5/6/7/8, www.namibiawildliferesorts.com). Diese Reservierung ist auch für die Stellplätze auf den Campingplätzen unbedingt erforderlich. Zum Übernachtungspreis kommt noch der Eintrittspreis hinzu.

Okaukuejo: Das älteste, bereits 1957 eröffnete Camp wurde grundlegend renoviert und bietet Bungalows sehr verschiedener Preiskategorien. In diesem Camp sitzt die Parkverwaltung. Ein kleines Museum erzählt über Vergangenheit und Gegenwart des Wildreservats. Pluspunkte des Camps sind das große Schwimmbad, das allen Parkbesuchern offen steht, der Wasserturm für herrliche Sonnenuntergangsfotos und die beleuchtete Wasserstelle mit nächtlichem Tierszenario. Besonders beliebt sind die Bungalows mit den Nummern 3, 5, 7, 11, 13, 19 und 20, weil man bei ihnen von der eigenen Terrasse aus das Wasserloch im

Blick hat. Man muss sie langfristig und gezielt buchen. Bungalows ab 460 N$.

Halali liegt etwa auf halbem Weg zwischen den beiden anderen Camps. In seiner Umgebung gibt es einige der schönsten Wasserlöcher. Es warten 93 Bungalows mit 2–4 Betten. Fast wie in einem Theater kann man von einem Felsen aus das nächtliche Tierleben am campeigenen Wasserloch beobachten. Bungalows ab 490 N$.

Namutoni muss man besuchen, egal ob man darin wohnen möchte oder nicht. Das alte deutsche Fort wurde um die Wende zum 20. Jh. errichtet und bietet heute neben einem kleinen Museum luxuriöse Unterkünfte. Die Wasserstelle in Namutoni wird auch am Tag gern von Elefanten besucht. Vom Dach des Forts hat man einen weiten Blick über den Nationalpark und auf die Etosha-Pfanne. DZ ab 290 N$.

Am Halali-Wasserloch im Etosha National Park

Außerhalb des Parks
Am Rande des Etosha-Nationalparks entstanden in den letzten zehn Jahren zahlreiche moderne und teils sehr luxuriöse Lodges und Camps, die zwar deutlich teurer sind als die Parkunterkünfte, dafür aber einen bedeutend besseren Service bieten.

Ongava Lodge & Tented Camp: P.O. Box 6850, Windhoek, Tel. 061/27 45 00, www.asngavalodge.com. 30 000 ha großes privates Wildreservat am Rande des Etosha-Nationalparks, nicht weit entfernt vom Anderson Gate. Zehn hochklassige Chalets mit Klimaanlage, Pool. Game Drives im eigenen Resort und im Nationalpark. Chalets 3110 N$.

Naua Naua Game Lodge: P.O. Box 347, Outjo, Tel. 067/33 34 18, www.nauanaua.com. Reservierung in Deutschland: 041 04/97 66 55, reservierung@nauanaua.de. Luxuriöse Lodge in der Nähe des Anderson Gate, zwölf Bungalows, Tagesausflüge in den Nationalpark. Bungalow 1700 N$.

Mushara Lodge: P.O. Box 1814, Tsumeb, Tel. 067/22 91 06, www.musharalodge.com. 8 km vom Osteingang des Nationalparks entfernt. Zehn komfortable Bungalows mit Klimaanlage, Minibar, Telefon und Moskitonetz. Naturwanderungen im Lodge-Gebiet und Game Drives im Nationalpark. Bungalow 1360 N$.

Etosha Aoba Lodge: P.O. Box 469, Tsumeb, Tel. 067/22 91 00, www.etosha-aoba-lodge.com. Mehrfach ausgezeichnete Lodge in der Nähe des Osteingangs zum Nationalpark. Privates Naturreservat. Zehn sehr komfortable, strohgedeckte Bungalows, Pool. Bungalow 1360 N$.

Rustig Toko Lodge: P.O. Box 25, Kamanjab, an der C35/D2695, Tel. 067/33 02 50, www.natron.net/rustig. Landschaftlich traumhaft an einem Berghang gebaute Farm am südwestlichsten Zipfel des Etosha-Nationalparks. Sechs Doppelzimmer, Pool, Farmrundfahrten, lizenziert für das Westtor des Nationalparks. Ausflüge zu den Himba, ins Kaokoveld und an die Epupa-Fälle. Sehr familiär. DZ/HP 1160 N$.

Kavita Lion Lodge: P.O. Box 118, Kamanjab, Anfahrt über die C35/D2763, Tel. 067/33 02 24, www.kavitalion.com. Am Südwestrand des Nationalparks gelegene Gästefarm. Hütten im Landesstil, Pirschfahrten, Naturwanderungen auf dem Farmgelände. Heimat der Afri-Leo-Stiftung, die von den ›Hausherren‹ Tami und Uwe Toth mit großem Engagement betrieben wird. Ausflüge zu den Himba, den Epupa-Fällen ins Damaraland und ins Kaokoveld. Lizenziert für den Westteil des Nationalparks. Chalet 1120 N$.

Mokuti Lodge: P.O. Box 403, Tsumeb, Tel. 067/22 90 84, www.mokuti.namib.com. Eine der ersten Lodges in Parknähe, in der Nähe des Lindquist Gate. 1998 gründlich modernisiert. Haus mit 4-Sterne-Komfort, für eine Lodge im eigentlichen Sinn mit über 100 Zimmern aber viel zu groß. Fahrten in die Etosha, Reitausflüge, afrikanische Tänze und Musik, Pool. DZ 1050 N$.

Ein weiteres Camp in Planung

Da der Besucheransturm auf den Etosha National Park ständig wächst, überlegt man seit längerer Zeit, im noch gesperrten Westteil ein weiteres Camp der Namibia Wildlife Resorts zu errichten. Entstehen soll das neue Rastlager in Otjivasondo. Ein Zeitplan dazu war bei Drucklegung noch nicht bekannt.

KAOKOVELD UND SKELETON COAST NATIONAL PARK

Es gibt in Namibia viele recht wilde und menschenfeindliche Regionen, doch das Kaokoveld stellt sie fast alle in den Schatten. Das Territorium ist sehr bergig. Die höchste Erhebung ist der Baynes Mountain mit seinen 2039 m unweit der Epupa-Fälle, während der Rest des Kaokovelds zwischen 600 und 1200 m über dem Meer liegt.

Kaokoveld

Atlas: S. 232, B–C2
Mit seiner Fläche von 49 000 km^2 ist das Kaokoveld, bis 1962 Kaokoland, fast so groß wie die Schweiz. Nur 17 000 Menschen leben auf diesem rauen Stück Natur. Etwa 7000 von ihnen sind Himba. Heute gehört das Kaokoveld zur Region Kunene, deren Verwaltungssitz in Opuwo angesiedelt ist.

Die Infrastruktur ist rudimentär, das heißt, eigentlich gibt es kaum etwas, das diesen Namen verdienen würde. Bis auf wenige Ausnahmen verlangen die Pisten und Wege zumindest nach Allrad und oft auch nach einem Allrad-erfahrenen Fahrer. Aus diesem Grund sind das Kaokoveld und der Landstrich am Kunene touristisch bisher kaum erschlossen. Das hindert aber viele Veranstalter und Outdoor-Fans nicht daran, sich mit schweren Geländewagen durch die tiefen Sandpads zu graben. So lange das in Übereinstimmung mit einigen Grundregeln passiert, ist es sicher von der Natur und den Menschen in der Region zu verkraften. Zieht aber der zehnte Geländewagen die achte Spur neben sieben andere, ist das auf die Dauer ebenso ungesund für die Landschaft wie die ständigen Störungen für die seltenen Wüstenelefanten. Es gibt eine Art **Wildnis-Kodex** für Fahrten im Kaokoveld, den sich jeder Tourist, auch aus Gründen der eigenen Sicherheit, zu Herzen nehmen sollte: 1. Niemals in einem trockenen Revier übernachten. In der Regenzeit kann der Fluss in wenigen Augenblicken zu einem reißenden Strom werden, der alles fortschwemmt. Ebenfalls niemals dort campieren, wo sichtbar ein Wildpfad verläuft. Eine Herde Elefanten geht ihren angestammten Pfad und nimmt keine Rücksicht auf das, was im Weg steht. 2. Niemals an Wasserstellen oder Wasserläufen campieren, mindestens 1 km Abstand halten. Sonst trauen sich die Tiere nicht ans lebensnotwendige Nass und müssen im schlimmsten Fall elend verdursten. Außerdem dieses

Wasser nie zum Waschen verwenden. Dafür ist es zu kostbar. 3. Nur abgestorbenes Holz für Lagerfeuer sammeln. Es dauert im Wüstenklima Jahrzehnte, ehe ein Baum oder Busch herangewachsen ist. 4. Respekt vor den Bräuchen und Traditionen der Wüstennomaden, der Himba, zeigen. Das bedeutet auch und vor allem, vor dem Fotografieren um Erlaubnis zu fragen. Dazu muss man nicht ihre Sprache beherrschen, das geht auch mit Händen und Füßen.

Trotz der harten klimatischen Verhältnisse ist das Kaokoveld nicht tot. Es gibt Mopane-Savannen, eine Baumart, die Elefanten besonders gut schmeckt. In den trockenen Flussbetten findet man Tamarisken, die sich mit Gras-Savannen abwechseln. Deutlich anders und grüner sieht die Vegetation am Kunene und besonders an den Epupa-Fällen aus. Hier wachsen sogar Palmen.

Auch die Tierwelt ist nicht so eintönig, wie man vermuten würde. Es gibt Springböcke, Kudus und Zebras, Spitzmaulnashörner und die berühmten Wüstenelefanten. An der Population dieser Dickhäuter zeigt sich am deutlichsten, wie stark der Wildbestand durch Wilderei und den jahrzehntelangen Krieg dezimiert wurde. Man geht davon aus, dass vor 100 Jahren noch rund 3000 Wüstenelefanten im Kaokoveld unterwegs waren. Jetzt sind es nicht einmal mehr 100. Übrigens sind Wüstenelefanten keine

Piste durch das Kaokoland

besondere Spezies. Es sind einfach Afrikanische Elefanten, die sich über viele Generationen an die Lebensbedingungen in der Wüste adaptiert haben.

Regen fällt, wenn überhaupt, nur zwischen Januar und April. In normalen Jahren sind das zwischen 30 und 150 mm. Im Osten können es auch einmal, wenn die Bewohner großes Glück haben, 350 mm werden. Da der wenige Regen oft in Form kräftiger Gewittergüssen fällt, können die aus den Bergen kommenden Reviere abkommen. Doch der Spuk ist fast immer in wenigen Stunden vorbei. Im Südsommer kann es tagelang über 35 Grad heiß werden. Im Südwinter tritt in den Bergen sogar Frost auf.

Unterwegs im Kaokoveld

Die Zahl der Sehenswürdigkeiten im Kaokoveld hält sich in Grenzen. Wer hier unterwegs ist, für den ist der Weg das Ziel. Einige Punkte gibt es aber, die man in seine Route einbauen sollte. Allen voran die **Epupa Falls,** die spektakulären Wasserfälle des Kunene direkt an der angolanischen Grenze. Auf der C43 (auch als D3700 ausgeschildert) sind es von Opuwo rund 180 km. Die letzte Tankmöglichkeit in Opuwo muss man unbedingt nutzen, ehe es weiter nach Norden geht. Die Schönheit der Epupa-Fälle kennt wenig Vergleichba-

STOLZE FRAUEN UND ROTE FARBE

Es ist heiß. Die Luft scheint über der Trockensavanne zu kochen. Hier im Norden, wo kein Missionar jemals seinen Fuß hingesetzt hat und wo selbst die deutschen Kolonialherren außen vor blieben, lebt eines der letzten traditionellen Hirtenvölker Afrikas, die Himba. Seit die Himba Mitte des 19. Jh. vor den ständigen Angriffen der Nama ins Kaokoveld und an das Ufer des Kunene zogen, blieben sie bis fast in die Gegenwart von den Einflüssen der westlichen Zivilisation verschont. In dieser extrem lebensfeindlichen Umgebung sind die Nomaden heimisch geworden. So mancher Kral in der Umgebung von Opuwo zeugt davon, dass zumindest der weibliche Teil der Nomaden oft sesshaft geworden ist. Doch die Männer ziehen noch immer mit ihren riesigen Rinder- und Ziegenherden auf der Suche nach Weideplätzen durchs Land. Eine Suche, die immer längere Wege erfordert, denn dort, wo die Rinderherden vor Jahrzehnten reichlich Futter fanden, steht kaum noch ein Grashalm. Das Kaokoveld ist in weiten Teilen völlig überweidet. Da der Besitz von möglichst vielen Rindern das Prestige des Mannes bestimmt, gibt es kein zurück. Die Herden werden ständig größer, und oft sind die Männer viele Monate fern von ihren Familien unterwegs.

Aber wenn die Frauen jetzt auch mit der großen Kinderschar im angestammten Kral bleiben, sind sie trotzdem fest in den alten Traditionen verwurzelt. Ihre Krale werden gebaut wie vor Hunderten von Jahren. Sie tragen außer dem Lendenschurz nur zahlreiche prächtige Schmuckgegenstände, und verheiratete Frauen erkennt man weiterhin daran, dass sie die eigenen Haare mit den Haaren ihrer jüngeren Brüder verlängern. Kleine Jungs tragen einen bis auf den Mittelstreifen kahl geschorenen Schädel. Das wichtigste Merkmal der Himba-Frauen ist jedoch ihre rötliche Farbe. Aus einem Gemisch von Roteisenstein, Fett und Kräutern bereiten sie eine Creme, mit der sie regelmäßig ihren ganzen Körper einreiben. Eine tolle Mixtur gegen die brennende Sonne und zu großen Flüssigkeitsverlust wie auch gegen die Kälte der Nacht.

Das heilige Feuer im Kral darf nie verlöschen, denn es gilt nicht zuletzt als Verbindung zu den Ahnen, die am Leben ihrer Nachkommen teilhaben sollen.

Ethnologen machen sich Sorgen um die Zukunft der Himba. In den Jahren des Krieges zwischen Angola und Südafrika wurden sie erstmals aus ihrer Isolation gerissen. Dabei waren die Einflüsse der südafrikanischen Armee wahrlich nicht die besten. Seitdem Ruhe eingezogen ist in der Grenzregion, sind es immer mehr Touristen, die, oft begleitet von schwarzen oder weißen Führern, den Weg zu den Himba-Krals suchen. Auch darin besteht sicherlich eine Gefahr für die Verwässerung der Himba-Traditionen. Doch manchmal ist es auch eine Chance. Jürgen Göthje zum Beispiel, der Seniorchef der Rustig Toko Lodge (s. S. 150), kommt seit vielen Jahren regelmäßig mit Gästen zu einem der Krals. Man merkt es schnell, er gehört fast zur Familie. Schon bald nach der Begrüßung geht das Leben im Kral wieder seinen gewohnten Gang. Doch die Begrüßung ist herzlich, denn das, was Jürgen Göthje an Gastgeschenken mitbringt, wird immer sehnsüchtig erwartet. 40 Liter kristallklares Wasser. Davon können die Himba an ihren schlammigen Quellen nur träumen. Zwei Säcke Maismehl, Rasierklingen, die die Frauen für ihre Schönheit brauchen, und Vaseline. Die ersetzt das Rinderfett in der roten Farbe. Gut, ein paar Süßigkeiten für die Kinder bringt er auch mit. Ohne seine Gastgeschenke, die natürlich von seinen mitfahrenden Gästen finanziert werden, müssten die Frauen und Kinder an so manchen Tagen hungern.

Wie Jürgen Göthje achten viele Führer ins Himbaland darauf, dass Nützliches und Lebenswichtiges mit in den Kral gebracht wird. Leider nicht alle. Dass die Frauen sich am Ende mit einem Tanz bei den Besuchern bedanken und die Touristen mit manch guten, nicht gekünstelten Schnappschüssen zurückfahren, wird den Zerfall der Himba-Kultur ebenso wenig beschleunigen wie das gemeinsame Lachen und der Spaß im Kral.

Viel gefährlicher sind da die Pläne für einen Staudamm und ein Wasserkraftwerk unweit der Epupa-Fälle am Kunene. Durch dieses Projekt würden riesige Weideflächen überschwemmt, die die Himba seit 150 Jahren für ihre Rinder nutzen. Ihre Lebensgrundlage wäre zerstört.

Himba-Frau in ihrer Hütte

res. Obwohl das Wasser nur 40 m in die Tiefe stürzt, gehört er zu den eindrucksvollsten Fällen der südlichen Hemisphäre.

Bevor man zu den Fällen kommt, passiert man auf der D3700/C43 **Omuhonga.** Dort wurde speziell für fotografierende Besucher ein traditioneller Himba-Kral angelegt. Besichtigen, Fotografieren und Filmen sind erlaubt und sogar erwünscht.

Die Regionalhauptstadt **Opuwo** streift man auf vielen Routen zwangsläufig. Der Ort ist recht trostlos, doch es gibt einen Supermarkt, viele Händler, eine Tankstelle und einen Campingplatz für die Nacht. Westlich von Opuwo sind einige **Himba-Familien** relativ sesshaft geworden. Zumindest die Frauen bleiben im Kral an der selben Stelle, während die Männer mit ihren Rinderherden auf der Suche nach Weiden monatelang unterwegs sind.

Ein weiteres Muss ist die **Khowarib Gorge.** Hier können Fahrzeug und Fahrer zeigen, was in ihnen steckt. Die Fahrt durch die rund 23 km lange Schlucht kann, wenn Sand- und Staubstürme ihr Übriges tun, zu einer Herausforderung werden. Wie überall im Kaokoveld heißt es, immer reichlich Sprit und noch reichlicher Wasser an Bord zu haben. Die Khowarib-Schlucht sollte man mit mindestens zwei Fahr-

zeugen befahren. An der Einfahrt zur Schlucht entstand vor einigen Jahren im Rahmen des Community Based Tourism das **Anmire Traditional Village,** in dem Besucher in das Alltagsleben der Damara eintauchen können.

Unweit des Dorfes liegt das ebenfalls zum Community Tourism gehörende **Khowarib Rest Camp.** Von dort kann man dann am frühen Morgen sein Schluchtenabenteuer starten. Man kann aber auch zu Fuß oder hoch auf dem Rücken eines Kamels auf Safari gehen. Zum Camp gehören Zelte, Hütten und Stellplätze.

Einige Kilometer nördlich von Khowarib an der C43 liegt **Warmquell.** Der Name ist Programm. In Europa wäre bereits lange ein Kurort entstanden, im Kaokoveld bleibt es bei einigen wenigen ärmlichen Hütten aus Lehm oder Wellblech. Etwas für die Gesundheit kann man aber tun. Ein natürlicher Pool lädt zu einem entspannenden Bad in der Thermalquelle im Flussbett des Hoanib ein. Da man sonst mit Wasser in der Region sehr sparsam umgehen soll, ein wahrer Genuss. Dem kann man dann wenige Kilometer weiter am **Ongongo-Fall** Teil 2 der Wasserspäße folgen lassen. Der Wasserfall ist niedrig und bescheiden, aber der glasklare, kleine See, den er bildet, ist die pure Erfrischung. Seife ist natürlich tabu.

Der Start ins Kaokoveld erfolgt in vielen Fällen an der **Palmwag Lodge** (s. S. 158). Es besteht aber auch die Möglichkeit, den schnellen Weg auf der C35 und der C41 nach Norden zu nehmen, um dann über Opuwo zu den Epupa-Fällen zu fahren und das Kaokoveld vom Norden ›aufzurollen‹.

Epupa Camp: P.O. Box 26078, Windhoek, Tel. 061/23 37 40, info@epupa.com.na. Luxuriöses Zeltcamp unweit der Epupa-Fälle direkt am Kunene. Möglichkeit zum Besuch eines Himba-Dorfes. Luxuszelt 2200 N$.
Omarunga Camp: P.O. Box 1349, Otjiwarongo, Tel. 067/30 47 32, www.natron.net/tour/omarunga-camp. Hübsches Zeltcamp einige Kilometer östlich der Epupa-Fälle am Kunene. Gute Alternative zum Epupa Camp. Geländewagentouren, Schlauchbootfahrten auf dem Kunene. Zelt 920 N$.

Fort Sesfontein in der Wüste

Fort Sesfontein Lodge & Safaris: P.O. Box 4896, Windhoek, Tel. 065/27 55 34, www.natron.net/tour/sesfontein. Lodge im alten deutschen Fort von 1896. Komfortable Räume im Fort, Restaurant, Organisation von mehrtägigen Safaris im Geländewagen. Selbstfahrer können Führer mitnehmen. DZ/HP 1130 N$.

Palmwag Lodge: P.O. Box 339, Swakopmund, Tel. 064/404 45 69, www.das.com.na. Beliebter Ausgangspunkt für Touren ins Kaokoveld. Komfortable, reetgedeckte Hütten und Bungalows, Stellplätze, Pool unter Palmen. Die Lodge organisiert mehrtägige Safaris im Kaokoveld und an den Kunene sowie auf den Spuren der Wüstenelefanten und Nashörner. Tankstelle. Bungalow 1100 N$.

Damaraland Camp: P.O. Box 6850, Windhoek, Tel. 061/22 51 78, Damaraland@africasafaris.info. Komfortables Zeltcamp vor der Abfahrt nach Palmwag, wildromantische Umgebung, neun bequeme Zelte. Ökologie steht hoch im Kurs. Zelt 650 N$.

Campingmöglichkeiten gibt es unter anderem in der **Epupa Campsite** nahe den Wasserfällen, der von den Himba betrieben wird; am **Serra Cafema Camp** an der angolanischen Grenze in den Hartmannbergen; im Marienfluss-Tal nördlich von **Otjinungwa** ein kleiner Campingplatz; den die Bewohnern von **Purros** betrieben, mit örtlichen Führern zu den Wüstenelefanten; und die **Ongongos Camp Site.**

Skeleton Coast National Park

Atlas: S. 232, A1 – 236, A2

Es muss unterschieden werden zwischen der Bezeichnung Skelettküste, die die gesamte Küstenlinie Namibias einschließt, und dem Skeleton Coast National Park (s. S. 159). Der Nationalpark umfasst den nördlichen Teil der Küstenregion zwischen Kunene River und angolanischer Grenze. Er wurde 1967 zum Nationalpark erklärt.

Schiffstragödien an der namibischen Küste, besonders begünstigt durch den dichten Nebel, den der Bengualstrom an vielen Tagen des Jahres erzeugt, und die zahlreichen Klippen in tosender Brandung, gaben der Küste ihren Namen. Ob er sich auf die Schiffswracks oder die menschlichen Skelette bezieht, bleibt offen. Nur einige der zahlreichen Schiffswracks können mit dem Allrad besichtigt werden. Zu anderen gibt es nur den Weg durch die Luft.

Nach den großen Diamantfunden südlich von Lüderitz versuchten Schatzgräber ihr Glück auch im Norden. Bei **Toscanini** und **Terrace Bay** sind noch letzte Zeugnisse dieser erfolglosen Schürfversuche zu sehen. Mit einem speziellen Permit und in Begleitung eines Führers gibt es die Möglichkeit, den **Canyon des Hoarusib** und die **Singenden Dünen** zu besuchen.

Die Unterkünfte und Stellplätze im Park sind über Namibia Wildlife Resorts in Windhoek zu buchen (s. S. 219).

Terrace Bay Camp: ganzjährig geöffnet, einfache Unterkünfte, Restaurant, Laden und Tankstelle. DZ 150 N$.

Torra Bay: ganzjährig geöffneter Campingplatz. Die Service-Einrichtungen sind jedoch nur während der namibischen Schulferien im Dezember geöffnet. Einzige Möglichkeit zum Campen im Skeleton Coast Park.

ERTRINKEN ODER VERDURSTEN

Nicht nur der Skeleton Coast National Park berichtet über traurige Schicksale von Seeleuten, sondern die gesamte Küste Namibias trägt den schauerlichen Namen ›Skelettküste‹. Nun kann man spekulieren, ob diese Bezeichnung von den menschlichen Überresten herrührt, die man hier immer wieder gefunden hat, oder von den zahllosen Schiffswracks, die bis zum Skelett verwittert an der Küste liegen.

Touristisch interessant ist heute natürlich besonders der Skeleton Coast National Park, der sich auf einer Fläche von rund 16 000 km^2 vom Ugab River im Süden bis zum Kunene im Norden erstreckt. Dabei gehört nicht nur die Küste zum Park, sondern auch ein 30 bis 40 km breiter, vorgelagerter Wüstenabschnitt. Eine wahre Todeszone. Die schweren Nebelbänke, die der kühle Bengualstrom über den Atlantik schickt, und die oft unkalkulierbare, schwere Dünung und Riffe ließen über die Jahrhunderte manches Schiff auf Grund laufen oder gar zerschellen. In den Jahren, wo es noch keine Funkverbindungen gab, war das für die Besatzungsmitglieder ein sicheres Todesurteil. Die Frage war nur, im Meer ertrinken oder in der Wüste verdursten? Später dann, als Schiffbrüchige über Funk um Hilfe rufen konnten, erhöhte das ihre Chancen. Wie kompliziert und gefährlich Rettungsaktionen abliefen, zeigt die Geschichte der ›Duendin Star‹, die am 29. November 1942 40 km südlich von der Kunene-Mündung auf ein Riff lief. Es entwickelte sich ein Rettungsdrama mit Flugzeugen, zu Hilfe eilenden Schiffen und Fahrzeugkonvois, das spannender kein Drehbuchautor Hollywoods hätte erfinden können, und es verwundert, dass die Traumfilmfabrik noch keinen Thriller daraus gemacht hat. Das Dramas war erst im Januar zu Ende. Nach vielen Wochen war es gelungen, fast alle der 106 an Bord des Schiffes befindlichen Menschen und auch die Mitglieder der Rettungsmannschaften zurück nach Swakopmund zu bringen. Ein wahrer Krimi, über den man vor Ort vieles mehr erfahren kann.

Mit dem privaten Pkw darf man nur bis Terrace Bay fahren, die Permits dafür erhält man in Windhoek (s. S. 219) oder auch an den Zufahrten Ugabmund im Süden bzw. Springbockwater an der C39. Übernachtungsgäste brauchen zusätzlich eine gültige Reservierung für Terrace Bay oder Torra Bay und müssen die Eingangstore spätestens 15 Uhr (Ugabmund) bzw. 17 Uhr passieren. Seit einigen Jahren gibt es die Möglichkeit, mit einer besonderen Genehmigung bis Seal Beach, das liegt ca. 14 km nördlich von Terrace Bay, zu fahren. Dort ist aber endgültig Schluss, weiter nördlich geht es nur mit einer Flugsafari.

Der Park ist ganzjährig geöffnet. Von November bis Mai bestehen größere Chancen, nebelfreie Tage zu erwischen. In den Monaten des Südwinters bilden sich am Nachmittag oft dicke Nebelschwaden, die sich, und das auch nur wenn man Glück hat, erst am nächsten Vormittag verziehen. Dann bleiben die Eindrücke von der Skelettküste im wahrsten Sinne des Wortes nebelhaft. Übrigens, und das sollte man einkalkulieren: In den Skeleton Coast National Park geht es nur im Allrad.

Kaiserliches
Postamt
31
STF
OFFICE HOURS
MON - THURS

Der Süden

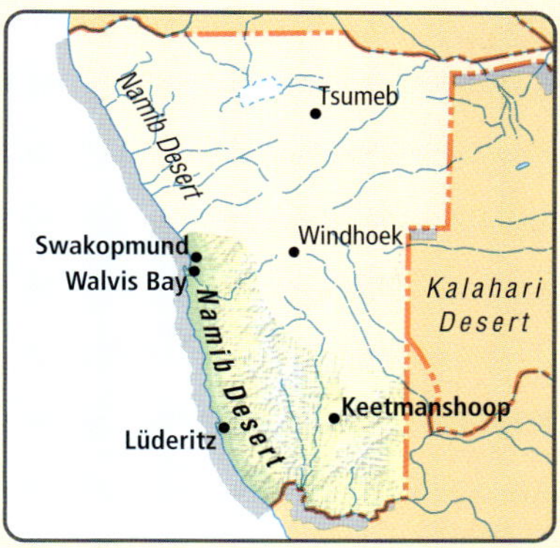

Früheres Postamt in Keetmanshoop

Namibia-Atlas S. 236–239

SWAKOPMUND UND WALVIS BAY

Der Kühlschrank am Atlantik, so nennen die Namibier ihre zweitwichtigste Stadt. Swakopmund hat sich zu einem Ziel für Touristen aus aller Welt entwickelt. Die Stadt selbst fasziniert mit ihrem kolonialen Flair. Die Ziele in der Umgebung vom Cape Cross im Norden bis zum Sossusvlei im Süden bieten kontrastreiche Erlebnisse am Rande des Ozeans.

Swakopmund

Atlas: S. 236, A2
Wer vor 20 Jahren nach Swakopmund kam, war, je nach der inneren Einstellung, begeistert oder abgestoßen vom bedingungslosen Konservativismus der weißen Swakopmunder, die mehr als anderswo im Land in ihrem Denken und Handeln im Geist des deutschen Kolonialismus stehen geblieben zu sein schienen. Zwar war Swakopmund zu dieser Zeit schon das beliebteste Seebad der weißen Namibier, doch es fehlte so ziemlich alles, was die eigentliche Leichtigkeit afrikanischen Lebens ausmacht.

Heute sieht das anders aus. Es sind nicht nur die traditionellen Straßennamen, die der neuen Zeit Platz machen mussten, sondern es ist fast ein mediterranes Flair, das durch die historischen Straßen weht. Swakopmund ist ein einzigartiger Spagat gelungen. Alte ›deutsche Tugenden‹ wie Ordnung und Sauberkeit sind geblieben und haben sich mit dem bunten Treiben afrikanischer Städte vermischt. Menschen aller Hautfarben flanieren durch die mit viel Liebe restaurierten Straßen des Zentrums. Im Café Treff treffen sich noch immer Einheimische und Gäste gleichermaßen, doch sitzt heute die schwarze Business-Frau neben dem weißen Touristen aus Europa. Vor Jahren undenkbar. Neue Einkaufszentren wurden eröffnet. Kleine Läden und Boutiquen warten ebenso auf Kunden wie Restaurants und Hotels aller Preisklassen. Touristische Anziehungspunkte wie die Crystal Gallery und das Aquarium sind neu entstanden, anderes Sehenswertes wird gepflegt und erhalten.

Die Bedeutung der Stadt als Ferien- und Touristenzentrum steigt ständig. Kein Wunder. Wenn im Landesinneren die Temperaturen in Richtung der 40-Grad-Marke klettern, bleibt es in Swakopmund, dem Bengualstrom sei Dank, kühl und angenehm. Wer es sich leisten kann, vom Büroangestellten bis zum Präsidenten, entflieht der Hitze ans Meer. Sogar ein Golfplatz steht für Leute mit dem nötigen Kleingeld in der Wüste.

Der Bauboom, der rund um Swakopmund tobt, ist einzigartig in der Geschichte Namibias. Leider bleibt bis heute die Tatsache, dass die schwarze Bevölkerung von all dem als letzte und am wenigsten profitiert. Daran haben 14 Jahre Präsidentschaft von Sam Nujoma nichts geändert. Mittlerweile hat die Stadt rund 30 000 Einwohner. Davon leben fast zwei Drittel in Mondesa, der schwarzen Vorstadt, die, wie in Katutura, von der südafrikanischen Verwaltung im Rahmen der Apartheid geschaffen wurde, um die Schwarzen aus dem Zentrum zu vertreiben.

Neben dem Fremdenverkehr sind es die Salzgewinnung, der Abbau von Guano und natürlich die seit 1970 Uran fördernde Rössing-Mine, die Swakopmunds Bedeutung für die Wirtschaft des Landes untermauern.

Geschichte

Es ist verbrieft, dass bereits 1793 holländische Seefahrer für kurze Zeit in der Mündung des Swakop vor Anker lagen. Danach dauerte es fast 70 Jahre, bis die nächsten Eroberer kamen. Am 14. August 1862 hisste der Kapitän des deutschen Kanonenbootes ›Wolf‹ an der Mündung des Swakop die deutsche Fahne. Damit galt das Land als in Besitz genommen. Danach vergingen erneut 30 Jahre, bis im August 1892 das nächste deutsche Kanonenboot, die ›Hyäne‹, vor der Küste kreuzte und 40 Siedler in Begleitung von 120 Soldaten der Schutztruppe an Land setzte. Für die deutsche Kolonialmacht war die Bucht am Swakop lebensnotwendig. Der viel günstigere Naturhafen Walvis Bay nur 30 km südlich war von den Briten besetzt. Swakopmund wurde also zur Versorgung der Kolonie dringend gebraucht. Da das Wasser in der Bucht sehr flach ist, mussten die Schiffe weit vor der Küste vor Anker gehen und die Fracht und die Passagiere wurden mit kleinen Brandungsbooten an Land gebracht. Eine recht gefährliche Angelegenheit, die nicht nur einmal schief ging.

Die Hamburger Reederei Woermann betrieb einen regelmäßigen Schiffsverkehr zwischen dem Mutterland und der Kolonie. Alles was gebraucht wurde, vom Bettbezug bis zur Dampflok, kam auf dem Seeweg. Allein in den Jahren des Herero-Aufstandes wurden 15 000 Soldaten und 11 000 Pferde angelandet. Erst 1905 wurde ein 325 m langer Landungssteg fertig gestellt. Nun konnte man Fracht und Passagiere in einem geschlossenen Korb auf den Landungssteg hieven. Ein Exemplar dieses eigenwilligen Beförderungsmittels ist im Museum zu sehen. Die Holzbrücke wurde später durch eine Eisenkonstruktion ersetzt.

Die Rolle der Stadt wuchs und damit auch ihre Einwohnerzahl. 1905 lebten bereits 1400 Weiße in der Stadt. In schneller Folge wurden wichtige Gebäude wie Bahnhof, Bezirksgericht und Lazarett errichtet. Swakopmund war das wichtigste Handelszentrum von Deutsch Südwest. Nach der Kapitulation der deutschen Truppen vor der südafrikanischen Union im Jahre 1915 schlossen die Südafrikaner den Hafen von Swakopmund. Ihnen stand der deutlich günstigere in Walvis Bay zur Verfügung. In der Folge bauten sie Wal-

Sehenswürdigkeiten

1 Woermannhaus mit Damara-Turm
2 Jetty
3 Leuchttum
4 Kaiserliches Bezirksgericht
5 Marinedenkmal
6 Museum
7 Mole
8 Altes Amtsgericht
9 Crystal Gallery
10 Bahnhof/Swakopmund Hotel
11 OMEG-Haus
12 Otavi-Bahnhof
13 Hohenzollernhaus
14 Prinzessin Rupprecht Heim
15 Alte Kaserne
16 National Marine Aquarium

Übernachten

17 Hansa Hotel
18 Hotel Europa Hof
19 Hotel Eberwein
20 Hotel-Pension Adler
21 Strand Hotel
22 Hotel Schweizerhaus
23 The Secret Garden Guesthouse
24 Hotel Pension Rapmund

Essen und Trinken

25 Swakopmund Brauhaus
26 Café Anton
27 Erich's Restaurant
28 Kücki's Pub
29 Zur Weinmaus

vis Bay zu einem modernen Hochsee- und Fischereihafen aus. Swakopmund fiel in eine Art Dornröschenschlaf.

Das hatte aber auch sein Gutes. Heute profitiert die Stadt in großem Maße davon, dass, fern der Einwicklung im benachbarten Walvis Bay, ihr historisches Zentrum in einmaliger Komplexität erhalten geblieben ist. So mancher in Walvis Bay, besonders die Touristiker, schauen etwas neidisch zum nördlichen Nachbarn.

Vom Woermannhaus zum Marinedenkmal

Ähnlich wie in Windhoek kann man bei einem Bummel durchs historische Zentrum problemlos auf sein Auto verzichten. Auf den meisten Seitenstraßen zur Sam Nujoma Ave. findet man ausreichend Parkplätze. Die Straßenkriminalität in Swakopmund ist deutlich niedriger als in der Hauptstadt. Wenn man einem der lizenzierten Parkwächter für ein paar Namibia-Dollar sein Fahrzeug in Obhut gibt, kann man beruhigt auf Tour gehen. Schnell merkt man, dass das Straßennetz nach einer festen Ordnung angelegt wurde. Die alten deutschen Straßennamen sind in den letzten Jahren nun doch fast vollständig verschwunden. Die Swakopmunder hatten bereits gedacht und gehofft, dieser Kelch würde an ihnen vorüber gehen. Aus der Kaiser-Wilhelm-Str. wurde die Sam Nujoma Ave. Soweit ist das noch kein Problem. Doch Namen wie Nathaniel Maxuilili St. für Breite Str. oder Libertine Amathila Ave. für Brückenstr. sind für europäische Zungen schon recht kompliziert. Dass ein

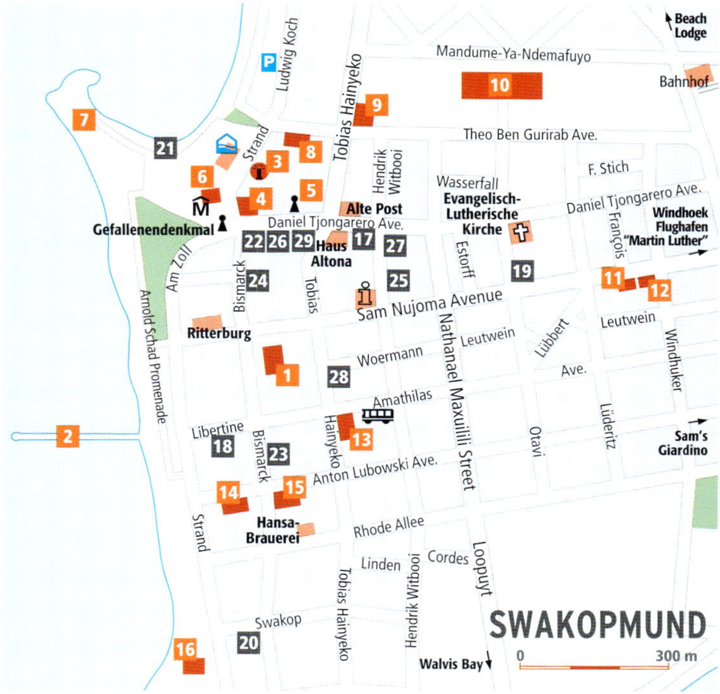

großer Teil des Informationsmaterials noch immer mit den alten Straßennamen arbeitet, macht die Sache nicht leichter. Zum Glück sind einige Namen erhalten geblieben, überraschenderweise auch die Bismarckstraße. Damit hat man immer einen Orientierungspunkt. An der Sam Nujoma Ave. demonstrieren einige Hausbesitzer ihren Unmut über die neuen Namen und ihr Traditionsbewusstsein damit, dass sie an ihren Häusern im Obergeschoss extra große Schilder ›Kaiser-Wilhelm-Straße‹ aufmalen ließen.

Als perfekter Einstieg in einen Rundgang bietet sich das **Woermannhaus mit dem Damara-Turm** [1] an. Das Gebäude in der Bismarckstraße entstand 1904 und war Sitz der Hamburger Reederei Woermann. Seit 1884 zeichnete die Reederei für den Linienverkehr zwischen Kolonie und Mutterland verantwortlich. Vom Dach des Damara-Turms konnten die Angestellten der Firma schon frühzeitig über den Spiegeltelegraf mit den ankommenden Schiffen in Verbindung treten. Die prachtvolle Innenausstattung des

Woermannhauses beeindruckt bis heute. Die Stadtbibliothek und die Ausstellung des Kunstvereins haben hier ihr Domizil gefunden (Mo–Sa 10–12, Mo–Do 15–18 Uhr).

Wenn der **Turm** verschlossen ist, kann man den Schlüssel in der Bibliothek abholen. Es sind war keine Schiffe in der Ferne, die den Aufstieg lohnen, doch ein interessanter Blick über die Stadt bis hinaus auf die weite Dünenwelt der Namib.

Vom Woermannhaus kann man über die Sam Nujoma Ave., vorbei am Swakopmunder Büro von Namibia Wildlife Resorts, hinunter ans Meer bummeln. Links auf der Straße Am Zoll kommt man nach wenigen Metern zum **Jetty** [2]. So nennen die Einheimischen die unrühmlichen Überreste der einstmals geplanten 640 m langen Landungsbrücke aus Eisen und Stahl. 1911 begann man sie als Ersatz für den hölzernen Landungssteg zu bauen. Nach Kriegsausbruch wurden 1915 die Arbeiten unterbrochen und mit Schließung des Hafens ganz eingestellt. Der nie fertig gestellte Steg hat eine Länge von 262 m. Er war bei Spaziergängern ebenso beliebt wie bei Anglern. Seit vielen Jahren ist er wegen Baufälligkeit gesperrt und es lässt sich nicht voraussagen, ob er endgültig abgerissen oder wieder saniert werden wird. Ein Abriss wäre schade. Zurzeit taugt Jetty also nur als Vordergrundmotiv für Sonnenuntergangsfotos.

Am anderen Ende der Straße Am Zoll auf dem größeren Platz, den die Arnold Schad Promenade hinter dem Strandhotel bildet, sind einige Dutzend Verkäufer zu einem ansehnlichen **Kunstgewerbemarkt** vereint. Die Auswahl ist ähnlich wie in Windhoek. Die Preise auch.

Neben dem über dem Platz thronenden, 21 m hohen rot gestreiften **Leuchtturm** [3] steht das ehemalige **Kaiserliche Bezirksgericht** [4]. Es stammt aus dem Jahr 1902. Der hölzerne Turm wurde erst 1945 angebaut. Heute beherbergt der Komplex die Sommerresidenz Sam Nujomas. Nur ein paar Schritte entfernt wartet das Hotel Schweizer Haus mit seinem bekannten **Café Anton** (s. S. 175) auf Gäste. Auf dem Platz zwischen den Händlern steht das **Gefallenendenkmal** und neben dem ehemaligen Bezirksgericht das **Marinedenkmal** [5]. Dieses vom Berliner Bildhauer Wolff geschaffene Monument wurde 1908 zum Gedenken an die Gefallenen des Marine-Expeditionskorps während der Herero- und Namaaufstände 1904 bis 1807 errichtet.

Museum und Jetty

Vom Leuchtturm aus sieht man bereits das Hallenbad und das Gebäude des **Museums** [6]. Ohne Übertreibung kann man es als das beste Geschichtsmuseum im Land bezeichnen. Die 1951 gegründete Institution zeigt eine Reihe sehr interessanter Ausstellungsstücke aus der Geschichte der Stadt, so zum Beispiel die Kutsche des letzten deutschen Gouverneurs. Großen Raum nimmt eine umfangreiche

Luxusherberge im alten Bahnhof: Das Swakopmund Hotel

Swakopm

DEUTSCHE KÜCHE

Sanft streicht der heiße Wind über die weite Landschaft der Namibwüste. Nach Tagen des Nebels in Swakopmund eine willkommene Abwechslung. Die Terrasse der Lodge lädt zu einer nachmittäglichen Siesta ein. Es wartet Überraschendes. Der Tisch ist gedeckt und auf ihm tummelt sich Deutsches. Ungewöhnlich die Zusammenstellung, ungewöhnlich der Ort. Es ist der zweite Advent. Leckere Spitzkuchen mit Schokoladenglasur, so wie sie in der Pfefferkuchenstadt Pulsnitz den Backofen verlassen haben könnten, Stollen nach original Dresdner Rezept, Knackwürste aus dem Räucherofen wie beim Fleischer um die Ecke, und alles wird komplettiert durch einige Flaschen Hansa-Bräu nach dem Deutschen Reinheitsgebot. Auch das ist Namibia.

Der Kühlschrank im Allrad hat all dies bestens frisch gehalten, was nun in bunter Mischung als spätes Mittagessen geplant ist. Am frühen Morgen war die Abfahrt aus Swakopmund, und mitten in der Wüste denkt man gern schmunzelnd an Deutsches am Atlantik zurück. Es gibt ja viele deutsche Urlauber, die auf Reisen immer auf der Suche nach Bratwurst mit Sauerkraut und einem Hofbräuhaus sind. Das ist nicht die Reiseart, die Gunther Springer aus Berlin bevorzugt. »Doch wenn man hier für einige Wochen in der Wildnis unterwegs war, ist ein Besuch in Swakopmund wie ein kurzer Ausflug zurück nach Deutschland. Da kann man fern ab von Kudufleisch und amerikanisch angehauchtem ›Schwammbrot‹ mal wieder richtig deutsch schlemmen«, erzählt er lachend, während er sein erstes Stück Stollen des Jahres probiert. »Es ist schon ein eigenartiges Gefühl, am Rand der Wüste deutsches Weihnachtsgebäck auf dem Teller zu haben.« Doch es ist nicht zu übersehen, es schmeckt. Auch sein Freund greift kräftig zu. Selbst die eigenwillige Kombination schmälert den Appetit nicht.

Es sind in Swakopmund eben nicht nur die Deutsche Schule, der Deutsche Kindergarten, die Deutsche Apotheke oder die Deutsche Buchhandlung, die Erinnerungen an die Heimat aufkommen lassen. Auch kulinarisch kann sich der Gast aus dem fernen Europa wie zu Hause fühlen. In der Hansa Brauerei zum Beispiel führte zehn Jahre lang ein deutscher Braumeister das Zepter und auch jetzt, wo Christian Sydow nach Australien weitergezogen ist, bleibt Deutsch eine wichtige Sprache im Management und es wird weiter streng nach dem Deutschen Reinheitsgebot gebraut. Nicht anders sieht es in der Hansa Bäckerei aus. Nicht ohne Stolz führt Geschäftsführer Gilbert Rohde Besucher durch den modernen Backbetrieb mit über 50 Beschäftigen. »Bei uns wird noch richtiges Brot in den Ofen geschoben«, erzählt der Wuppertaler, der schon vor über 30 Jahren in Namibia ›hängen‹ geblieben ist. »Unsere Angebotspalette ist breit gefächert und es sind bei weitem nicht nur Deutschstämmige und Touristen, die das zu schätzen wissen.« 40 bis 50 Sorten Kleingebäck gehen ebenso über den Ladentisch wie Berliner Landbrot, das auch nach Südafrika exportiert wird, und die vielen Brötchensorten. »Renner im

Tortensortiment sind Schwarzwälder Kirsch, Quark-Sahne und, wenn auch nicht ganz so deutsch, Sachertorten.« In der Konditorei steht der Chef selbst am Backtisch. »Im Weihnachtsgeschäft sind Stollen, Spitzkuchen und Pfeffernüsse die begehrtesten Naschereien. Für diese Spezialitäten kommen die Gewürze und Zutaten ebenso aus Deutschland wie für das ganzjährige Sortiment«, sagt Rohda. »Nur das Mehl beziehen wir aus Windhoek von einem afrikanischen Großhändler.«

Das trifft auch auf die Gewürze zu, mit denen Manni Strzelecki seinen Würsten in der Prima Schlachterei, die er gemeinsam mit seinem Schwager führt, den Geschmack verleiht. »Die richtigen Gewürzmischungen und Räucheröfen nach deutscher Art, dann klappt es«, betont er. Zwar ist seine Familie schon länger in Namibia zuhause, trotzdem lernte er das Fleischerhandwerk in der alten Heimat, in der Fleischerei Melchior in Frankfurt. »Dann war ich bis 1990 in der Windhoeker Schlachterei Hartlieb, und nun sorgen wir hier schon seit über 10 Jahren für deutsche Wurst.« Wöchentlich 35 Schweine und fast 20 Rinder schlachtet Manni mit seinen Mitarbeitern. Die Namibier, egal ob schwarz oder weiß, essen gern und viel Fleisch. Die 30 Wurstsorten, die in seinem Ladengeschäft hängen und auch in vielen Supermärkten in Swakopmund, Walvis Bay und Windhoek verkauft werden, produziert er nach alten deutschen Rezepten, egal ob Knacker, Leber- oder Mettwurst, das sieht man, riecht man und schmeckt man.

Deutsche Ess- und Trinkkultur im Swakopmund Brauhaus

Mineraliensammlung ein. Haushaltsgeräte und Schnitzereien vermitteln einen Eindruck von der Lebensweise der schwarzen Bewohner der Region, und ein spezieller Raum berichtet über die Arbeit der Rössing-Mine. Das Interessanteste im Museum sind die großen Dioramen, die das Leben in der Wüste und am Atlantik lebendig darstellen (Tel. 064/40 20 46, tgl. 10–13 und 14–17 Uhr).

Direkt hinter dem Museum liegt die **Mole** 7. Sie wurde von 1899 bis 1903 zum Schutz des Hafenbeckens gebaut. Genau dort gründeten deutsche Schutztruppler 1892 Swakopmund. 1901 betraten auf ihr erste Passagiere das Land. Das Anlegen größerer Schiffe war unmöglich. Heute ist die kleine Bucht völlig versandet. Die Mole schützt den Palm Beach und die dort badenden Einheimischen und Touristen. Wenn Jetty schon gesperrt ist, so kommt man zumindest auf der Mole ein Stück aufs Meer hinaus. Der Bereich am Strand und entlang der Promenade ist von blühenden Sträuchern und Palmen umsäumt. Diese müssen regelmäßig bewässert werden. Vorsicht: wenn man sich andernorts bei warmen Temperaturen gern eine feuchte Brise aus den Beregnungsanlagen gefallen lässt, kann das in Swakopmund, zumindest geruchlich, fatale Folgen haben. Um Wasser zu sparen, bewässern die Swakopmunder ihre Grünanlagen mit Abwasser. Eine ökonomische Lösung, die aber, je nach Wetter und Wasser, Spaziergängern oft sehr deutlich in die Nase steigt. Aus diesem Grund sollte man sich den Rasensprengern fernhalten.

Theo Ben Gurirab Ave. und Sam Nujoma Ave.

Das **Alte Amtsgericht** 8 an der Ecke Theo Ben Gurirab Ave./Tobias Hainyeko St. gehört zu den meistfotografierten Gebäuden der Stadt. Das Häuschen mit seinen Türmchen und Giebeln sollte ursprünglich eine Schule werden. Doch auch 1908 reichte das Geld manchmal nicht und so wurde daraus nur das Alte Amtsgericht. Schräg gegenüber auf der anderen Kreuzungsseite steht als Gegensatz dazu ein supermodernes Haus, die **Crystal Gallery** 9. Hier kommen alle Liebhaber schöner Steine und seltener Mineralien voll auf ihre Kosten. Das größte Exponat des Museums ist ein über 14 t schwerer und mehrere Meter hoher, glitzernder Stein (Mo–Sa 9–17 Uhr).

Weiter auf der Theo Ben Gurirab Ave. erreicht man eines der schönsten Gebäude der Stadt, den 1901 gebauten **Bahnhof** 10 der Kaiserlichen Eisenbahn-Verwaltung. Seinen Turm verdankt er dem durch seine Burgen in Windhoek später recht bekannten Baumeister Wilhelm Sander. Der Bahnhof war die Endstation der Strecke Windhoek-Swakopmund. 1995 wurde der Gebäudekomplex völlig umgebaut. Vom historischen Bahnhof blieb nur die Fassade, innen sind ein Luxushotel (s. S. 172) sowie Galerien, Geschäfte und ein Casino eingezogen.

Auf dem Weg zurück zur Sam Nujoma Ave. findet man rings um die Kreuzung Otavi St./Daniel Tjongarero Ave. zahlreiche restaurierte Gebäude aus den Jahren vor dem Ersten Weltkrieg, zum Beispiel die **Deutsche Regie-**

rungsschule, die **Deutsche Evangelisch Lutherische Kirche** und das **Dr. Schwietering Haus.**

An der Sam Nujoma Ave. landwärts liegen **das OMEG-Haus** 11 und der **Otavi-Bahnhof** 12. Das Haus der Otavi Minen- und Eisenbahngesellschaft (OMEG) war ursprünglich ein Lagerhaus. Heute werden die Räumlichkeiten von Kunst- und Handwerksbetrieben genutzt. Der Bahnhof wurde 1906 für die eigene Bahn der OMEG gebaut. Der Betrieb der Staatsbahn war den Minenbesitzern zu unzuverlässig. Die Gesamtstrecke bis Tsumeb wurde 1906 in Betrieb genommen und war mit 567 km die längste Schmalspurbahn der Welt. Daran dürfte sich wahrscheinlich bis heute kaum etwas geändert haben. Sie brachte das Kupfererz der Otavi-Mine zum Weitertransport nach Deutschland zum Hafen. Auf dem Gelände des Bahnhofs besteht seit einiger Zeit ein kleiner Schlangenpark.

Vom Hohenzollernhaus zum Aquarium

Das schönste Haus der Stadt steht an der Ecke Tobias Hainyeko St./Libertine

Atlantikstrand in Swakopmund

Amathilas Ave. Das so genannte **Hohenzollernhaus** 13 mit seiner prächtigen, neobarocken Fassade ist ein Blickfang und ein tolles Fotomotiv. An der Kreuzung Bismarckstr./Anton Lubowski Ave. findet man das **Prinzessin Rupprecht Heim** 14. Das ehemalige Militärlazarett beherbergt jetzt ein Familienhotel. Einen Block weiter landwärts erinnert die **Alte Kaserne** 15 an die Kolonialzeit. Über Jahrzehnte wurde das Gebäude im Stile eines Forts als Schule genutzt, heute ist es ein Jugendheim.

Zu den neueren Attraktionen der Stadt gehört das **National Marine Aquarium** 16 an der Strandstraße ein paar Gehminuten südlich der Jetty (Tel. 064/40 57 44, Di–Sa 10–16 Uhr). Das 1994 eröffnete Meerwasseraquarium gestattet Nichttauchern einen Blick in die Unterwasserwelt. Durch das Wasserbecken führt ein Glastunnel, so dass man sich inmitten der Fische bewegt und selbst Haie aus nächster Nähe beobachten kann. Gefüttert wird gegen 15 Uhr.

Lokomobil ›Martin Luther‹

Ins Auto setzen muss man sich, will man Namibias **›Martin Luther‹** ansehen. Kurz vor der Stadtgrenze an der B2 stand das alte Lokomobil mit dem Spitznamen ›Martin Luther‹. Getreu dem Luther-Spruch ›Hier stehe ich, ich kann nicht anders‹ stand sie als Erinnerung an einen fehlgeschlagenen Modernisierungsversuch in der deutschen Kolonie fest auf ihrem Platz. Der Schutztruppenoffizier Edmund Troost hatte die fahrbare Dampfmaschine 1896 aus Deutschland kommen lassen, um den Transport nach Windhoek zu beschleunigen. Aber ihr Wasser- und Holzverbrauch war einfach viel zu hoch. In den letzten Jahrzehnten hatte der Zahn der Zeit mächtig am alten Eisen genagt. Der Schornstein war bereits abgefallen. Darum wurde ›Martin Luther‹ zur Restaurierung abgebaut. Wann das Lokomobil wieder aufgestellt werden soll, war zum Redaktionsschluss noch nicht bekannt.

Swakop Info Bureau: P.O. Box 829, Ecke Sam Nujoma Ave./Hendrik Witbooi St., Tel. 064/40 48 27, swainfo@iafrica.com.na. Freundlich und kompetent. Mo–Fr 8–13, 14–17, Sa 9–12 Uhr.

Swakopmund Hotel & Entertainment Centre 10**:** P.O. Box 616, Tel. 064/40 08 00, shec@iafrica.com.na. Das Luxushotel der Stadt im umgebauten alten Bahnhof. Perfektes Ambiente, Restaurant, 90 Zimmer, nur wenige Schritte bis ins Stadtzentrum. DZ 1480 N$.

Hansa Hotel 17**:** Hendrik Witbooi St., P.O. Box 44, Tel. 064/40 03 11, hansa@iafrica.com. Gepflegtes Haus mit dem Charme von gestern. Direkt in der Innenstadt, 50 komfortable Zimmer, beliebtes Restaurant. DZ 1195 N$.

Hotel Europa Hof 18**:** Bismarck St., P.O. Box 1333, Tel. 064/40 50 61, europa@iml-net.com.na. Gut geführtes Mittelklassehotels mit 40 Zimmern, Restaurant und freundlichem Service. DZ 780 N$.

Hotel Eberwein 19**:** Sam Nujoma Ave., P.O. Box 2594, Sam Nujoma Ave., Tel. 064/46 33 55, www.natron.net/tour/eberwein. Elegantes, 1999 eröffnetes Hotel hinter den Fassaden einer Jugendstilvilla Baujahr 1910, ehemals die Deutsche Schule, direkt im Zentrum, 17 elegante Zimmer. DZ 760 N$.

Sam's Giardino Hotel: 89 Anton Lubowski Ave., P.O. Box 1401, Tel. 064/40 32 10, www.giardino.com. Sehr modernes Hotel im Zentrum mit zehn luxuriösen Zimmern und hervorragendem Preis-Leistungs-Verhältnis. Küche mit schweizer- und italienischen Spezialitäten. Eigener Weinkeller. Gastfreundschaft unter schweizer Leitung. DZ 750 N$.

Hotel-Pension Adler 20**:** 3 Strand St., P.O. Box 1497, Tel. 064/40 50 45, adler @natron.net. Am südlichen Ortsrand in Strandnähe, Pool, private Atmosphäre. DZ 720 N$.

Strand Hotel 21**:** Beach Front, P.O. Box 20, Tel. 064/40 03 15, www.namibhotels.com.na/strandhotel. Von außen nicht gerade eine Schönheit, doch das einzige Hotel am Strand. 45 Zimmer. Alle Sehenswürdigkeiten sind in wenigen Minuten zu Fuß zu erreichen. Ausgezeichnetes Restaurant (s. S. 175). DZ 695 N$.

Hotel Schweizerhaus 22**:** 1 Bismarck Street, P.O. Box 445, Tel. 064/40 03 31, schweizerhaus@mweb.com.na. Traditionsreiches Haus mit 24 komfortablen Zimmern. Drei Minuten bis zum Strand und zum Museum. Das legendäre ›Café Anton‹ (s. S. 175) ist im selben Gebäudekomplex. DZ 580 N$.

Prinzessin Rupprecht Heim 14**:** Anton Lubowski Ave., P.O. Box 124, Tel. 064/40 22 31. 20 gemütliche Zimmer im historischen Gebäude des ehemaligen Lazaretts. Fünf Gehminuten ins Zentrum. DZ 580 N$.

Beach Lodge: Stin St. 1, Tel. 064/40 09 33, beachl@iafrica.com.na. Einzige B&B-Unterkunft direkt am Strand. 15 Zimmer mit Blick aufs Meer. 15 Gehminuten in die Stadt. Sicheres Parken, DZ 540 N$.

The Secret Garden Guesthouse 23**:** 36 Bismarck St., P.O. Box 2609, Tel. 064/40 40 37, www.natron.net/tour/secretgarden. Sieben modern eingerichtete Zimmer, nicht weit von Strand und Zentrum, Frühstücksraum, Lounge mit Kamin und Sat.-TV. DZ 450 N$.

Hotel Pension Rapmund 24**:** 6 Bismarck St., P.O. Box 425, Tel. 064/40 20 35. Angenehme Familienpension mit kurzem Weg zum Strand. 25 Zimmer, sehr großzügiges Frühstück und herzliche Gastlichkeit. DZ 345 N$.

Restcamp Sophia Dale: P.O. Box 2248, Tel. 064/40 32 64, www.sophiadale.com. An der B2 12 km vor der Stadt ausgeschildert. Preiswerte Bungalows und Campingplätze, oft außerhalb der Nebelzone, in der Nähe des Golfplatzes (s. S. 176). DZ 350 N$.

Karen's Attic: 36 Daniel Tjongarero St., Tel. 064/40 27 07. Gute Adresse für Backpackers. Jugendherbergsähnliche Unterkünfte. Preisgünstigstes Angebot in der Stadt. DZ 80 N$.

Peter's Antiques

Der wohl bekannteste Laden der Stadt und wirklich eine wahre Schatztruhe, in der man stundenlang stöbern kann, ist Peter's Antiques in der Tobias Hainyeko St. 24. Was der vor über 40 Jahren aus Bayern ausgewanderte Peter Haller hier zusammengetragen hat, ist verblüffend. Es reicht von einer großen Auswahl deutschsprachiger Bücher aus und über Namibia, die zum Teil von ihm selbst verlegt werden, über Handwerkskunst Schwarzafrikas bis hin zu vielen Antiquitäten aus der Kolonialzeit. Der in die Jahre gekommene Besitzer ist ein interessanter Gesprächspartner, der gern über seine Erfahrungen im Land erzählt.

DIE RÖSSING-MINE

Kaum irgendwo auf der Welt gibt es die Möglichkeit, eine Mine des Uranerzbergbaus zu besichtigen. In Namibia geht das. Alle zwei Wochen, immer am Freitag startet in Swakopmund eine Exkursion in den größten Uran-Tagebau der Welt, in die Rössing-Mine. Anmeldung ist unbedingt erforderlich (Museum Swakopmund, Tel. 064/40 20 46). Seit Beginn der Schürfarbeiten Anfang der 70er Jahre entstand ca. 65 km von Swakopmund entfernt ein gewaltiges Loch. 2 km breit, 1 km lang und rund 250 m tief. Woche für Woche werden rund 1 Mio. Tonnen radioaktives Gestein aus dem Boden der Namib gesprengt. Die Mine ist Eigentum der britischen Bergbaugesellschaft Rio Tinto Zinc und zurzeit nach dem Diamantenschürfer Namibian de Beeres der zweitgrößte Konzern im Land.

Doch erst einmal verging viel Zeit. Bereits 1928 fand Peter Louw am Rössingberg schwarzes Gestein, das sich nach der Untersuchung im Labor als uranhaltig erwies. Doch lange Jahre interessierte dieser Fund keinen. Fast 30 Jahre später erwarb Louw gemeinsam mit Partnern die Schürfrechte am Rössingberg, doch bedurfte es erst noch der Energiekrise Ende der 60er, Anfang der 70er Jahre, um die britische Bergbaugesellschaft Rio Tinto für das Projekt zu begeistern. 1973 begann man mit dem Bau der Minenanlage. Bis zu 2800 Arbeiter waren hier beschäftigt. Jetzt sind es kaum noch 2000. Die weltweite wachsende Skepsis gegenüber der Atomenergie hat den Absatz ins Stocken gebracht. Der Prozess der Urangewinnung ist aufwendig und teuer. Nachdem das Uran aus dem vom Abraum getrennten Erz mit Hilfe von Schwefelsäure und anderen Chemikalien gelöst wurde, wird es in zwei Stufen angereichert. Als Endprodukt entsteht Uranoxid, das in Stahlfässer abgefüllt und an die Abnehmer verschickt wird. Die Kapazität der Mine, die eines Tages eine Fläche von 5 km^2 erreichen soll, ist für 3500 t Uranoxid pro Jahr ausgelegt. Zurzeit werden aus rund 50 Mio. t Gestein rund 2500 t Uran gewonnen. Mehr ist auf dem Weltmarkt nicht zu verkaufen.

Neben diesen Sorgen hat die Mine auch immer wieder Probleme mit Umweltschützern. Zwar widerlegte ein Gutachten der Internationalen Atomenergiebehörde den Vorwurf, die Arbeiter der Mine seien unzulässig hohen Strahlenbelastungen ausgesetzt. Doch noch immer gibt es regelmäßig Fragen, ob der radioaktive Staub, der bei den Sprengungen entsteht, auch wirklich völlig unschädlich in der Weite der Wüste verweht wird. Auch der 500-Mio.-Tonnen-Abraumberg wird als nicht unproblematisch gesehen. Eine mittelfristige Gefahr für die Wasserversorgung von Swakopmund und Walvis Bay wird von Umweltschützern nicht ausgeschlossen. Das sehen die Manager der Mine natürlich anders. Sie treten dem mit einer offensiven Informationspolitik, außergewöhnlich guten Arbeitsbedingungen und hohen Sicherheitsstandards sowie einer produktiven Zusammenarbeit mit der namibischen Verwaltung entgegen. Jährlich an die 5000 Touristen und natürlich auch Umweltschützer, Politiker und Fachleute aus aller Welt besuchen die Mine.

Campingplätze

Alte Brücke Caravan & Camping Site: P.O. Box 3360, im nördlichen Vorort Vineta, Tel. 064/40 49 18, accomod@com.na. Bester Campingplatz der Region. Gepflegte Rasenflächen, jede Campsite mit eigenen Sanitäranlagen. Auch Bungalows für Selbstversorger.

Mile 4 Caravan Park: Tel. 064/46 17 81. Große Anlage 8 km nördlich vom Zentrum.

Weitere Campingplätze am Meer liegen an Meile 14, Meile 72, Meile 108 und Jakallsputz. Ihr Zustand ist recht unterschiedlich. Alle diese Campingplätze sind über Namibia Wildlife Resorts (s. S. 219) zu buchen.

Captain's Tavern: im Hotel und Entertainment Centre 10, Theo Ben Gurirab Ave., Tel. 064/40 08 00. Fangfrische Meeresfrüchte in hoher Qualität, Reservierung zu empfehlen. Menü ab 100 N$.

Swakopmund Brauhaus 25**:** Sam Nujoma Ave. 22, in den Arkaden, Tel. 064/40 22 14. Modernes Restaurant im Zentrum mit uriger Atmosphäre, traditionelle, deutsche Küche komplettiert mit namibischen Wildgerichten, Große Bierauswahl. Sonntag ist Ruhetag. Menü ab 80 N$.

Café Anton 26**:** Bismarckstr./Daniel Tjongarero Ave., Tel. 064/40 03 31. Bekannt und beliebt bei Einheimischen wie bei Swakopmundern. Schwarzwälder Kirschtorte und Blechkuchen ganz deutsch, Blick auf Leuchtturm und Palmen.

Erich's Restaurant 27**:** Daniel Tjongarero Ave., Tel. 064/40 51 41. Fisch- und Steakgerichte für Feinschmecker, auch Vegetarisches. Menü ab 80 N$.

Werner's Restaurant: im Strand Hotel 21, Tel. 064/40 03 15. Tolle Wildspezialitäten und Steaks nach alter südwester Art. Menü ab 70 N$.

Kücki's Pub 28**:** Tobias Hainyeko St. 22, Tel. 064/40 24 04. Gemütliches Restaurant mit rustikaler Atmosphäre. Innenhof unter Palmen, vorzügliche Fischgerichte. Menü ab 70 N$.

Zur Weinmaus 29**:** Tobias Hainyeko St./Promenade, Tel. 064/40 00 98. Restaurant und Weinstube, ausgewählte Kapweine, gute Hausmannskost. Menü ab 70 N$.

Ein Einkaufsparadies ist Swakopmund sicher nicht, doch zahlreiche Boutiquen und kleine Spezialgeschäfte bieten reichlich Interessantes, oft sehr Landestypisches. Auf dem Parkplatz an der Promenade unweit des Leuchtturms wartet ein breites Spektrum an **Souvenirs.** Besonders die Schnitzereien sind gefragt.

Peter's Antiques: s. Kasten S. 173.

Reiseliteratur gibt es in der **Swakopmunder Buchhandlung** an der Sam Nujoma Ave. Ebenfalls an der Hauptstraße befindet sich die **Rogl Souvenirs & African Art Gallery.** Neu entstanden ist die Arkade parallel zur Sam Nujoma Ave., in die viele kleine, gut geführte Geschäfte u. a. für Safaribekleidung, Kuduleder-Schuhwaren und Souvenirs eingezogen sind. Selbstversorger finden im **Pick'n Pay Supermarkt** an der Ecke Sam Nujoma Ave./Hendrik Witbooi St. alles, was das Herz begehrt.

Neben **Skifahren** auf den Dünen zwischen Swakopmund und Walvis Bay ist auch das **Sandboarden** sehr beliebt. Auf den mit Bohnerwachs präparierten Brettern geht es mit bis zu 70 km/h die Dünen hinunter (Tel. 064/49 27 37).

Blue Marine Adventures: Tel. 064/40 50 70. Täglich Angeltouren und Delfinbeobachtungen.

Historische Stadtrundgänge führt seit Jahren Frau Flamm-Schneeweik durch. Auskunft dazu gibt es im Swakopmunder Museum 6 (Tel. 064/40 20 46).

African Adventure Balloon: Tel. 064/40 34 55, info@africandesk.com. Ballonfahrten über der Wüste gehören zu den beeindruckendsten Erlebnissen in Namibia.
Pleasure Flights and Safaris: Tel. 064/ 40 45 00, rebaron@iafrica.com.na. Nach Wunsch Rundflüge über die Skelettküste, die Sossusvlei oder auch in den Norden.
Kamel-Farm: zwischen dem Burghotel Nonidas und dem Rössing Country Club an der B2, Tel. 064/40 03 63. Kurze Ritte auf dem Wüstenschiff oder sogar mit Übernachtung unter freiem Himmel organisiert Frau Erb. Anmeldung erforderlich.
Charly's Desert Tour: 064/40 43 41, charlydt@iwwn.com.na. Auf traditionelle Weise, also im Jeep, durch die Wüste. Fachkundig geführte Toren bis hin zum Kuiseb Canyon können ebenso gebucht werden wie Tagestouren rund um Swakopmund.
Baden: Allen, denen es, besonders im Winter, im Wasser des Bengualstromes zu kalt ist, sei das **geheizte Hallenbad** unweit der Mole empfohlen: Mo–Fr 7–19, Sa/So 10–18 Uhr.
Golf: Der Rossmund Golf Club (Tel. 064/40 56 44) mit einem 18-Loch-Platz liegt an der B2 einige Kilometer vor der Stadt.
Reiten: Okakambe Horse Riding (Tel. 064/40 27 99) bietet ein- und mehrstündige Ausritte sowie nach Absprache mehrtägige Exkursionen mit dem Pferd in die Umgebung an.

Flugzeug
Linienverkehr nach Windhoek (Eros) tgl. außer Sa. Alle anderen Ziele können nur mit Zwischenstopp in Windhoek erreicht werden.

Zug
Trans-Namib: Tel. 061/298 31 75, www.transnamib.com.na. Bahnhof an der Mandume-Ya-Ndemufayo St. Di, Do, So nach Tsumeb, So–Fr nach Windhoek.

Bus
Trans-Namib Starline: Tel. 061/208 21 75. Fr nach Otjiwarongo, Do nach Khorixas. Abfahrt am Bahnhof Mandume-Ya-Ndemufayo St.

Intercape: Tel. 061/22 78 47. Mo, Mi, Fr, Sa nach Walvis Bay; Mo, Mi, Fr, So nach Windhoek. Ab Busterminal Ecke Hendrik Witbooi St./Libertine Amathila Ave.

Ausflüge

Atlas: S. 232, C4; 236, A1–2
Die Umgebung von Swakopmund hat viele interessante Ziele zu bieten. Etwa 130 km nördlich liegt **Cape Cross.** An diesem Steinkreuz hat sich auf den Felsen im Meer eine große Robbenkolonie niedergelassen. Den nassen Gesellen bei ihrem recht turbulenten Familienleben zuzusehen ist reizvoll, die Gerüche, die man dabei je nach Windrichtung ertragen muss, sind sehr gewöhnungsbedürftig.

Auf halbem Weg zurück nach Swakopmund passiert man **Henties Bay,** einen kleinen Ferienort, der entstanden ist, weil es immer mehr Namibianer ans Meer zieht. Hotel, Campingplatz, Schwimmbad und Golfplatz geben ihm sein Gepräge. Außerhalb der Ferienzeit ist hier kaum etwas los.

10 km vor Swakopmund liegen die großen **Salzpfannen.** Nachdem die natürlichen Salzvorkommen in den 50er Jahren erschöpft waren, wird hier Wasser in riesige flache Becken geleitet, wo es durch die Sonneneinstrahlung schnell verdunstet. Das übrig gebliebene Salz wird aufbereitet und zum großen Teil exportiert.

Das gesamte Küstengebiet nördlich von Swakopmund bis zum Skeleton

Mit dem Land Rover durch die Mondlandschaft

Coast National Park zählt zur **National West Coast Tourist Recreation Area** und steht unter Naturschutz. So sollen die herrlichen Badestrände und Angelreviere geschützt werden. Einige Campingplätze und Feriensiedlungen sind bereits entstanden, doch es ist noch viel Platz. Ein Badeparadies wird das Gebiet aber nie werden, dafür ist das Wasser des Atlantik viel zu kalt.

Zu den beliebtesten Tagestouren gehört der **Welwitschia Drive** in die Namibsektion des Namib-Naukluft Parks ca. 60 km östlich der Stadt. Entlang der Strecke stößt man auf zahlreiche Vertreter dieser eigenwilligen Pflanze. Auf dem Weg zu den Welwitschias (s. Thema S. 18) passiert man auch die so genannte **Mondlandschaft.** Ein Stück Erde, das an Kargheit kaum zu überbieten ist. Durchaus möglich, dass man auf dem Mond oder Mars ähnlich menschenfeindliche Gebiete finden kann. Doch das raue Antlitz der Natur beeindruckt.

Zur Mondlandschaft wird auch Stück für Stück das Gebiet rund um die **Rössing-Mine** (s. S. 174). Das liegt nicht nur am riesigen Loch, aus dem das Uranerz gebrochen wird, sondern die Abfallhalden tragen ihren Teil dazu bei. Jeden zweiten Freitag startet eine Tour zur Besichtigung der Mine. Anmelden kann man sich dafür im Museum Swakopmund (Tel. 064/40 20 46).

Cape Cross Lodge: P.O. Box 259, Henties Bay, Tel 064/64 69 40 12, info@capecross.org. Die luxuriöse Lodge liegt 120 km nördlich von Swakopmund direkt am Meer und verfügt über 20 sehr komfortable Doppelzimmer in rustikalem Stil. Die Qualität der Küche steht den Zimmern nicht nach. Ein idealer Ausgangspunkt für Besucher der Robbenkolonie, des Nationalparks an der Skelettküste und der Namibwüste. DZ 950N$.

Walvis Bay

Atlas: S. 236, A2

Von Swakopmund bis Walvis Bay sind es nicht mehr als 40 km, trotzdem lagen jahrhundertelang Welten zwischen beiden Städten. Der Grenzzaun ist zwar gefallen, zwei ungleiche Schwestern sind sie aber geblieben. Während Swakopmund für Touristen immer attraktiver wird, zieht es nur wenige Gäste nach Walvis Bay. So weit man in Namibia den Begriff ›Industriestandort‹

Flamingos am Sandwich Harbour

überhaupt verwenden kann, trifft er auf Walvis Bay zu. Die Stadt lebt vom einzigen Tiefseehafen des Landes – jährlich legen rund 1000 Schiffe an und es werden 2,5 Mio. Tonnen Fracht gelöscht –, von der großen Salzgewinnungsanlage, in der dem Meerwasser jedes Jahr rund 400 000 Tonnen Salz ›abgerungen‹ werden, und vom Fischfang. Allein 6000 der rund 50 000 Einwohner leben direkt oder indirekt vom Fischfang. Ein hartes Brot, denn die Fischer müssen immer weiter hinausfahren. Die Küstengewässer wurden, auch von ausländischen Fischern, jahrzehntelang systematisch überfischt.

Geschichte

Obwohl Walvis Bay bereits 1487 von Diaz entdeckt wurde, ist es, rein juristisch gesehen, das jüngste Stück Namibia. Über Jahrhunderte verlief die Entwicklung dieser ehemaligen Enklave abgeschottet von der des restlichen Landes. 1793 nahmen es die Kap-Holländer in Besitz. Schon einige Jahre später annektierten die Briten diesen strategisch nicht unwichtigen Hafen. 1910 wurde Walvis Bay Mitglied der Südafrikanischen Union. Die Stadt war also nie Teil der deutschen Kolonie. Als Südafrika nach der Kapitulation der deutschen Schutztruppen die Mandatschaft über Südwestafrika übernahm, war das für Walvis Bay nur eine Angliederung auf Zeit. Mit der Erklärung der Unabhängigkeit Namibias gab es wieder Grenzzäune und Kontrollen rund um die Stadt. Erst 1994 übergab die Republik Südafrika die Enklave Walvis Bay endgültig an Namibia. Seither ist die Stadt ein bedeutender wirtschaftlicher Faktor. Im Gegensatz zu Swakopmund leben hier kaum deutschstämmige Namibier.

Parkanlagen und Lagunen

Die besondere Attraktion von Walvis Bay ist die einzigartige **Lagune** mit ihrem sagenhaften Reichtum an Wasservögeln. Zählungen kamen in den besten Jahren auf über 120 000 Vögel, und dazu kommen noch bis zu 200 000 Zugvögel. Da schlägt das Herz eines jeden Ornithologen höher.

Die Lagune zählt zu den größten geschützten Flachwassergebieten an der Westküste Afrikas. Nur an wenigen anderen Plätzen können die Seevögel so ungestört leben. Es sind vor allem Flamingos, Hirtenregenpfeifer und Grünschenkel, die vom Überangebot an Nahrung in der Lagune profitieren. Allein am Pelican Point, der südlichsten Stelle der Landzunge, kann man hunderte Pelikane beobachten.

Aber auch im Ort selbst gibt es einige Sehenswürdigkeiten. So informiert ein kleines **Heimatmuseum** über die Geschichte, und die 1880 errichtete **Kirche der Rheinischen Mission** unterstreicht diesen Exkurs in der Praxis. Diese Kirche ist übrigens ein Paradebeispiel dafür, dass Fertigbauweise keine Erfindung des 20. Jh. ist. Die Holzteile wurden in Deutschland gebaut, verschifft und vor Ort ganz einfach wieder zusammengefügt.

Wer Überblick sucht und gut zu Fuß ist, kann **Dune 7** östlich von Walvis Bay besteigen. Das ist die mit Abstand höchste Düne der Region, und von ihrem Kamm bietet sich ein atemberaubendes Panorama über die Namib und den Atlantischen Ozean. Ein paar Tropfen Schweiß müssen dafür aber investiert werden, denn im losen Sand geht es schwer aufwärts. Gelegenheit zur Erholung nach dem Aufstieg bieten die gepflegten Parkanlagen.

Sandwich Bay

Atlas: S. 236, A3
Viele Touristen sind erschrocken und unvorbereitet, wenn sie merken, dass die knapp 50 km lange Fahrt nach Sandwich Bay zu den anspruchsvollsten Allradpisten in Namibia gehört. So nah an den Zivilisationszentren Walvis Bay und Swakopmund rechnet man damit nicht. Teilweise geht die eigentlich nicht vorhandene und auch nicht gekennzeichnete Piste entlang der Küste durch tiefen Sand. Einzige Orientierung sind die Spuren der Vorherfahrenden. Mehr als ein Fahrer wurde von der Flut überrascht und musste hilflos mit ansehen, wie der Ozean sein Fahrzeug langsam verschlang. Man ist gut beraten, am Wochenende zu fahren. Dann sind längs der Küste und auch im Bereich der 10 km langen Lagune viele Angler unterwegs, die im Notfall helfen können. Wenn möglich, sollte man bei Ebbe fahren.

Der Küstenverlauf hat sich in den letzten Jahren dramatisch verändert und den Lebensraum der Vögel deutlich eingeschränkt. Die Natur ist zwar noch immer wunderschön und der Kontrast zwischen der sanften Dünenlandschaft und dem Wasser der Lagune garantiert attraktive Fotos, doch ein solches Vogelparadies, wie es vor einigen Jahrhunderten vorzufinden war, ist es heute nicht mehr. Durch die Süßwasserquelle, die früher auch kleine Teiche speiste, war Sandwich Bay ein beliebter Ankerplatz für Walfänger, Schmuggler und Piraten. In der ersten Hälfte des vorigen Jahrhunderts wurden in der Region Tausende Tonnen Guano abgebaut und als Dünger nach Europa verschifft. Für die Fahrt nach Sandwich Bay benötigt man ein **Permit,** das man bei der Naturschutzbehörde in Swakopmund erhält.

Walvis I: P.O. Box 962, Theo-Ben Gurirab St., Tel. 064/20 91 70, walvisinfo@iway.na.

The Burning Shore Beach Lodge: P.O. Box 3357, Tel. 064/20 75 68, burningshore@namibnet.com. Zwischen Swakopmund und Walvis Bay in den Dünen am Strand. Sieben sehr luxuriöse Zimmer. DZ 1200 N$.
Lagoon Lodge Walvis Bay: P.O. Box 3964, Tel. 064/20 08 50, www.lagoonlodge.com.na. Gegenüber der Lagune, mit tollem Blick auf das Vogelparadies. Sechs Luxuszimmer mit Fernseher, Pool. DZ 1000 N$.
Langholm Hotel: P.O. Box 2631, Tel. 064/20 92 30, www.langholmhotel.com. 17 komfortable Zimmer, herrlich grüner Garten, Möglichkeiten für Quad-Biking, Dünen-Surfen, sichere Parkplätze, Bar, Bücherei. DZ 500 N$.
Walvis Bay Protea Lodge: P.O. Box 30, Tel. 064/20 95 60, www.protea-hotels.co.za. Zentrale Lage, 26 klimatisierte Zimmer, behindertengerecht. DZ 350 N$.
Esplanada Park: P.O. Box 5017, Tel. 064/20 61 45, pkruger@walvisbaycc.org.na. Große Wohneinheiten für 5–7 Personen. Unweit der Lagune. Für Selbstversorger. Einheit ab 200 N$.

Camping
Long Beach Resort: P.O. Box 5017, Tel. 064/20 31 34, gkruger@walvisbaycc.org.na. 117 Campsites auf halbem Weg zwischen Swakopmund und Walvis Bay. Gepflegte Anlage. Es gibt auch 2- bis 4-Bett-Chalets.

The Raft: The Esplanada, Tel. 064/20 48 77. Direkt an der Lagune auf Stelzen. Toller Blick aufs Meer, internationale Küche mit Spezialisierung auf Fischgerichte und Steaks. Menü ab 90 N$.
Café Probst: 148 Ben Gurirab St., Tel. 064/20 27 44. Altdeutsches Restaurant mit guter Hausmannskost. Menü ab 60 N$.
La Marina Resort: Tel. 064/20 70 09. In der Nähe des Campingplatzes ›Long Beach Resort‹ zwischen Swakopmund und Walvis Bay. Ausgefallenes Ambiente, Restaurant in Zugabteilen ausrangierter Bahnwaggons direkt am Meer. Italienische Küche mit Schwerpunkt Seafood. Menü ab 80 N$.

Geführte **Exkursionen in die Lagunen** und in die Umgebung organisiert **Africa Heritage**, Tel. 064/2 07 401, www.african-heritage-tours.com.
Wer die **Seevogelwelt** der Lagunen und vorgelagerten Inseln vom Wasser aus beobachten und dabei den **Delfinen** einen Besuch abstatten möchte, der findet bei **Levo Seal & Dolphin Cruises** (Tel. 064/20 75 55, www.levtours.com) sicher den richtigen Ausflug per Boot.
Ein immer beliebteres Spielzeug werden **Quads.** Geführte Touren durch den großen Sandkasten Namib starten täglich gegenüber dem Long Beach Resort an der B2 zwischen Swakopmund und Walvis Bay. Den Parkplatz mit den bunten Vehikeln kann man nicht übersehen. Veranstalter ist **Dare Devil Adventures.** Sieben verschiedene Touren werden angeboten, die manches Abenteuer bereithalten. Informationen und Buchungen: Elena Travel Services & Care Hire CC, Tel. 061/24 44 43, info@namibweb.com.

NAMIB UND NAUKLUFT

Mit 49 768 km² ist der Namib-Naukluft Park der größte Nationalpark Namibias und nach dem Central Kalahari Reserve in Botswana und der Selous Game Reserve in Südtansania der drittgrößte Afrikas. Er umfasst einen 100–150 km breiten Landstreifen entlang der namibischen Küstenwüste zwischen dem Swakop-Tal im Norden und dem Stadtrand von Lüderitz im Süden. Den nördlichen Teil zwischen Swakop und Kuiseb nennt man Namib Section.

Namib-Naukluft Park

Atlas: S. 236, A1–2 – 238, B2
Nur ein kleiner Teil des Parks ist bewohnt und zugänglich. Einen kleinen Abschnitt im Norden im Bereich des Kuiseb, die Naukluftberge und die Dünenfelder des Sossusvlei kann man als Tourist besuchen. Das klingt nach nicht viel, man hat jedoch einige Tage damit zu tun.

Es gibt zwar viele Flusstäler in der Namib, doch erreicht kaum einer dieser Flüsse, wenn sie überhaupt einmal Wasser führen, den Atlantik. Alle paar Jahre schaffen das Swakop und Ugab. Der Tsauchab endet spätestens in der berühmten Sossusvlei, wo ihm hohe Dünen den Weg versperren. Der Kuiseb versickert zumeist in den Dünen nahe Walvis Bay. Doch dort, wo die Niederschläge die Trockenflussbette in sprudelnde Flüsse verwandeln, dauert es nicht lange, bis links und rechts des Flusses alles grünt und blüht.

Neben dem Besuchermagnet Nummer 1, dem Sossusvlei, entwickelt sich das Naukluftgebirge mit seinem vielseitigen Wander- und Sportangebot zu einem Ziel für Touristen aus der ganzen Welt. Die Berge der Naukluft erheben sich bis zu 1000 m über das Hochland der Umgebung und erreichen fast 2000 m Höhe. Schroffe Hänge, tiefe Schluchten und kleine Paradiese in grünen Tälern mit permanenten Quellen bieten unerwartet viel Abwechslung, und die plötzlichen Übergange prägen sich ins Gedächtnis ein. Der Parkeingang in die Naukluft Section liegt an der Pad D854, die kurz vor der Gästefarm Büllsport von der C14 abzweigt.

Im Osten grenzt an den Park das größte private Naturschutzgebiet Afrikas, die **Namib Rand Nature Reserve.** Eine Oase für individuellen und ökologisch vertretbaren Tourismus. Hier kann man ebenfalls Namib-Naukluft-Luft schnuppern.

Geschichte

Bereits 1907 wurde ein erster, der zentrale Teil der Namib-Wüste unter Schutz gestellt. In den 40er und 50er Jahren des vorigen Jahrhunderts kamen dann das Gebiet um Sandwich Bay, die Welwitschia-Ebene und der Kuiseb hinzu. Hieß das Schutzgebiet unter deutscher Verwaltung ›Naturschutzgebiet Nr. 3‹, wurde es von den Südafrikanern dann in Namib Desert Park umbenannt. In der Folgezeit kaufte Südafrika zahlreiche Farmen in der Naukluft auf, die als Naukluft Mountain Zebra Park zu einem Rückzugsgebiet für die Hartmann-Bergzebras wurden. Nachdem Diamantensperrgebiete in der Region freigegeben wurden, konnten beide Parks zum heutigen Namib-Naukluft Park verbunden werden. Seine jetzige Größe erreichte der Park 1986, als der Rest des Diamantensperrgebietes Nr. 2 an den Park angefügt wurde. Von diesem Sperrgebiet blieb schließlich nur noch ein kleines Stück Land nördlich von Lüderitz übrig.

Anfahrt in den Namib-Naukluft Park

Es gibt verschiedene Möglichkeiten, vom Norden oder vom Zentrum in den Namib-Naukluft Park zu reisen. Für Touristen aus Swakopmund und Walvis Bay wird es im Normalfall die Route auf der C14 über den **Kuiseb Pass** sein. Von Windhoek gibt es einige Varianten. Der kürzeste Weg führt auf der C26 über den **Kupferberg Pass** und den **Gamsberg Pass** auf die C14. Andere Reisende wählen den Weg über Rehoboth auf die C24 und auf dieser über Nauchas und den **Remtshoogte Pass** in Richtung Solitaire. In Nauchas kann man aber auch die C24 verlassen und nördlich dieser Route zum **Spreetshoogte Pass** in Richtung C14 weiterfahren.

Jeder dieser Pässe über die Randabbruchkante hinunter in die Namib hat seinen eigenen Reiz. Der beeindruckendste jedoch ist der Spreetshoogte Pass. Nirgends sonst bietet sich ein solch gewaltiger Blick über die Namib wie von seinem höchsten Punkt. Viele Touristen lassen ihn links liegen und nutzen die bekannteren Pass-Straßen. Mit einem Gefälle von teils über 20 % und lockerem Schotterbelag war er über viele Jahre eine Herausforderung für jeden Autofahrer. In den letzten Jahren hat man ihn aber deutlich entschärft. Die heikelsten Kurven wurden mit Betonpflaster versehen. Dadurch hat er (leider) sehr viel von seiner Ursprünglichkeit verloren. Man sollte sich aber klar darüber sein, dass man in Namibia den Begriff Pass

Mit und ohne Permit

Die C28 und die C14 sind ebenso wie die C19 ohne Permit zu benutzen. Für Umwege, zum Beispiel zur Welwitschiafläche oder nach Gobabeb, braucht man Genehmigungen, die man bei den Tourismusbehörden in Swakopmund oder Windhoek erhält. Das Permit für die Fahrt ins Sossusvlei kann man direkt vor Ort kaufen.

NEUE HEIMAT AM RANDE DER WILDNIS

Seit August 2001 sind sie in Namibia, Kathrin und Uwe Schulze-Neuhoff, die ihrer alten Heimat Ruhrgebiet und speziell Fröndenberg tschüss gesagt haben. Ihre neue Heimat ist bei weitem nicht so dicht besiedelt. Bis zum nächsten Nachbarn sind es 30 km. Die Farm Ababis (s. S. 191) am Rande des Naukluft-Massivs hat es ihnen angetan und sie ganz in ihren Bann gezogen. 30 000 ha groß, für deutsche Bauern kaum vorstellbar, ist das hier in dieser Ecke, wo auf den Quadratkilometer kaum ein Einwohner kommt, ein normales Maß. Also rundum eine mächtige Umstellung für den Maschinenbauingenieur und die Innenarchitektin. Deshalb der Entscheidungstermin in diesem Jahr. »Wir kannten zwar Namibia vom Urlaub her, doch ob wir hier so richtig für immer heimisch werden würden, konnten wir vorher nicht wissen«, erzählt Kathrin Schulze-Neuhoff, während die beiden jungen Rhodesien Ridgeback-Hunde sie mit ihrem Spieltrieb auf Trab halten. »Wir haben gesagt, nach drei Jahren entscheiden wir uns.« Und wie sieht es jetzt aus? Während Kathrin ihre Entscheidung eigentlich schon getroffen hat, ist ihr Mann sich noch immer nicht ganz sicher. »Das hängt ein bisschen von seiner ›Tagesform‹ ab. Manchmal ist er Feuer und Flamme und will, so wie ich, auf der Farm bleiben. An anderen Tagen sieht er das Ganze skeptischer«, ergänzt die junge Frau lachend.

Das Leben auf der Farm ist kein Zuckerschlecken. Während Kathrin ihre beruflichen Ambitionen völlig zur Seite legen musste, kommen dem Maschinenbauingenieur seine Kenntnisse natürlich zugute. »Es gibt immer was zu bauen oder zu reparieren. Ob Wasserpumpen, Fahrzeuge oder Generatoren, da ist mein Beruf schon nicht die schlechteste Wahl«, berichtet Uwe Schulze-Neuhoff. Doch er erinnert sich auch an die ersten Monate. »Die Zeit am Anfang war extrem kompliziert. Unsere Farmarbeiter, wir haben insgesamt acht Hilfskräfte, mussten sich an unsere Vorstellungen gewöhnen und wir uns an ihre Eigenheiten. Als Farmer bist du hier für alles verantwortlich. Selbst private Streitfälle musst du schlichten. Da waren wir anfangs schon etwas überfordert.« Aber sie haben sich eingelebt, und mittlerweile läuft der Farmbetrieb reibungslos. Im Gästebereich gibt es sieben Zimmer mit 18 Betten. Die Lage der Farm ist günstig und so kann sich die Auslastung sehen lassen. »Doch auch im Farmbetrieb haben wir Glück. Der Boden ist nicht schlecht und im bergigen Teil der Farm, der zur Naukluft gehört, sprudeln ganzjährig gute Quellen mit bestem Trinkwasser«, erläutert Uwe Schulze-Neuhoff die Situation der Farm. »Uns hat die lange Trockenheit nicht so viel ausgemacht wie anderen Farmen. Unsere Wasserreserve von knapp 50 000 Litern ist immer gut gefüllt.«

Diese optimalen Voraussetzungen locken natürlich viel Wild an. Oryx, Springböcke und Bergzebras gibt es reichlich. Kein Wunder also, dass auf den Tisch der Gästefarm nur Wildgerichte kommen. Zum Jäger ist der Farmer übrigens auch erst in Namibia geworden. Ab und an muss auch Schadwild gejagt werden. Besonders Hyänen haben es auf Kälber, Ziegen oder Lämmer abgesehen.

Was ihnen am meisten fehlt, ist die Nähe zu Freunden und zur Familie in Deutschland. Klar gibt es Telefon und E-Mail, und natürlich freuen sie sich über Besuch aus Deutschland, doch das ist nicht dasselbe. Hier trifft man sich ab und an mit Nachbarn und einmal im Monat ist Farmgottesdienst in Maltahöhe. Rund 100 km Fahrt.

Doch die persönliche Freiheit, die Weite des Landes, die beeindruckende Landschaft und über 350 Tage Sonne im Jahr schlagen auf der namibischen Habenseite zu Buche. Das wiegt schwer. »Ein halbes Jahr ist Hochsaison, da verlangen die Farm und der Gästebetrieb Einsatz fast rund um die Uhr«, so Katrin Schulze-Neuhoff zum Alltagsleben. »Dann folgt immer ein halbes Jahr, das recht ruhig ist. Da bleibt viel Zeit für Privates und die Familie.« Dann können auch die Farmer selbst das Land genießen. So bietet der farmeigene Zipfelberg einen atemberaubenden Rundblick über die Naukluft, und in der Tigerschlucht mit ihren Köcherbäumen kann man namibische Sonnenuntergänge erleben, die man nicht so schnell vergisst. Außerdem schafft die ›strategisch‹ günstige Lage von Ababis die besten Voraussetzungen für Tagesausflüge zu den roten Dünen des Sossusvlei und den rustikalen Pass-Straßen von Remtshoogte-, Spreethoogte- und Gamsbergpass.

Das Ehepaar Schulze-Neuhoff auf ihrer Farm Ababis

Webervogelnester in der Namib-Wüste

etwas anders gebraucht als in Europa. In Europa erwartet man von einer Pass-Straße, dass sie auf der einen Seite hinauf- und auf der anderen Seite wieder hinunterführt. Namibische Pässe sind in aller Regel eine einseitige Angelegenheit.

Wasserlöcher und Wüstencamps

Während die Anfahrtsrouten von Windhoek aus wenig Grund zum Anhalten bieten, mal abgesehen von immer wieder grandiosen Landschaften, sollte man von Swakopmund kommend einige Stopps einplanen. Rund 50 km von Walvis Bay entfernt verlässt eine kleine Piste die C14 in Richtung der Wasserstellen **Zebra Pan, Gobabeb und Homeb.** Dabei passiert man den **Vogelfederberg,** einen vom Wind glatt geschliffenen Felsen. In Homeb gibt es am Kuiseb Revier ein kleines Camp zum Übernachten. In Gobabeb betreiben Wissenschaftler eine Wüstenforschungsstation, die für Besucher jedoch nicht zugänglich ist.

Von Homeb aus geht es zurück auf die C14. Wer nun Lust und Zeit hat, noch etwas Wüstenfeeling zu erleben, der sollte nicht sofort in Richtung Solitaire fahren, sondern die Pad nördlich wählen. Sie führt am **Kriess-se rus Camp** und der Wasserstelle **Ganab** vorbei. Hält man sich in Ganab östlich, stößt man auf einen anspruchsvollen Allradtrial. Dieser passiert die C28 und führt in einem weiten Bogen westlich auf diese Hauptverbindungsstraße Richtung Windhoek zurück.

In **Klein Tinkas** und an der **Bloedkoppie,** einem mächtigen Granitberg, gibt es kleine Campingplätze für romantische Übernachtungen in der Wüste. Von der Bloedkoppie kann man der Geländepiste in Richtung Westen folgen oder auf der Pad in Richtung Süden vorbei an der Wasserstelle **Hotsas** zurück auf die C14 fahren. Nun sind es nur noch 25 km bis in den **Kuiseb Canyon** und auf den **Kuiseb Pass.** Es gibt zwei ideale Stellen für einen Blick über den Canyon: in **Aruvlei** 2 km südlich der C14 und, nachdem man den Canyon passiert hat, von **Carp Cliff** aus.

An der tiefsten Stelle wird das Trockenflussbett des Kuiseb von einer modernen Betonbrücke überspannt. Unweit davon steht ein beliebtes Camp, von dem aus man in das Flussbett, das aus der Landesmitte kommt und nur sehr selten Wasser führt, hineinwandern kann. Doch die Vegetation und manches Wasserloch beweisen, der Grundwasserspiegel liegt sehr hoch. Besonders an den Wasserstellen gibt es gute Chancen, Wild zu beobachten.

Bekannt geworden ist der Kuiseb Canyon durch die beiden deutschstämmigen Geologen Henno Martin und Hermann Korn. Während des Zweiten Weltkrieges versteckten sie sich hier vor der drohenden Internierung. Ihr Buch ›Wenn es Krieg gibt, gehen wir in die Wüste‹ dürfte das bekannteste Werk über Namibia sein.

Vom Kuiseb Pass bis nach **Solitaire** sind es weniger als 100 km. Hinter dem schmucken Namen des Ortes verbirgt sich eine kleine Farmsiedlung mit einer Tankstelle, die nicht immer Sprit hat, und einer dazugehörigen Kombination aus Tante Emma Laden, Bar und Kneipe. Das kalte Bier soll noch nie ausgegangen sein.

All die von der Hauptstraße abweichenden Touren sind nur mit einem **Permit** gestattet. Auch für die Übernachtungen in den Camps werden Permits benötigt. Am besten ist es, die Permits bereits nach der Ankunft bei der Naturschutzbehörde in Windhoek zu kaufen. Es gibt sie aber auch beim Tourismusbüro in Swakopmund (am Wochenende sind die Büros geschlossen!).

Für diese Touren gilt das Gleiche, wie für Reisen durchs Kaokoveld: Es ist lebensnotwendig, immer genug Sprit und Wasservorräte mitzunehmen. Als Faustregel gilt: Doppelt so viel einbacken und tanken, wie man im Normalfall brauchen würde.

Sossusvlei

Atlas: S. 236, B4
Das landschaftliche Highlight der Namib ist für ›normale‹ Besucher das Sossusvlei, eine von mächtigen, roten Dünen umgebene, flache Senke, die alle paar Jahre durch den Fluss Tsauchab mit Wasser gefüllt wird. Wer mit dem Flugzeug über die rund 32 000 km^2 große Region der Dünennamib fliegt, sieht, dass es sicherlich noch manche Stelle gibt, die zumindest ähnlich attraktiv ist.

Man nimmt an, dass der Fluss Oranje den Sand vor einigen Millionen Jahren aus der Kalahari in den Atlantik trug und dieser den Sand dann nördlich mit der Brandung wieder anschwemmte. Die Dünen am Sossusvlei sollen die höchsten der Welt sein. Sahara-Kenner bezweifeln das gern. Doch zu den schönsten, attraktivsten und vor allem fotogensten zählen sie auf jeden Fall.

Die Reise in die Märchenwelt der Dünen beginnt am **Sesriem Camp,** in dem man nicht nur Übernachten kann, sondern auch die Eintrittskarten für die Fahrt in den Park erhält. Doch noch sieht man nur erste Ausläufer der Zentralnamib. Bis zum Parkplatz sind es rund 60 km.

Schon die Fahrt zum Sossusvlei verlangt Aufmerksamkeit. Es sind nicht nur die tiefen Schlaglöcher im Asphaltband, die man nicht übersehen sollte, es gibt zumindest drei gute Gründe, einen Stopp einzulegen. Der erste kleine Abstecher zur **Elim-Düne,** die ein Stück nördlicher der Hauptpiste liegt (ca. 4 km vom Tor entfernt), lohnt sich. Weitere Haltepunkte, sind, 20 km später, **Sossusport,** der einen fotogenen Überblick über das Tal, die Dünen und die vorgelagerten Berge verspricht, sowie die links der Straße liegende **Düne 45,** die man kaum ohne auf dem Dünenkamm sitzende Japaner fotografieren kann. Die Bezeichnung ›Düne 45‹ hat übrigens nichts mit der Dünenzahl zu tun, sondern 45 ist der Abstand in Kilometern vom Sesriem Camp. Interessante Fotomotive bietet auch die Durchfahrt durch das Trockenflussbett des Tsauchab.

Am Parkplatz unter Kameldornbäumen müssen diejenigen ihr Fahrzeug zurücklassen, die nicht mit einem Allrad unterwegs sind. Und das Schild, das darauf hinweist, sollte man unbedingt beachten. Spätestens einige hundert Meter weiter ist auf jeden Fall Schluss. Zeitweise ist der tiefe Sand auf den letzten Kilometern ins Vlei so schwierig zu fahren, dass man selbst im Geländewagen Probleme bekommen kann. Was aber bei dem dichten Verkehr auf dieser Strecke nicht tra-

Selten zu sehen: Überflutung im Sossusvlei

gisch ist. Einer der Profis, die ständig zwischen Parkplatz und Vlei pendeln, hilft auf jeden Fall. Dieser Pendelverkehr bringt jene zum Ziel, die ihr Auto auf dem Parkplatz zurück lassen mussten. Man kann die letzten Kilometer auch laufen. Das ist aber sehr anstrengend und so sollte man sich seine Kraft lieber für den Dünenaufstieg sparen.

Im Vlei angekommen, rufen die Dünen. Spätestens hier merkt man, dass es günstig ist, so früh wie möglich zu starten. In den ersten Stunden nach Sonnenaufgang zeigen die Dünen nicht nur das beeindruckendste Farben- und Schattenspiel, sondern der recht anstrengende Weg auf die Dünen ist zu dieser noch angenehm kühlen Tageszeit besser zu bewältigen. Auf einer der Dünen sollte man auf jeden Fall gewesen sein. Am besten einfach den Spuren der Vorgänger folgen.

Auch die Fußmärsche zum **Dead-Vlei,** einer anderen, einige Kilometer entfernten Lehmsenke, und zum **Hidden-Vlei** sind empfehlenswert. Beide Wege sind ausgeschildert. Mit etwas Glück stehen vor den braunen Dünen Oryxantilopen und geben ein tolles Motiv. Die Vleis liegen zwischen 550

und 600 m hoch, die höchste Düne bei reichlich 1000 m. Besonders toll wäre natürlich ein Sonnenauf- oder untergang in der Wüste. Ein Traum, den man sich leider nicht immer erfüllen kann, da das Tor erst bei Tageslicht geöffnet wird und man vor Einbruch der Dunkelheit auch wieder zurück sein muss. Für Bewohner des Camps und der am Parkeingang liegenden Lodge gab und gibt es manchmal Ausnahmen bei den Öffnungszeiten. Auf jeden Fall beim Bezahlen des Permits nach den Öffnungszeiten fragen. Vielleicht klappt es ja doch mit dem Sonnentergang im Vlei. Ansonsten sind zu jeder Jahreszeit die frühen Morgenstunden die beste Wahl.

Sesriem Canyon

Atlas: S. 236, B4
Im Vergleich zum Erlebnis Sossusvlei und zum Fish River Canyon hat der Sesriem Canyon, etwa 4 km südlich vom Camp, zwar schlechte Karten, doch wer sich die kurze Tour über die Waschbrettpiste schenkt, verschenkt ein Stück Namibia-Erlebnis. Seine Maße klingen bescheiden, denn was sind schon 30 m Tiefe. ›Sesriem‹ ist auf Afrikaans die Bezeichnung für ›sechs Riemen‹. Genau sechs Ochsenriemen mussten die alten Südwester aneinander binden, um nach Regenfällen Wasser aus dem Canyon schöpfen zu können.

Selbst vom Parkplatz aus ist der Sesriem Canyon noch perfekt versteckt. Erst wenn man an den Rand der Schlucht tritt, bekommt man einen ersten Eindruck. Das Lichtspiel im Canyon, die kleinen Wassertümpel, die schroffen Wände und die wenigen dürren Bäume- und Sträucher lassen den Weg über Stock und Stein zu einem abenteuerlichen Erlebnis werden. Zum Teil ist der Canyon kaum 2 m breit. Einige hundert Meter kann man ihm folgen, dem schmalen Pfad. Und das Ganze in beide Richtungen von der Einstiegsstelle.

Wüstenwanderung

Auf der Farm Duine im privaten Namib Rand Nature Reserve kann man in den kühleren Monaten zu mehrtägigen Wüstentouren aufbrechen. Da in Wüstencamps übernachtet wird und der Veranstalter sich auch um die Mahlzeiten kümmert, entfällt das Schleppen schwerer Rucksäcke. Den An- und Abreisetag kann man in gemütlichen Zimmern auf der Farm verbringen. Informationen bei Tok Tokkie Safaris, Tel. 061/24 44 43.

Naukluftberge

Atlas: S. 236, B3
Bereits auf der Fahrt nach Solitaire grüßen aus der Ferne die Berge der Naukluft. Wer direkt hinauffahren will in die Berge, erreicht die Naukluft am besten auf der C14 in Richtung Maltahöhe. Nach einer malerischen Fahrt zwischen den Remtshoogte-Bergen (östlich) und der Naukluft gelangt man dort, wo sich das Tal wieder öffnet, kurz vor der Gästefarm Büllsport, zu einer

Kreuzung. Auf der D0854 hält man sich westlich, ehe nach knapp 10 km das erste Parktor zur Naukluft kommt. Von dort sind es nochmals knapp 10 km bis zum zweiten Gate und der Hütte Hiker's Haven. Das kleine Camp mit nur vier Stellplätzen muss, wie gewohnt, bei der Naturschutzbehörde reserviert werden. 1960 kaufte der Staat die ehemalige Farm Naukluft, die hier stand, auf.

Es gibt verschiedene Wanderwege, zwischen denen man wählen kann. Schon einige Stunden garantieren bleibende Impressionen. Hartgesottene können auf den 120 km langen **Naukluft-Trail** gehen (Permit erforderlich!). Die am Rande der Naukluft liegenden Farmen organisieren interessante Wanderungen und Geländewagentouren, z. B. Büllsport (s. S. 191, 192) und die Farm Ababis (s. u.) direkt an der C19 am westlichen Fuße der Naukluft.

Sossusvlei Mountain Lodge: P.O. Box, Paulshof 2056, Südafrika, Tel. 011/807 37 20, www.afroventures.com. Luxuriöse Lodge in der Namib Rand Nature Reserve an der D826. Zehn höchst komfortable Chalets aus Naturstein, mit Klimaanlage und Kamin sowie eigener Veranda und Pool. Wandermöglichkeiten, Safarifahrten. Preis im Vergleich zu anderen guten Lodges bei allem Luxus unverhältnismäßig. DZ/VP/Safaris ab 6500 N$.

Sossusvlei Lodge: P.O. Box 6900, Windhoek, Tel. 063/20 32 23, adventure@sossusvleilodge.com. Unmittelbar am Parkeingang am Sesriem Camp. Möglichkeit, früher in die Dünen zu fahren. 45 Zelte und Zimmer mit Blick auf die Wüste, Pool. DZ/HP 1982 N$.

Namib Naukluft Lodge: Reservierung Olifants Tours & Safaris, Wilhelmshauser Str. 3, 28870 Fischerhude, Tel. 042 93/78 98 89, www.olifants.de. 13 000 ha große Farm rund 30 km südlich von Solitaire, westlich der C14 am Rand einer Granitformation eines Ausläufers der Naukluftberge. Pool, gutes Restaurant, 14 geschmackvolle Zimmer mit Veranda, Bar. Markierte Wanderwege, tgl. werden Fahrten nach Sesriem und Sossusvlei angeboten. DZ/HP 1850 N$.

Swartfontein Namib Mountain & Desert Guest Farm: Tel. 062/57 20 04/44, info@swartfontein.org. Gepflegte Gästefarm mit italienischen Besitzern unweit des Spreetshoogte Pass. Farmrundfahrten, Tagestouren ins Sossusvlei, 4-Pass-Touren. DZ/HP 1600 N$.

The Wolwedans Collection: P.O. Box 5048, Windhoek, Tel. 061/23 06 16, www.wolwedans.com.na. Gemeinsame Vermarktung der drei luxuriösen Camps in der Namib Rand Nature Reserve: Wolwedans Dunes Lodge, Wolwedans Dune Camp und Wolwedeans Private Camp. Die drei Camps haben unterschiedliche Charaktere, die Preise liegen zwischen 1250 und 1950 N$ pro Person.

Gästefarm Ababis: P.O. Box 1004, Maltahöhe, Tel. 063/29 33 62, ababis@natron.net. Familiär geführte Gästefarm an der C14 am Fuße der Naukluftberge ca. 12 km südlich von Solitaire. Farmrundfahrten, Wanderungen im Farmgebiet, Tagestouren ins Sossusvlei, acht Zimmer (s. S. 184). DZ 1104 N$.

Gästefarm Büllsport: P.O. Box 1003, Maltahöhe, Tel. 063/29 33 71, www.natron.net/tour/buellspt. 60 km südöstlich von Solitaire direkt an der C14 am östlichen Fuß der Naukluftberge. Allradtouren aufs Naukluftplateau. Besuch bei den Bergzebras, verschiedene Wanderungen, Ausritte, Pool (s. S. 192). DZ 1092 N$.

Farm Namtip Biosphere Reserve: P.O. Box 19, Aus, Tel. 061/23 35 97, namtib

DIE NAUKLUFTBERGE – EIN VERKANNTES PARADIES

Für viele Namibiabesucher ist das Naukluftgebirge nur eine Randerscheinung. Und das im wahrsten Sinne des Wortes. Entweder sie streifen die bizarre Bergwelt nur, wenn sie auf schnellen Reifen von Solitaire nach Sossusvlei fahren, oder sie durchschneiden das Gebirge bei der Reise von Swakopmund über Maltahöhe in Richtung Süden. Egal, welchen Weg sie wählen, es bleibt immer nur der vage Eindruck einer menschenfeindlichen Gebirgsregion, die nicht unbedingt zu Wanderungen einlädt. Das stimmt zum Teil auch. Die Naukluft ist ein ideales Terrain für Bergwanderer und Allrader der harten Art, aber hinter ihren hohen Bergen verbirgt sich etwas anderes. Nicht wenige Wanderer haben plötzlich gedacht, sie hätten den Garten Eden entdeckt. Ein Stopp lohnt also, und vielleicht kann man sogar zwei, drei Tage für diese, bisher wohl etwas unter Wert verkaufte Region erübrigen.

Auch Ernst Sauber, einer der besten Naukluft-Kenner, stellt fest, dass es zwar einige Naukluft-Fans gibt, die es immer wieder herzieht, doch das sind eben nur Ausnahmen. Es ist noch immer nicht gelungen, die Naukluft so richtig aus ihrem Dornröschenschlaf zu wecken. »Komisch, es gibt in Namibia kein vergleichbares Gebirge. Trotzdem fahren die meisten einfach durch«, erzählt er, während er den Jeep nach einer Farmrundfahrt mit seinen Gästen in der Garage unterstellt. »Manchmal denke ich, die Leute sind blind.« Die Gäste auf Büllsport, der Farm, die Ernst Sauber gemeinsam mit seiner Frau Johanna bewirtschaftet, sind es nicht. Für Erhard Schulze aus Halle, der gerade dabei ist, »seine Knochen zu sortieren«, ist es schon die dritte Reise nach Namibia. In der Naukluft war er noch nie. »Die Allradstrecke auf die Berge ist zwar selbst für den Mitfahrer ein hartes Stück Arbeit, doch die Faszination, die Tiere in ihrem Revier, in den Bergen zu beobachten, ist so beeindruckend, die entschädigt für alles«, sagt er, während die Gelenke langsam wieder funktionieren. »Ganz toll war es aber gestern. Mit dem Jeep hat uns Ernst ganz oben auf die Bergspitze gefahren. Das Panorama war einmalig. Dann ging es zu Fuß in die Köcherbaumschlucht. Dort haben wir dann ein Stück vom Garten Eden gesehen. So etwas hatte ich wahrlich nicht erwartet.« Ernst Sauber schmunzelt bei diesen Worten. »So wie es Erhard erlebt hat, geht es vielen. Da wandert man zwei Stunden durch die völlig aride Bergwelt und dann das.«

In den Tälern gibt es viele Quellen, die das ganze Jahr über sprudeln. Sie haben teilweise in den Jahrhunderten richtige kleine Bassins in die Felsen gewaschen. Die Pools, umgeben von saftig grünen Bäumen und überspannt vom azurblauen Himmel über der Naukluft, kommen dem Wanderer dann tatsächlich vor wie ein Stück vom Paradies. Das Ganze ›garniert‹ von dutzenden Vögeln, Kaulquappen im klaren Wasser und Bergzebras an den steilen Wänden der Schlucht, welche Kulisse könnte schöner sein für ein erfrischendes Bad als diese?′

Das ist bei weitem nicht das Einzige, was Ernst Sauber in ›seinem‹ Gebirge empfehlen kann. Wie kaum ein anderer kennt er sich aus. Immerhin ist seine Familie bereits seit 1885 in Namibia zuhause. Es gibt neben den Landrover-Fahrten in die Naukluft, ein ganz spezieller Trail für hartgesottene Allradfans wurde eingerichtet, den Naukluft-Wanderweg über 120 km und zahlreiche kürzere Wanderungen, die an der Gästefarm Büllsport ihren Anfang nehmen. So kann man den Waterkloof- oder den Olivenweg in Angriff nehmen. Eine gute Kennzeichnung sorgt dafür, dass man sich nicht verläuft. Immer wieder wechseln prächtige Panoramablicke mit grünen Schluchten. Ein Paradies für Vogelliebhaber. In der Naukluft wurden bisher 250 Arten klassifiziert. Da gibt es viel zu sehen, unter anderem auch den majestätischen Felsenadler.

»Bei uns kann man sich auch ein Pferd mieten und die Reize der Naukluft hoch zu Ross erleben. Meine Frau ist eine versierte Reiterin«, ergänzt Ernst Sauber und vergisst dabei zu erwähnen, dass Büllsport an sich schon ein Ziel ist. Es gibt wenige Gästefarmen, wo der Farmbetrieb und das Ambiente noch so ursprünglich ablaufen, wie hier am Fuße der Naukluftberge. Hier ticken die Uhren anders. Wenn man nach einer anstrengenden Wanderung vor dem Haus sitzt, meint man manchmal, sogar die alten Ochsenkarren zu hören, wie sie ihren Weg durchs Gebirge suchen. Und geht man dann auf ein Eis in den historischen Farmladen, ist die Illusion von der ›guten alten Zeit‹ perfekt.

Information und Buchung: Gästefarm Büllsport, Maltahöhe, Ernst Sauber, Tel. 063/69 33 71, naukluft@iway.na.

Wandern in der Naukluft

Schloss Duwisib

Ritterburg mit Zinnen, Türmen und Palas. Architekt Wilhelm Sander baute das Traumschloss des Hauptmanns der Schutztruppen Hansheinrich von Wolf 1908 südwestlich von Maltahöhe in die Wüste. Steinmetze aus Italien, Zimmerleute aus Skandinavien und Bauarbeiter aus Irland schufen den 22-Zimmer-Palast, der 250 000 Goldmark kostete. Heute ist es ein sehenswertes Nationaldenkmal (Atlas S. 236, C4; tgl. 8–17 Uhr).

@iafrica.com.na. Gästefarm mit fünf einfachen Zweibett-Bungalows an der D707 zwischen Helmringshausen und Aus. Sehr familiäre Gastfreundschaft, Spaziergänge und Wanderungen auf dem Farmgelände. DZ/VP 900 N$.

Camp Gecko Desert Ranch: P.O. Box 3165, Swakopmund, Tel. 062/57 20 17, geckonam@iway.na. Ranch für aktive Gäste. Geräumige Safarizelte mit Bad und Terrasse, an der D1275 unterhalb des Spreetshoogte Pass ausgeschildert. Ausritte bis zu einer Woche, ein- und mehrtägige Wanderungen, Westernreiten. Safarizelt 740 N$.

Rostock Ritz: P.O. Box 536, Swakopmund, Tel. 064/40 36 22, kuecki@mweb.com.na. 22 Doppelzimmer in großen ›Lehm-Iglus‹. Pool, Wanderungen und Ausritte. Zufahrt nördlich von Solitaire von der C14 aus ausgeschildert. DZ 520 N$.

Haruchas Guest Farm: P.O. Box 113, Maltahöhe, Tel. 063/29 33 99, haruchas@namib.com. Von der C14 unweit von Büllsport auf der Pad 855 in Richtung Süden. Vier Doppelzimmer und eine größere Einheit für Familien. Pool, Geländewagentouren, Farmrundfahrt, Wanderungen. DZ 300 N$.

Kathrin und Uwe Schulze-Neuhoff laden ein zu Offroad-Fahrten auf das Naukluftplateau und Wanderungen in die Naukluftberge auf markierten Wegen sowie zu Mehrtagestrails: **Gästefarm Ababis,** s. S. 184, 191.

Von Maltahöhe nach Bethanie

Atlas: S. 238, C1, C2

In Europa würde man **Maltahöhe** als typischen Verkehrsknotenpunkt bezeichnen. Doch trotz der fünf wichtigen Straßen, die in alle Himmelsrichtungen führen, hält sich das Verkehrsaufkommen in Grenzen. Die Bedeutung der 2000-Seelen-Gemeinde am Rand der 1400 m hohen Schwarzrandhochebene liegt vor allem in ihrer Funktion als Versorgungszentrum für die umliegenden Farmen. Die Farmer und auch durchfahrende Touristen machen gern im **Maltahöhe-Hotel** (s. S. 195) Rast, das für seine gute Küche bekannt ist. Zum Gottesdienst in der modernen Kirche kommen Farmer mit ihren Familien aus einem Umkreis von über 100 km. Unweit der Stadt erinnern zwei Friedhöfe an die deutsche Kolonialzeit. Östlich fanden 40 gefallene deutsche Soldaten ihre letzte Ruhestätte, die im Kampf gegen den Nama-Häuptling Hendrik Witbooi ihr Leben verloren.

Nördlich von Maltahöhe, direkt an der C14, befindet sich der Ernst-Hermann-Friedhof. Hermann brachte die Schafzucht und Wollveredlung nach Südwest und kam während des Nama-Aufstandes 1904 ums Leben.

Seinen Namen erhielt der Ort durch Hauptmann Henning von Burgsdorf, der den hiesigen Posten der Schutztruppler nach seiner Frau Malta benannte.

80 km nördlich vor Bethanie liegt der kleine Ort **Helmringshausen,** der für viele Reisende mit seiner Tankstelle, dem Hotel und einem Freilichtmuseum ein willkommener Anlass für eine Pause ist. Wenige Kilometer südwestlich liegt an der C13 das bizarre Granitmassiv der **Tirasberge.** Noch ist das Gebiet touristisch kaum erschlossen, doch seit einiger Zeit haben sich Farmer zum Tiras Mountains Conservancy (namibia@bigfoot.com) zusammengeschlossen und versuchen, das zu ändern.

Es gibt zwei Dinge, die die Geschichte **Bethanies** mit seinen heute rund 2000 Einwohnern prägen: die starke Quelle, die dazu führte, dass hier bereits 1804 Orlam Nama siedelten, und die 1814 durch den Missionar Hinrich Schmelen errichtete Station der Londoner Missionsgesellschaft. Sein Haus gilt als erstes Steinhaus in ganz Namibia. Im **Schmelen-Haus** in der Nähe der Kirche ist ein kleines, missionsgeschichtliches Museum untergebracht. Es ist fast immer geöffnet. Sonst im Pfarrhaus nebenan nach dem Schlüssel fragen (Tel. 063/28 31 40).

Schmelen heiratete eine Nama-Frau und lernte von ihr die Nama-Sprache Khosian. Die Missionierung der Nama erwies sich jedoch als sehr schwierig. Die Nama waren zu sehr mit ihren ständigen Raubzügen gegen die Herero beschäftigt, um sich um Gottes Wort zu kümmern. Als sie Schmelen dann auch noch für eine lang anhaltende Dürre verantwortlich machten, gab er auf und verließ Bethanie 1828. Einige Jahre später übernahm die Rheinische Mission die Station und errichtete eine Kirche. Da sie nicht die einzige blieb, wird das Ortsbild heute von mehreren Gotteshäusern bestimmt. Die kirchlichen Gesänge der Nama-Gemeinde klingen sehr beeindruckend.

Sehenswert ist auch das **Fredericks-Haus,** in dem einer der folgenschwersten Verträge für Namibia geschlossen wurde: Hier unterzeichnete 1883 der Nama-Führer Joseph Fredericks einen Vertrag mit Heinrich Vogelsang, dem Beauftragten von Adolf Lüderitz. Für 100 Pfund Sterling und 200 Gewehre überließen die Nama Lüderitz die Bucht von Angra Pequena (Lüderitzbucht) und das Land im Umkreis von 5 Meilen. Ein Jahr später einigten sich an der selben Stelle Fredericks und der deutsche Generalkonsul Friedrich Nachtigall über den ›Schutz- und Freundschaftsvertrag‹.

Atelier du Desert Guestfarm: P.O. Box 120, Maltahöhe, Tel. 063/29 33 04, www.natron.net/genevieve. Komfortables, relativ neues Gästehaus in Maltahöhe. Namibischer Stil mit französischen Akzenten im Ambiente und in der Küche. Angeschlossen ist ein Kunstgewerbszentrum für namibische Töpferkunst und Seidenmalerei. DZ 550 N$.

Maltahöhe-Hotel: Maltahöhe, Tel. 063/29 30 13. Kleines Hotel mit gemütlichen Zimmern und einem guten Restaurant, nicht zu verfehlen. DZ 420 N$.

LÜDERITZ UND DER SÜDEN

Je weiter nach Süden man in Namibia kommt, desto weniger Menschen wird man treffen und desto trockener wird das Land. Mit Ausnahme des Oranje, des Grenzflusses zu Südafrika, wartet karge Landschaft durchzogen von den tief eingeschnittenen Schluchten des Fish River Canyons. Selbst Lüderitz musste in den Gründungsjahren per Schiff mit Trinkwasser aus Kapstadt versorgt werden.

Lüderitz

Atlas: Seite 238, A/B2
Wenn man in Namibia unterwegs ist, hört man immer wieder von Touristen oder auch von Namibiern selbst, die Fahrt nach Lüderitz könne man sich sparen. Eigentlich schade, denn das hat die historische Gründerstadt des modernen Südwestafrika nicht verdient. Zwar kann sie sich außer beim regelmäßigen, kühlen Küstennebel, der sie einhüllt, nicht mit Swakopmund messen, ein eigener Reiz ist der 25 000-Einwohnerstadt aber nicht abzusprechen.

Das Zentrum der Stadt hat es sich auf einem mächtigen, dem stürmischen Seewind ausgesetzten Granitfelsen ›gemütlich‹ gemacht. Langusten und Austern gehören zu den wichtigen wirtschaftlichen Standbeinen, seit die Diamantensucher schon vor Jahrzehnten an den Oranje weitergezogen sind. Man hat zwar vor der Küste große Erdgasfelder entdeckt, doch noch ist damit kein wirtschaftlicher Aufschwung in Sicht. Man hat auf den Tourismus gehofft. Neue Hotels und Pensionen sind entstanden. So richtig aufgegangen ist diese Rechnung bisher nicht. Vielleicht trägt der neue Flughafen dazu bei, dass mehr Menschen auf dem schnellen Luftweg von Windhoek in den Südwesten kommen. Auf dem Landweg sind es von Windhoek immerhin gute 850 km.

Geschichte

Einmal mehr war es Bartholomeu Diaz, der berühmte portugiesische Seefahrer und Entdecker, der als erster Europäer seinen Fuß in der heutigen Lüderitzbucht aufs Festland setzte. 1487 suchte er mit seinen drei Karavellen Schutz vor einem Sturm in der Bucht. Ein Jahr später machte er in der Bucht Halt und errichtete auf der Diaz-Spitze ein Steinkreuz. Überreste davon sind im Museum in Windhoek zu sehen. Danach dauerte es fast vier Jahrhunderte, bis sich erneut Weiße für den einzigen Naturhafen an der südlichen Namib zu interessieren begannen. Zuerst waren das hauptsächlich Walfänger und Guano-Sammler. 1883 schloss Heinrich Vogelsang im Auftrag des Bremer Tabakkaufmanns Adolf Lüderitz mit den Nama einen Vertrag über den Kauf der Lüderitzbucht und eines rund 5 Meilen breiten Uferstreifens von der Oranje-Mündung bis weit nördlich der Bucht. Lüderitz hoffte auf Erz oder Mineralienfunde im Hinterland. Bismarck stellte die Besitzungen 1884 unter deutschen Schutz. Mit der Anlandung eines kleinen Truppenkontingents schlug die Geburtsstunde der deutschen Kolonie.

Lüderitz hatte mit seinen Spekulationen auf kommenden Reichtum wenig Glück. Weder Gold noch Silber wurde gefunden, nicht einmal Kupfer. Die Bohrungen nach Trinkwasser blieben erfolglos, so dass das kostbare Nass sogar per Schiff aus Kapstadt geholt werden musste. Außerdem hatte er große Probleme mit den Nama. Die waren bei Vertragsschluss von den damals üblichen englischen Landmeilen, also 1,61 km, ausgegangen, während ihnen Lüderitz erst nach Vertragsabschluss deutlich machte, dass für ihn die preußische geografische Landmeile von 7,5 km maßgeblich sei. Durch

Goerke-Haus in Lüderitz

diesen Meilenschwindel verloren die Nama einen großen Teil ihres Stammesgebiets.

Bereits nach zwei Jahren waren die finanziellen Reserven von Adolf Lüderitz erschöpft. Er musste seine Besitzungen an die ›Deutsche Kolonialgesellschaft‹ verkaufen. 1886 kehrte Lüderitz von einer Bootsexpedition im Bereich der Oranje-Mündung nicht zurück. Sein Schicksal konnte nie geklärt werden. Das recht trostlose Lüderitz blieb vorerst ein unbedeutendes Hafenstädtchen.

Der große Umschwung setzte 1908 ein. Als man beim Bau der Eisenbahnverbindung von Keetmanshoop auf große Diamantenfunde im scheinbar wertlosen Wüstensand stieß, begann ein wirtschaftlicher Aufschwung, der seinesgleichen in Afrika suchte. Plötzlich waren Lüderitz und das 12 km entfernt in der Wüste liegende Kolmanskop reich. Obwohl der Boom nur wenige Jahre dauerte, sieht man Lüderitz den früheren Reichtum bis heute an. Die teils prächtig restaurierten Jugendstilhäuser im Zentrum sprechen eine deutliche Sprache.

Anders als die übrige deutsche Kolonie erklärte sich Lüderitz Anfang des Ersten Weltkriegs zur offenen Stadt. Dadurch wurden die deutschstämmigen Einwohner nur ein Jahr interniert. Bereits 1915 konnten sie als freie Männer in ihre Heimatstadt zurückkehren. Als 1928 der Diamantenboom verebbte und die Schürfer an die Oranje-Mündung zogen, begann der langsame Niedergang der Stadt. Das Diamantenstädtchen Kolmanskuppe wurde in den 50er Jahren von den letzten Einwohnern verlassen. 1978 entzog die südafrikanischen Mandatsmacht Lüderitz dann sogar die Stadtrechte und bis 1987 wurde es von Windhoek verwaltet. Heute schöpfen die Lüderitzer berechtigt Hoffnung, in der Zukunft ein deutlich größeres Stück vom touristischen Kuchen abzubekommen. Private Investoren schufen neue Hotels und Pensionen, und auch die in den letzten Jahren entstandene Waterfront soll zu einem touristischen Anziehungspunkt werden. Nun müssen sie nur noch kommen, die erhofften Gästeströme.

Sehenswürdigkeiten

1 Felsenkirche
2 Goerke-Haus
3 Kreplin-Haus
4 Lüderitz-Museum
5 Krabbenhöft und Lampe
6 Altes Postamt
7 Bahnhof
8 Woermann-Haus

Übernachten

9 Nest-Hotel Lüderitz
10 Sea View Hotel Zum Sperrgebiet
11 Hotel Diamond Reef City
12 Pension Zur Waterkant
13 Hansa Haus Gästehaus
14 Pension Haus Sandrose
15 Lüderitz Backpackers Lodge

Essen und Trinken

9 Penguin Restaurant
10 Restaurant Zum Sperrgebiet
16 Ritzis Seafood Restaurant
17 Legends

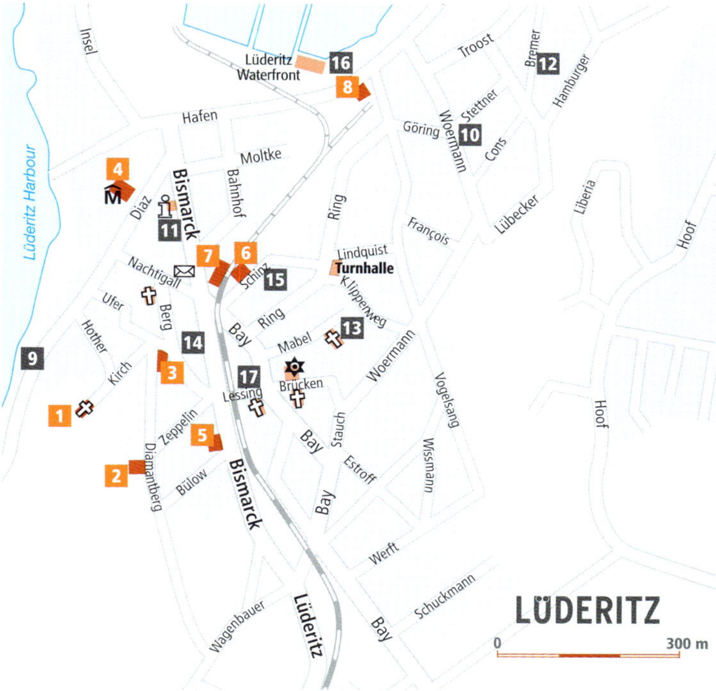

Von der Felsenkirche zur Waterfront

Das eigentliche Wahrzeichen der Stadt ist die hoch oben auf dem Granitfelsen erbaute **Felsenkirche** 1. Seit 1911 trotzt der neugotische Bau den Stürmen. Ein Blick hinein lohnt. Besonders die herrlichen Buntglasfenster, gestiftet von Kaiser Wilhelm, sind eine Augenweide. Die schwere Altarbibel stammt übrigens von des Kaisers Frau (tgl. außer So ab 18 Uhr oder nach Anmeldung unter Tel. 063/20 23 81).

Ebenfalls besichtigen kann man das imposante **Goerke-Haus** 2 nur zwei Straßen von der Kirche entfernt. Leutnant Hans Goerke leitete die Emilienthal-Diamantgesellschaft in Lüderitz und ließ sich 1909–11 diese prächtige Villa auf den Fels setzen. Es dürfte das schönste Gebäude aus der Gründerzeit von Lüderitz sein. Auffällig die Sonnenuhr an der Giebelseite des kleinen Turmes (Mo–Fr 14–16, Sa/So 16–17 Uhr).

Auf dem Weg zurück zur Bismarckstraße, der Hauptstraße der Stadt,

Nicht gegen den Wind parken

Lüderitz ist eine stürmische Stadt. Durch ihre Lage auf dem Felsen ist sie den von See heranbrausenden Winden relativ schutzlos ausgeliefert. Deshalb ein Tipp für alle Selbstfahrer: Möglichst immer gegen die Windrichtung parken. Sonst kann es passieren, dass einem der Sturm die Tür aus der Hand reißt und schlimmstenfalls die gesamte Türaufhängung abbricht. Das wird dann teuer.

kommt man am **Kreplin-Haus** 3 vorbei. Das an der Ecke Bergstraße/Diamantenbergstraße gelegene Gebäude wurde 1909 als Wohnhaus für Emil Kreplin gebaut, der nicht nur Direktor einer Diamantfirma, sondern auch der erste Bürgermeister von Lüderitz war.

Wenn man von einem lebhaften Zentrum in Lüderitz spricht, dann muss es sich zwangsläufig um die **Bismarckstraße** handeln. Hier konzentrieren sich die meisten Geschäfte, es gibt die Büros der Touranbieter, Banken sowie Restaurants und Hotels. Jugendstil und Wilhelminischer Stil charakterisieren die meisten Häuser entlang der Straße. Geht man die Wilhelmstraße seewärts, kommt man an einen Platz mit einem Brunnen. Von dort führt die Diaz-Straße nach links. Nur einige Schritte weiter wartet gegenüber dem Bayview Hotel das durchaus sehenswerte **Lüderitz-Museum** 4**.** Es informiert mit vielen Zeugnissen über die Geschichte von Lüderitz, über den Diamantenabbau, die einheimische Bevölkerung, den Fischfang und über das Leben in der Wüste (Tel. 063/203 89 59, Mo–Fr 15.30–17 Uhr).

Zurück auf der Bismarckstraße sollte man das landwärts liegende ehemalige Handelshaus von **Krabbenhöft und Lampe** 5 besuchen. Heute beherbergt es eine Karakul-Teppichweberei. Besucher sind gern gesehen, und natürlich kann man Teppiche kaufen und sie sich sogar nach Europa schicken lassen. Zurück zum Meer passiert man das **Alte Postamt** 6 aus dem Jahre 1908, in dem das Büro der Naturschutzbehörde untergebracht ist. Ein Stück weiter befindet sich der **Bahnhof** 7**,** der erst 1914, also sieben Jahre, nachdem der erste Zug in Lüderitz eintraf, eingeweiht werden konnte.

Folgt man am Ende der Bismarckstraße der Hafenstraße, erreicht man das zurzeit größte Prestigeprojekt der Stadt. Es ist weltweit eine Modeerscheinung geworden, eine moderne **Waterfront** zu bauen, so auch in Lüderitz. Obwohl zwei Nummern kleiner als in Kapstadt, Sydney oder auch Oslo, haben es die Lüderitzer trotzdem geschafft, einen netten Platz zum Bummeln und Verweilen zu konzipieren. Was noch fehlt, sind potente Mieter für Geschäfte und Büros sowie natürlich reichlich Touristen, die das Ganze mit Leben erfüllen. Über der Waterfront thront das **Woermann-Haus** 8**.** Woermanns Rederei betrieb auch in dieser Hafenstadt eine Niederlassung. Vom Woermann-Haus hat man einen schönen Blick auf den Hafen und die vorgelagerte Shark Island.

Während man im Zentrum alles Sehenswerte in kurzer Zeit zu Fuß erreichen kann, ist es bis auf **Shark Island** ein Stückchen weiter. Auf der Insel befindet sich einer der tollsten Campingplätze des Landes (s. S. 205). Die Campsites ducken sich hinter mächtige Granitfelsen. Eindrucksvolle Fotos sind garantiert. Ein sturmerprobtes Zelt ist empfehlenswert.

Lüderitz-Halbinsel

Atlas: S. 238, A2
Lüderitz ist vom Diamantensperrgebiet umgeben, so dass man für Touren in die weitere Umgebung **Genehmigungen** braucht, die man im Büro der Lüderitz Safaris & Tours (s. S. 204) erhält. Die Lüderitz-Halbinsel ist davon ausgenommen.

Nur wenige Besucher der Stadt planen einen zusätzlichen Tag für die Lüderitz-Halbinsel ein. Bedauerlich, denn eine Tour dorthin ist sehr reizvoll. Es warten malerische Buchten, Lagunen und einsame Strände. Nachdem man die Stadt in Richtung Keetmanshoop verlassen hat, biegt rechts eine Piste Richtung Küste ab. Vorbei an der **Second Lagoon** führt sie in Richtung Norden. Eine erste Sackgasse bringt den Besucher zu den Stränden der **Griffith Bay** und zur **Sturmvogelbucht,** an der es noch Reste einer alten Walfängerstation zu sehen gibt, die norwegische Walfänger 1914 hier errichtet hatten.

Zurück auf der ›Insel-Hauptstraße‹ geht es auf dieser Piste, die auch für normale Pkw kein Problem darstellt, bis zum **Diaz Point,** dem Leuchtturm und dem **Diaz-Kreuz.** Das heutige Kreuz ist eine Nachbildung des Originals und wurde 1988 zum 500. Jahrestag der Landung von Diaz aufgestellt. Weiter fährt man dann an der Westküste der Halbinsel entlang. Zwischen der Guano Bay und der Knochenbucht liegt vor der Küste die kleine **Halifax-Insel.** Sie darf nicht betreten werden, doch gibt es Segelfahrten von Lüderitz dorthin. Mit dem Fernglas kann man vom Boot das bunte Vogeltreiben gut beobachten. Halifax Island gehört zu den zwölf so genannten Pinguin-Inseln, die nördlich und südlich vor Lüderitz liegen. Tausende Pinguine und noch mehr andere Seevögel sind hier zu Hause. Im 19. Jh. wurden Hunderttausende Tonnen Guano von diesen Inseln geholt. In größeren Abständen darf auch heute der beliebte Dünger abgebaut werden. Bis sich eine 1 m dicke Schicht dieses Vogelmists gebildet hat, dauert es aber mindestens 35 Jahre.

Zur **Eberlanzhöhle** direkt am Meer wurde ein rund 10-minütiger Fußweg markiert, der von der Piste südlich Essy Bay abgeht. Von der Großen Bucht führt die Straße zurück nach Lüderitz.

Agate Beach

Atlas: 238, B2
Wer lange Strandspaziergänge, zum Baden ist es in der Regel zu kalt, mit einer Schatzsuche verbinden will, ist am nördlich von Lüderitz gelegenen Agate Beach bestens aufgehoben. Seinen Namen erhielt der Strand nicht von ei-

GLITZERNDE STEINE IN SÜDWEST

Der Faszination, die die alte ›Geisterstadt‹ Kolmanskop auf die Besucher ausübt, kann sich kaum einer entziehen. Rund 10 km vor der Hafenstadt Lüderitz gelegen, ist sie eines der beeindruckendsten Zeugnisse des Diamantenfiebers, das Anfang des vorigen Jahrhunderts Glückssucher aus nah und fern in den Süden der deutschen Kolonie zog. Dabei war es mehr Zufall als planvolles Suchen, das zum Auslöser des beispiellosen Diamantenrausches wurde. Die Chronik erzählt, im April 1908 sei es gewesen, dass der aus Thüringen stammende Oberbahnmeister August Stauch mit seinen Arbeitern wie immer damit beschäftigt war, die Bahngleise der Strecke zwischen Lüderitz und Keetmanshoop von Treibsand zu befreien. Eine wahre Sisyphus-Arbeit, die Stauch aber genügend Zeit für sein Hobby, die Mineralogie, ließ. Es verwundert nicht, dass August Stauch sofort ahnte, welch wertvollen Fund ihm sein farbiger Gleisarbeiter Zacharias Lewala überreichte. Er sah nach nichts aus, der Gesteinsklumpen, doch Lewala, der einige Jahre in südafrikanischen Minen gearbeitet hatte, vermutete richtig, es war ein Diamant. Gemeinsam mit zwei Freunden sicherte sich der Thüringer die Schürfrechte.

Es begann ein Wettrennen in der Wüste. Wie beim Bergkgeschrey einige hundert Jahre zuvor im Erzgebirge oder beim Goldrausch in Alaska eilte die Kunde von den Diamantenfunden rund um die Welt. Glücksritter aus vielen Ländern der Erde machten sich auf, um ihren Teil vom großen Kuchen abzubekommen. Tausende erwarben Schürfrechte und steckten ihre Claims ab. Doch die Hoffnung auf das große Geld erwies sich für die meisten als sehr trügerisch. Außer Hitze, Sand und Sonne blieb ihnen nichts. Es war nur eine kurze Zeit der Hoffnung, die den kleinen Diggern blieb. Bereits im September 1908 machte die deutsche Kolonialverwaltung dann ›Nägel mit Köpfen‹. Sie erklärte einen 100 km breiten Küstenstreifen zum Diamantensperrgebiet. Um dessen Erschließung und Ausbeutung kümmerte sich fortan die Deutsche Diamanten Gesellschaft. Kolmanskop entstand, die Diamantenmetropole von Deutsch-Südwest.

Mit Beginn des Ersten Weltkriegs und dem Ende der deutschen Kolonialzeit ging die Mine an Südafrika. Bis dahin hatte man dem Wüstenboden bereits Diamanten im Wert von rund 165 Mio. Mark entrissen. Die Minengesellschaft errichtete in den 30er Jahren die Stadt Oranjemund, die bis heute eine hermetisch abgeriegelte Zone ist, in der Tausende Spezialisten und Vertragsarbeiter leben und arbeiten.

Da die Vorkommen an der Mündung des Oranje reicher waren als die in der Wüste, verlor Kolmanskop schnell an Bedeutung. Es kamen keine berühmten Künstler mehr ins Kasino, das Management der Mine zog um, und 1956 verließen die letzten Einwohner die Stadt. Es dauerte nicht lange, und der feine Treibsand, der fast ständig über die Dünen der Namib weht, nahm Besitz von den ersten Gebäuden. Überall drang der Sand ein, die Häuser verfielen Stück für Stück. Erst

1983 schob man dieser Entwicklung einen Riegel vor. Einige der Gebäude, allen voran das große Kasino, wurden wieder aufgebaut und restauriert. Aus der Geisterstadt wurde ein Freilichtmuseum.

Doch schon wieder greift die Wüste mit ihrem heißen Atem nach dem, was Menschen geschaffen haben. Schilder wie Bäckerei oder Schlachterei erinnern an frühere Zeiten, doch wagt man den Schritt hinein, sind es große Sandberge, die sich dort breit machen, wo einst der Bäcker für frisches Brot sorgte. Ein Bummel durch Kolmanskop ist gleichermaßen faszinierend und bedrückend. Nur das leise Singen des Windes, der immer neuen Sand vor sich hertreibt, stört die Stille. Die Überreste der Häuser werfen im grellen Sonnenlicht Schattenspiele auf den Sand. Nur im Kasino, dort, wo vor Jahrzehnten regelmäßig Stars aus Europa auftraten, ist noch ein bisschen vom ehemaligen Glanz und Reichtum der alten Diamantenmetropole zu erahnen. Hier saß sicher auch ab und an August Stauch und dachte an die vielen Millionen, die er als erster Diamantenschürfer verdient hatte. Doch wie gewonnen, so zerronnen. Inflation, Weltwirtschaftskrise und der Zweite Weltkrieg machten aus Stauch wieder das, was er vorher war, einen armen Mann. 1947 starb er in seiner alten Heimat Thüringen. Man sagt, er besaß 2,50 Mark.

Heute kümmert sich die Namdeb (Namibian de Beers) um die Diamanten. Rund eine Million Karat werden im Jahr gefunden, wobei 98 % der namibischen Diamanten Schmuckqualität haben. Ein Wert, der sonst kaum auf der Welt erreicht wird.

Haus in Kolmanskop

ner Offiziersfrau, sondern nach dem Halbedelstein Achat, von dem es im Sand bis heute reichlich Splitter gibt. Größere Einzelstücke sind nur selten zu finden. Aber wer weiß schon im Voraus, ob er ein Glückspilz ist?

Kolmanskop und Bogenfels

Atlas: 238, B2 und B3
Ein Ausflug, den wohl kein Tourist auslässt, ist der Besuch der ehemaligen Diamantenhauptstadt **Kolmanskop** vor den Toren der Stadt. Für so manchen Gast ist das sogar der wahre Grund für den Abstecher in Richtung Lüderitz. Der 1908 begonnene Diamantenboom rund um Kolmanskop hielt nur gut 20 Jahre an (s. S. 202). Nachdem die einst sehr reiche Stadt 1956 verlassen worden war, schien sie unaufhaltsam von der Wüste verschlungen zu werden. In der Blütezeit lebten hier über 300 Spezialisten mit ihren Familien. Von der Schule über Bahnhof, Bäcker und Krankenhaus bis hin zum Casino fehlte es an nichts, um ihnen das Leben in der Wüste so angenehm wie möglich zu machen. In den Anfangsjahren brachte jeden Monat ein Schiff aus Kapstadt 1000 t Trinkwasser. Später übernahmen Entsalzungsanlagen die Wasserversorgung. Heute ist die Stadt zu einem beeindruckenden Museum geworden (1-stündige Führungen tgl. 9.30 und 10.45 Uhr. Tickets bei Lüderitz Safaris & Tours, s. u.).

Eine weitere Tour führt an der Küste etwa 90 km ins Sperrgebiet und ist unbedingt zu empfehlen. Dabei werden ehemalige Diamanten-Abbaustätten besucht und das **Ghost Town Bogenfels** besichtigt. Am Namensgeber dieser verlassenen Siedlung, dem mächtigen Bogenfelsen an der Atlantikküste, wird ein Halt eingelegt (Lüderitz Safaris & Tours, Tagestour, Anmeldung mindestens sechs Tage vorher).

Lüderitz Safaris & Tour: P.O. Box 76, Bismarck St., Lüderitzbucht, Tel. 063/20 27 19.

Nest-Hotel Lüderitz [9]: P.O. Box 690, Diaz-St., Tel. 063/20 40 00, nest@ldz.namib.com. 1998 eröffnet und seitdem das erste Haus am Platz. Direkt am Meer und sehr komfortabel, gutes Restaurant mit ausgesuchten Fischspezialitäten. DZ 895 N$.
Sea View Hotel Zum Sperrgebiet [10]: P.O. Box 373, Woermannstr., Tel. 063/20 34 11, michaels@ldz.namib.com. Erstklassiges Hotel mit Bar, Restaurant, Innenpool und Sauna. Ausgezeichnete Lage oberhalb der Waterfront. DZ 701 N$.
Hotel Diamond Reef City [11]: Bismarck St., Tel. 063/20 28 56. Renoviertes Hotel direkt im Zentrum. Gemütliche, komfortable Zimmer. DZ 450 N$.
Pension Zur Waterkant [12]: P.O. Box 1055, Bremer St., Tel. 063/20 31 45, zur-waterkant@raubkatzen.de. Gästehaus in einem ruhigen Wohnviertel. Zimmer mit Frühstück, herrlicher Blick über den Hafen und die Lüderitz-Bucht. Ausflugstouren werden organisiert. DZ 375 N$.
Hansa Haus Gästehaus [13]: 5 Mabel St., Tel. 063/20 35 81. Vier komfortable Doppelzimmer in einem alten, herrschaftlichen Wohnhaus aus der Kolonialzeit mit Meerblick. Nur für Selbstversorger, kein Frühstück. Küche ist komplett ausgestattet. DZ 320 N$.
Pension Haus Sandrose [14]: Tel. 063/20 26 30, sandrose@ldz.namib.com.Liebe-

voll geführte, gemütliche Pension in zentraler, trotzdem ruhiger Lage mit Garten. DZ 200 N$.

Lüderitz Backpackers Lodge 15**:** P.O. Box 223, 7 Schinz St., Tel. 063/20 20 00, toya@ldz.namib.com. Gemütliche Bleibe mit Doppelzimmern, Schlafräumen, Küche, Aufenthaltsraum und Gemeinschaftsbad. Schlafsaal ab 55 N$ p.P.

Campingplatz Shark Island: außergewöhnliche Lage auf Shark Island. Buchungen über Namibia Wildlife Resorts (s. S. 219). Der Erfahrung nach kommt man außerhalb der Ferienzeiten aber auch vor Ort zum Übernachtungs-Permit.

Penguin Restaurant: im Nest-Hotel 9, Tel. 063/20 40 00. Internationale Küche mit Schwerpunkt Meeresfrüchte. Blick aufs Meer, Terrasse über der Stadt. Menü ab 85 N$.

Restaurant Zum Sperrgebiet: im gleichnamigen Hotel 10, Tel. 063/20 34 11. Ausgezeichnete Küche, Spezialitäten, Meeresfrüchte, große Auswahl auch an Fleischgerichten, Blick über den Hafen. Menü ab 80 N$.

Ritzis Seafood Restaurant 16**:** Diaz-St., Tel. 063/20 28 18. Der Name ist Programm, im Mittelpunkt stehen Muscheln, Hummer und andere Meeresfrüchte, doch auch wer so etwas nicht mag, geht nicht hungrig nach Hause. Menü ab 70 N$.

Legends 17**:** Bay Road, Tel. 063/20 31 10. Gepflegte Atmosphäre, Seafood à la carte, ausgezeichnete Fleischgerichte der Region. Menü ab 70 N$.

›Sedina‹-Segeltörn für seefeste Gäste. Tgl. 8 Uhr starten die zweistündigen Bootsfahrten im Lüderitz-Hafen zur Sturmvogelbucht bzw. nach Halifax Island. Das Meer vor Lüderitz schüttelt das kleine Schiff mächtig durch. Wer damit klarkommt, kann sich auf interessante Eindrücke inkl. Pinguine freuen: **Atlantic Adventure Tour,** Bismarck St., Tel. 063/20 40 30, sedina@ldz.namib.com.

Über Aus zum Fish River Canyon

Aus

Atlas: S. 238, B2

Der kleine Ort liegt direkt an der Nationalstraße B4 rund 120 km östlich von Lüderitz. Im Gegensatz zu anderen Orten links und rechts der Straße ist Aus ein grünes Städtchen. Auf dem 1500 m hohen Huibplateau fällt mehr Regen als anderswo. Grund dafür ist das Kap-Klima, das den Farmern hier regelmäßig eine zwar kleine, aber wichtige zweite Regenzeit im Winter bringt. Gut zu wissen: die **Namib-Garage** in Aus ist Tankstelle, Snackbar, Autowerkstatt und Campingplatz in einem.

Nur 4 km östlich von Aus an der kleinen Schotterstraße Richtung Rosh Pinha erinnern ein paar Mauerreste und eine Gedenktafel an das ehemalige deutsche **Kriegsgefangenenlager,** in dem die Südafrikaner ab 1915 rund 1500 Unteroffiziere und Soldaten interniert hatten. Schutzlos der Sonne ausgeliefert, war die Situation so unerträglich, dass sie sich aus selbst geformten Lehmziegeln kleine Häuser bauten. So starben in den vier Jahren bis zur Auflösung des Lagers ›nur‹ 65 Gefangene.

Westlich von Aus, wo die Dünen der Namib beginnen, kann man mit etwas Glück auf die größte Attraktion der Region stoßen. Hier ist eine Herde Wildpferde zu Hause, die sich an das

Sonnenuntergang im Köcherbaumwald bei Keetmanshoop

trockene und heiße Wüstenklima adaptiert haben. Man weiß nicht genau, ob sie Nachkommen der Pferde der deutschen Schutztruppen sind oder von der einstigen Pferdezucht des Barons von Wolf auf der Farm Duwisib abstammen. Vielleicht trifft beides zu. Auf jeden Fall sind die vor den Dünen ausgelassen herumtobenden Wildpferde ein prächtiges Schauspiel. An der Wasserstelle **Garup,** nur einen kleinen Abstecher von der B4 entfernt, wurde ein überdachter Beobachtungsplatz eingerichtet. Von dort kann man, vor der Sonne geschützt, die stolzen Tiere aus der Nähe beobachten.

Keetmanshoop

Atlas: S. 239, D2
Mit fast 20 000 Einwohnern gehört Keetmanshoop zu den großen Städten in Namibia. Benannt wurde die bereits 1866 gegründete Stadt nach dem deutschen Kaufmann Johann Keetman, der die Rheinische Mission in den Anfangsjahren finanziell unterstützte. Trotz der kargen Natur, 100–200 mm Niederschlag pro Jahr sind Standard, präsentiert sich Keetmanshoop gar nicht staubig und trostlos. Ganz im Gegenteil. Schon beim Durchfahren macht die Stadt einen freundlichen,

einladenden Eindruck. Eine Einladung, der man gern folgen kann, denn als Tor zum Süden und wichtiger Verkehrsknotenpunkt bietet sich Keetmanshoop für einen Stopp vor der letzten Etappe, sei es nun nach Lüderitz, an den Oranje oder zum Fish River Canyon, an. Hübsche Hotels und Pensionen sind ausreichend vorhanden.

Wenn man etwas Zeit hat, wird man feststellen, dass einiges durchaus sehenswert ist. So die ehemalige **Kirche der Rheinischen Mission** von 1895, die heute als Museum genutzt wird (Mo–Fr 7.30–12.30, 13.30–16 Uhr). Die Touristinformation hat sich mit dem ehemaligen **Kaiserlichen Postamt** ein wahrlich herrschaftliches Domizil ausgesucht.

Für viele Touristen liegen das wichtigste Ziel und der eigentliche Grund für einen Stopp in Keetmanshoop vor den Toren der Stadt. Ca. 20 km nordöstlich auf dem Gelände der Farm Gariganus befindet sich der schönste **Köcherbaumwald** (Quivertree Forest) des ganzen Landes. Hier kann man sein Zelt aufschlagen und ist so problemlos zur Stelle, wenn das beste Licht zum Fotografieren ist: ganz zeitig am Morgen, wenn die Sonne gerade aufgeht, oder in der Stunde vor dem Sonnenuntergang, wenn die rote Abendsonne die Bäume zum Glühen bringt. Sicher gibt es wenige Plätze im südlichen Afrika, wo so viele Bilder verknipst und so viele Meter Film oder Videoband durch die Kameras gelaufen sind.

In unmittelbarer Nähe wartet noch **Giants' Playground,** der ›Spielplatz der Riesen‹. Zwar sind die großen Gesellen in den letzten Jahren nicht mehr gesehen worden, doch ihr Spielzeug, eine bizarre Felsenlandschaft, haben sie einfach liegen lassen. Knapp eine Stunde benötigt man für den Rundweg über den ›Spielplatz‹.

Canyon Hotel: P.O. Box 950, 5 Wheeler St. (am südlichen Ortsrand), Tel. 063/22 33 61, canyon@iafrica.com.na. Das beste Hotel der Stadt, architektonisch sehr anspruchsvoll. 43 Zimmer, Bar, exzellente Küche, Pool, Konferenzräume. DZ 740 N$.

Central Lodge: P.O. Box 661, 5th Street Tel. 063/22 58 50, info@central-lodge.com. Moderne, sehr stilvolle Stadtlodge, Pool, Konferenzraum. Zimmer mit Klimaanlage und Telefon, Restaurant. DZ 600 N$.

Pension Gessert: P.O. Box 690, 138 13th Street, Tel. 063/22 38 92, gesserts@iafrica.com.na. Sehr grüne Anlage mit Pool, fünf liebevoll eingerichtete Zimmer und ruhige, familiäre Atmosphäre. DZ 480 N$.

In den Brukkaros-Krater

Rund 80 km nördlich von Keetmanshoop ist das Örtchen Tses Ausgangspunkt für eine geologische Expedition. Nach 39 km auf der Pad 3904 noch 13 km nach Norden, und man steht am Fuße des Brukkaros-Kraters, der rund 500 m aus der Landschaft aufragt. Entstanden ist er nicht als Vulkan, sondern durch Magma, das ringförmig aus der Erde gedrungen ist. In einer recht anstrengenden Bergwanderung kann man in den Krater klettern.

Bird's Mansions Hotel: P.O. Box 460, 6th Ave., Tel. 063/22 17 11, birdmansions@iway.na. Hübsches Hotel für Touristen und Geschäftsleute im Zentrum von Keetmanshoop. 23 Zimmer mit Klimaanlage, Telefon und Fernseher; Restaurant und sicherer Parkplatz. DZ 450 N$.

Quivertree Forest Rest Camp: P.O. Box 262, Tel. 063/22 28 35, quiver@iafrica.com.na. Camp direkt am Köcherbaumwald mit kleinen Hütten und Chalets. Chalet ab 350 N$.

Fish River Canyon

Atlas: S. 239, D3

Der Fish River ist mit reichlich 650 km der längste Fluss Namibias. Seine Quelle liegt im östlichen Naukluftgebirge. Südwestlich von Ai-Ais endet seine Reise im Oranje. Seinem Namen ›Fischfluss‹ macht er allerdings kaum Ehre. Nur ganz selten, nach starken Niederschlägen, füllt sich das Trockenflussbett mit Wasser. Trotzdem gehört der Canyon zu den eindrucksvollsten Landschaftsformationen im südlichen Afrika. Dabei hat er sich in den Köpfen vieler Touristen der Konkurrenz des Grand Canyon zu erwehren. Diesen Wettstreit kann er natürlich nur verlieren, denn mit seiner Tiefe von bis zu 550 m und der Länge der Schlucht von 160 km ist er bestenfalls der kleine Bruder des amerikanischen Verwandten. Aber diese Zahlenspielereien tun seiner Wirkung keinen Abbruch. Steht man am Aussichtspunkt über dem Canyon, kann man sich trotzdem der überwältigenden Ausstrahlung dieser schroffen, abweisenden Felsenwelt kaum entziehen.

Doch trotz der fast greifbaren Trockenheit leuchten aus dem Flussbett einzelne Tümpel nach oben. Es muss Grundwasser sein, das diese kleinen Wasserstellen das ganze Jahr am Leben hält. Dieses Wasser ist Voraussetzung dafür, dass im Canyon einige Antilopenarten und auch Leoparden ihr Auskommen finden. Der Canyon ist Teil des staatlichen Fish River Canyon Park, und so muss man am Tor bei Hobas einen kleinen Obolus entrichten.

Vom Tor sind es rund 10 km bis zum ersten Aussichtspunkt. **Hell's Bend,**

Blick in den Fish River Canyon

(›Höllenkurve‹) nennt sich das spektakuläre Stück Canyon, das hier vor den Besuchern liegt. Links und rechts davon befindet sich noch eine Reihe weiterer Aussichtspunkte, die ebenfalls mit dem Auto über kleine Pisten zu erreichen sind, und die den Canyon und seine Schluchtenwelt aus immer neuen Perspektiven erleben lassen. Es sind aber nicht nur wechselnde Standorte, die die Vielfalt des Canyons unterstreichen, sondern auch die unterschiedlichen Beleuchtungen, die ständig neue Bilder erzeugen. Der Abstieg in den Canyon und die fünftägige Canyonwanderung über 86 km verlangen neben guter Kondition ein spezielles Permit. Diese Wanderungen sind nur in den kühleren Monaten, also von Mai bis August gestattet.

Seit 10 Jahren wird ganz sanft auch der Westrand des Fish River Canyons für den Tourismus erschlossen. Es entstand ein 440 km^2 großes privates Naturschutzgebiet **Canyon Nature Park.** Nur sehr langsam erholt sich das Gebiet von der Überweidung der letzten Jahrzehnte, auch der Wildtierbestand wächst. Zum privaten Park kommt man über die D463, die 28 km westlich von Seeheim von der B4 abbiegt. Im Gegensatz zur Anfahrt über Hobas gibt

Cañon Roadhouse

Eine Unterkunft der besonderen Art ist Cañon Roadhouse unweit des Fish River Canyon. Weder Gästefarm oder Lodge, noch Hotel oder Camp. Es ist nichts von alledem und hat doch von allem etwas. Es geht so familiär zu wie auf einer guten Gästefarm. Die Qualität der Zimmer und des Restaurants kann sich mit Lodge oder Hotel messen, und ein Campingplatz gehört auch dazu. Das Roadhouse ist ganz einfach ein rustikales ›Gesamtkunstwerk‹, das man sich nicht entgehen lassen sollte. Dabei verspricht der erste Eindruck nicht zuviel: als Wegweiser zum Haus steht ein altes Autowrack mit viel Grün. Ergänzt wird das Ganze durch einen Swimmingpool, der zwar nicht rustikal, aber sehr erholsam ist (Tel. 063/26 60 31, Buchung: P.O. Box 80205, Windhoek, Tel. 061/23 00 66, nature.i@mweb.com.na, DZ 920 N$).

es auf dieser Alternativroute Stellen, die Allrad verlangen.

Das staatliche **Thermalbad Ai-Ais** bietet eine weitere Möglichkeit, den Canyon zu erleben. Auf der C12 bis Klein-Karas, weiter auf der D0298 bis zur C10, über die man das Ai-Ais Resort erreicht. Neben dem Badekomplex (mit Hallenbad) besitzt das Restcamp Ferienwohnungen, Bungalows, einen Campingplatz, Tankstelle, Restaurant und Freibad (s. u.).

Canyon Lodge: 26 Rustikale Bungalows mitten in die Felsenlandschaft hineingebaut. Einzigartiges ›Wohn-Erlebnis‹, wenn sich mitten im Raum ein mächtiger Felsblock erhebt und auch die Trennwand zwischen Bad und Betten ein Felsen ist. Restaurant im alten, restaurierten Farmhaus von 1908. 20 km bis zum Canyon, Köcherbaumwald praktisch hinterm Haus. Buchung über Elena Travel Services & Car Hire CC, s. u. 1210 N$.

Canyon Village: Neue Lodge im holländischen Stil. Sehr großzügige Anlage nur fünf Autominuten von der Canyon Lodge entfernt. 24 schmucke Bungalows und ein luxuriöses Restaurant. Buchung über Elena Travel Services & Car Hire CC, s. u. Bungalow 1030 N$.

Elena Travel Services & Car Hire CC: P.O. Box 3127 Windhoek, Tel. 061/24 44 43, info@namibweb.com.

Cañon Roadhouse: s. Kasten links.

Canyon View Camp: P.O. Box 21783, Windhoek, Tel. 061/22 69 79. Camp im privaten Canyon Nature Park auf der Westseite. Kleine Zelte und Bungalows direkt am Canyonrand, Rundfahrten und Spaziergänge werden organisiert. Zelt 465 N$.

Ai-Ais Resort: Fish River Canyon, Reservierung Tel. 061/23 69 75, reservations @mweb.com.na. Staatliches Thermalbad am Canyon, Ferienwohnungen mit Küchenteil, DZ 450 N$.

Orange River

Atlas: S. 238, C4 – 239, F4

Wie im Norden bildet auch im Süden ein ›richtiger‹ Fluss die Landesgrenze. Der Oranje oder Orange River gehört zu den wenigen permanent Wasser führenden Flüssen Namibias und ist außerdem bis heute eine der touristisch relativ unerschlossenen Regionen, doch entstanden in den letzten Jahren einige Lodges entlang des Flusses. Nicht viele Besucher schaffen es bis an die Südgrenze und an den Oranje.

Der Oranje entspringt in den südafrikanischen Drakensbergen und fließt auf einer Länge von 1800 km durch Südafrika, bis er bei Oranjemund den Atlantischen Ozean erreicht. In Südafrika heißt der Strom Gariep, erst die Namibier nennen ihn Oranje. Er ist ein sanfter und friedlicher Strom. Man muss also kein Paddel-Profi sein, um sich für eine Kanu- oder Schlauchbootfahrt auf dem Oranje zu begeistern. Erste Anbieter haben sich dieser Nische angenommen. Das Wasser des Oranje ist klar, sein Grund und seine Ufer sind sandig. Gleitet man, getragen vom Fluss, in Richtung Meer, glaubt man oft nicht, dass man noch in Namibia ist. Am Ufer gibt es Weinberge und Zitrusfrüchte-Plantagen, die vom Wasser des Oranje leben. Doch neben seinem touristischen Potenzial und seiner Funktion als Wasserlieferant für die Bewässerung hatte und hat der Fluss eine viel größere Bedeutung. Der Oranje war es, der über Jahrmillionen Diamanten aus dem südafrikanischen Kimberley in den Atlantik brachte, von wo sie die Meeresströmung nordwärts in die Dünenfelder der Namib trug.

Der reizvollste Flussabschnitt für Bootstouren beginnt im kleinen Grenzstädtchen **Noordoewer,** führt entlang des Fish River Canyon Park und des Diamantensperrgebiets und endet an der Mündung in den Atlantik. Doch bereis der Abschnitt zwischen Noordoewer und Sendelingsdrift hat viele verschiedene Gesichter. Bootstouren von namibischer Seite sind zurzeit nur bis Sendelingsdrift möglich, denn Oranjemund ist weiterhin eine verbotene Stadt, und auch der Grenzübertritt nach Alexander Bay ist nicht möglich. Wer also diese lange Tour plant, muss bereits in Nordoewer die Grenze nach Südafrika passieren.

Eine Alternative zur feuchten Flusserfahrung bietet die D212/C13 von Noordoewer nach Rosh Pinah. Über lange Strecken begleitet diese Sandpiste den Flusslauf. Die Tour ist rund 160 km lang und im Notfall auch mit einem normalen Pkw zu fahren. Es gibt keine Unterkünfte und Tankstellen. Dafür findet man am Fluss viele malerische Stellen für Übernachtungen in der ›Wildnis‹.

Norotshama River Resort: P.O. Box 703, Aussenkehr, Tel. 063/298 72 15. Rund 50 km westlich von Noordoewer auf der Farm Aussenkehr am Oranje. Ruhige, entspannende Umgebung, Pool, Restaurant, reetgedeckte Chalets mit Klimaanlage, viele Aktivitäten zu Wasser und zu Land. Chalet 690 N$.

Orange River Lodge: P.O. Box 21, Noordoewer, Tel. 063/29 70 12. Direkt im Ort, sieben Zimmer mit Klimaanlage, Fernseher und kleiner Küche. Außerdem auch Campingplatz direkt am Ufer des Oranje. Rundfahrten und Kanutouren werden organisiert. DZ 350 N$.

Verschiedene Anbieter führen ein- und mehrtägige Touren in Kanus und Schlauchbooten durch. Neben Firmen in Südafrika auch Whitewater Eco Tours in Noordoewer (P.O. Box 30024, Windhoek, Tel. 061/22 82 59, wet@iafrica.com.na).

REISEINFOS VON A BIS Z

Alle wichtigen Informationen rund ums Reisen von A wie Anreise bis Z wie Zeitungen auf einen Blick.

Extra: Ein kleiner Sprachführer hält landesübliche Vokabeln und Redewendungen für den Alltag griffbereit.

Giraffe im Etosha National Park

REISEINFOS VON A BIS Z

Anreise

Mit dem Flugzeug

Für die meisten Besucher des Landes beginnt die Reise auf dem internationalen Flughafen Chief Hosea Kutako von Windhoek. Der Flughafen liegt etwa 40 km vor den Toren der Hauptstadt, die über eine bestens ausgebaute Teerstraße in einer reichlichen halben Stunde erreichbar ist.

Die kürzeste und damit schnellste Nonstop-Verbindung ab Deutschland nach Namibia betreibt Air Namibia (Tel. 06105/20 60 30, www.airnamibia.com). Dreimal wöchentlich fliegt der nationale Carrier mit einer Boeing 747-400 in rund 10 Stunden von Frankfurt nach Windhoek und zurück. Eine weitere Direktverbindung von München bzw. Frankfurt nach Windhoek bietet LTU Tel. 0211/941 88 88, www.ltu.de). Für all jene, die ihren Aufenthalt in Namibia mit einem Besuch Südafrikas verbinden möchten, kann South African Airways die optimale Alternative zu den Direktflügen nach Windhoek sein (Tel. 01803/35 97 22, www.flysaa.com). SAA fliegt täglich mit modernen Langstreckenjets Airbus 340 nach Johannesburg. Von dort gibt es dann Anschlussflüge nach Windhoek. Service und Bestuhlung bei SAA zählen zu den besten, die man auf einem Weg in den Süden des schwarzen Kontinents buchen kann.

Mit dem Auto

Nicht wenige Touristen verbinden Ziele im südlichen Afrika zu einer großen Rundtour im Mietwagen oder im Campmobil durch verschiedene Länder der Region und kommen daher im Auto nach Namibia. Es gibt zahlreiche Straßengrenzübergänge von Südafrika und Botswana. Über den Caprivi Strip kann der Autofahrer auch direkt aus Zambia bzw. mit einem kleinen Transitweg aus Zimbabwe einreisen. Diese Grenzübergänge sind im Normalfall nicht rund um die Uhr geöffnet. Die Öffnungszeiten ändern sich unter Umständen kurzfristig. Es ist also wichtig, sich vorab genau zu informieren. Die Grenzübergänge im Norden des Landes zu Angola sind zurzeit wenig empfehlenswert, da die Grenzregion noch immer kein sicheres Reisegebiet ist (speziell auf angolanischer Seite). Siehe auch unten, ›Autofahren‹.

Mit dem Schiff

Eine weitere Alternative zur Anreise nach Namibia ist das Schiff. Zwar gibt es keine Linienverbindungen, doch ist Namibia für zahlreiche Kreuzfahrtreedereien ein beliebtes Anlaufziel. Die Kreuzfahrtschiffe legen im Hafen der ehemaligen südafrikanischen Enklave Walvis Bay oder in Lüderitz an.

Autofahren

Wer mit seinem Mietwagen gut und unfallfrei durch den Namibia-Urlaub kommen möchte, muss sich auf einige grundlegende Unterschiede zum europäischen Straßenverkehr einstellen. Es herrscht Linksverkehr, also ist das Steuer immer rechts. Auf den geteerten Fernstraßen gilt eine Geschwindigkeitsbegrenzung von 120 km/h und auf den Schotterstraßen von 100 km/h. Innerhalb geschlossener Ortschaften sind 60 km/h erlaubt. Vorsicht: Auch in Afrika stehen Radarfallen oft dort, wo man sie nicht erwartet. Namibia kann auf ein für afrikanische Verhältnisse hervorragend ausgebautes Straßennetz verweisen. Jedoch sind 90 % der Straßen Schotterpisten, so genannte Pads, die regelmäßig gepflegt werden und sich oft in einem guten Zustand befinden. Trotzdem verlangen sie vom Fahrer größte Aufmerksamkeit (s. auch S. 59).

Behinderte

In Namibia gibt es Hotels und speziell auch Gästefarmen, in denen man Behinderten mit großer Hilfsbereitschaft den Aufenthalt möglich macht, doch sind Reisen nach Namibia Behinderten nur zu empfehlen, wenn sie bereit sind, auf viele der technischen und baulichen Voraussetzungen zu verzichten, die in Europa Stück für Stück zur Selbstverständlichkeit werden.

Diplomatische Vertretungen

… in Namibia
Botschaft der Bundesrepublik Deutschland
Sanlam-Gebäude
154 Independence Ave.
P.O. Box 231
Windhoek
Tel. 061/27 31 00
Fax 061/22 29 81
info@german-embassy.org.na
www.german-embassy-windhoek.org

Konsulat der Republik Österreich
1 Schäfer St.
Klein Windhoek, Windhoek
Tel. 061/22 21 59
Fax 061/23 23 53

Konsulat der Schweizerischen Eidgenossenschaft
5 Schönlein St.
P.O. Box 9298
Eros, Windhoek
Tel. 061/22 28 13
Fax 061/22 01 04

Botschaft der Republik Namibia in Deutschland
Wichmannstraße 5
10787 Berlin
Tel. 030/254 09 50
www.namibia-botschaft.de

Einkaufen und Souvenirs

Dinge des täglichen Bedarfs sind in Namibia problemlos zu kaufen. In den größeren Städten wie Windhoek, Swakopmund oder Lüderitz präsentieren die Supermärkte ein ähnlich breites Warensortiment wie in Europa. Selbst in den kleinen, meist sehr einfachen Geschäften in den Dörfern erhält man alles zum Leben Notwendige. Trotzdem empfiehlt es sich für Eigenversorger, umfangreichere Einkäufe vor der Reise in dünn besiedelte Gebiete zu erledigen. So zum Beispiel vor der Fahrt in die Namib-Naukluft in Rehoboth, vor der Fahrt in den tiefen Süden in Keetmanshoop oder vor der Fahrt in Richtung Caprivi in Grootfontein.

Wer nach Namibia reist, wird ausreichend Gelegenheit finden, **Souvenirs** für sich und Mitbringsel für die Daheimgebliebenen zu kaufen. Meisterhafte Holzschnitzereien, Flechtarbeiten, Produkte aus Leder, Schmuck und Mineralien machen die Auswahl nicht leicht. Das umfangreichste Angebot findet man in Windhoek in den Fachgeschäften an der Independence Ave. und bei den Straßenhändlern im Bereich der Fußgängerzone sowie gegenüber dem Zoopark am großen Parkplatz an der Fidel Castro Street. Fast genauso breit ist das Angebot in Swakopmund unweit des Leuchtturms. Oft kann man den Schnitzern und Flechterinnen direkt auf dem Markt bei der Arbeit über die Schulter schauen.

Während in den Geschäften **Handeln** unüblich ist, sollte man bei den Straßenhändlern darauf nicht verzichten. Nicht selten ersteht man gute Souvenirs trotzdem preiswerter im Geschäft als auf dem Markt.

Hochwertiges Kunsthandwerk erhält man außerdem in den **Namibia Crafts Centres** in Windhoek, Tsumeb, Katima Mulilo und Khorixas. Liebhaber schöner Mineralien kommen am günstigsten bei den Straßenverkäufern rund um die Spitzkoppe zu oft wirklich schönen Stücken.

Einreisebestimmungen

Besucher aus Deutschland, Österreich und der Schweiz benötigen für Aufenthalte bis maximal 90 Tage kein Visum. Unverzichtbar ist jedoch der Reisepass, der mindestens 6 Monate über das Reiseende hinaus gültig sein muss. Über die aktuellen Einreisebestimmungen auch für mitreisende Kinder informiert die Botschaft der Republik Namibia in Berlin. Siehe auch ›Gesundheitsvorsorge‹, S. 218.

Wer einen Abstecher nach Botswana, etwa in den Chobe-Nationalpark unternimmt, benötigt zurzeit lediglich einen gültigen Pass und natürlich eine Bestätigung der Autovermietung, dass das Auto nach Botswana darf. Jedoch können sich Visa-Bestimmungen kurzfristig ändern.

Elektrizität

Die Spannung beträgt 220/240 Volt Wechselstrom. Die Stecker sind jedoch dreipolig. Entsprechende Adapter erhält man am besten vor Ort im Fachhandel. Hotels und Gästefarmen stellen zumeist Adapter leihweise zur Verfügung. Vorsicht: Nicht alle der in Europa angebotenen Reiseadapter sind in Namibia verwendbar.

Feiertage

Neujahrstag: 1. Januar
Karfreitag
Ostermontag
Tag der Unabhängigkeit: 21. März
Tag der Arbeit: 1. Mai
Cassinga-Tag (erinnert an Unabhängigkeitskämpfe): 4. Mai
Himmelfahrtstag
Afrika-Tag: 25. Mai
Heldengedenktag: 26. August
Tag der Menschrechte: 10. Dezember
Weihnachten: 25. und 26. Dezember

Fotografieren

Filme sollte man unbedingt von zu Hause mitbringen. Sie sind in Europa billiger und außerdem weiß man im Land nicht, wie das Material gelagert wurde. Dia-Filme erhält man nur in den größeren Städten. Gängige Filmempfindlichkeit sind 100 ASA. Für Tieraufnahmen am Morgen und Abend sowie bei der Benutzung von langen Brennweiten sind 400 ASA zu empfehlen, da man sich mit diesem Film oft dringend notwendige Belichtungszeitreserven schafft. Wenn irgend möglich, die Filme kühl lagern. Nicht nur ein Tag im parkenden Auto kann die Filme zum ›Kochen‹ bringen. Bitte bei allen Aufnahmen von Menschen deren Würde berücksichtigen. Das gesamte Fotomaterial gehört immer ins Handgepäck.

Frauen unterwegs

Reisen in Namibia ist für Frauen mit ähnlichen Risiken behaftet wie für Männer. Sexuelle Belästigungen kommen nur äußerst selten vor. Klar ist, dass einsame Gegenden und ›falsche‹ Stadtteile allein zu meiden sind.

Geld und Geldwechsel

Landeswährung ist der Namibische Dollar (N$). Er ist direkt an den südafrikanischen Rand gekoppelt, der daher in Namibia als offizielle Zweitwährung (1 : 1) akzeptiert wird. Für 1 Euro bekommt man rund 10 Namibische Dollar.

Am besten sollte man sofort nach Ankunft am Flugplatz Geld tauschen. Der Wechselkurs ist in Namibia erheblich günstiger als in Deutschland. Mit der Kredit- oder der EC/Maestro-Karte und der Geheimzahl kann man an fast allen Geldautomaten seine Bargeldbestände auffrischen, allerdings gibt es sie bisher nur in den größeren Städten. Geschäfte in größeren Städten sowie viele Hotels, Lodges und Gästefarmen akzeptieren ebenfalls Kreditkarten. Für Europäer ungewohnt: Tankstellen akzeptieren das ›Plastikgeld‹ nicht. Hier braucht man unbedingt Bares. Banken haben normalerweise Mo–Fr 9–15.30 Uhr und Sa 9–11 Uhr geöffnet.

Gesundheitsvorsorge

Eine Reise durch Namibia birgt deutlich weniger gesundheitliche Risiken als durch andere afrikanische Länder. Die Hygienestandards bewegen sich in den Restaurants auf europäischem Niveau. Cholera, Gelbfieber und Pockenimpfungen werden nicht mehr gefordert, doch müssen alle, die aus einer Gelbfieberzone Afrikas oder Südamerikas einreisen, die Bescheinigung einer gültigen **Gelbfieberimpfung** (maximal 10 Jahre alt) vorweisen.

Zwar sind große Teile des Landes frei von **Malaria,** trotzdem ist bei Reisen in die nördlichen und nordöstlichen Gebiete eine Malariaprophylaxe dringend anzuraten. Informationen dazu gibt es auch beim Hausarzt oder dem Apotheker. Da es im Normalfall reicht, die Malariaprophylaxe erst vor Ort zu beginnen, kann man sich auch in einer Apotheke in Windhoek beraten lassen. Das neue Malariamittel Malaron war zwar bis 2004 in Namibia noch nicht verfügbar, doch das weit verbreitete Lariam kann man rezeptfrei kaufen –

und das unter 50 % des Preises in Deutschland. Ebenso wichtig wie Tabletten ist jedoch eine richtige ›Anzugsordnung‹. Dazu gehören, besonders in der Dämmerung und am Abend, lange Hosen und langärmelige Hemden sowie die Verwendung eines Anti-Mücken-Sprays.

Auch in Namibia muss man mit **Magen- und Darmverstimmungen** rechnen. Entsprechende Mittel gehören in die Reiseapotheke.

Sehr wichtig, besonders in den heißen und trockenen Gebieten des Landes, ist eine regelmäßige Flüssigkeitsaufnahme. Lange Fahrten durch dünn besiedelte Gebiete und Wanderungen sollten nie ohne einen ausreichenden Vorrat an **Trinkwasser** unternommen werden.

Wie auch in den Nachbarländern stellt **Aids** derzeit das größte Gesundheitsproblem in Namibia dar. Stellenweise sind mehr als 30 % der Bevölkerung infiziert. Wer auf nächtliche Urlaubsabenteuer nicht verzichten möchte, sollte auf jeden Fall an Saver Sex denken.

Ärztliche Betreuung auf europäischem Niveau findet man auf Grund der dünnen Besiedlung des Landes und der großen Entfernungen nur in Windhoek und Swakopmund.

Schnelle Hilfe, auch per Hubschrauber, bietet **MedRescue Namibia,** Tel. 061/23 05 05, Fax 061/24 81 13, mri@iafrica.com.na.

Europäische Auslandskrankenscheine gelten in Namibia nicht. Eine **Reisekrankenversicherung** ist auf jeden Fall empfehlenswert.

Informationsstellen

... in Deutschland
Namibia Tourism Board
Schillerstr. 42–44
60313 Frankfurt am Main
Tel. 069/13 37 36-0
Fax 069/13 37 36-15
info@namibia-tourism.com
www.namibia-tourism.com

Deutsch-Namibische Gesellschaft
Sudetenlandstr. 18,
37085 Göttingen
Tel. 0551/707 67 81
Fax 0551/707 67 82
buero@dhgev.de
www.dngev.de

... in Namibia
Namibia Tourism Board
Sanlam Centre
Independence Ave.
Private Bag 13244
Windhoek
Tel. 061/290 60 00
Fax 061/25 48 48
info@namibiatourism.com.na
www.namibiatourism.com.na

Namibia Wildlife Resorts
Zentrales Reservierungsbüro für die staatlichen Hotels, Rastlager und Wildparks, im Gebäude der ehemaligen Kaiserlichen Landvermessung:
Ecke John Meinert/Moltke St.
Windhoek
Tel. 061/23 69 7-5/6/7/8
nwr@mweb.com.na
www.namibiawildliferesorts.com
Zentrale Reservierung:
Tel. 061/23 69 7-5/6/7/8

Fax 061/22 49 00
reservations@mweb.com.na
Anfragen und das Ausfüllen der Reservierungsformulare müssen in Englisch erfolgen.

Infos im Internet

Das Internet ist in Namibia fast noch mehr und schneller als in Europa zum Kommunikationsmittel Nummer eins geworden. In jeder Kleinstadt findet man ein Internetcafé, und auch die Hotels, Lodges und Gästefarmen sind, soweit technisch möglich, mit Internetverbindungen ausgerüstet. Leider haben in der letzten Zeit durch Veränderungen bei den Anbietern zahlreiche E-Mail- und Internetadressen häufig gewechselt. Außerdem sind die Übertragungsgeschwindigkeiten im namibischen Netz oft extrem langsam.

Reisemedizin online
www.travelmed.de
www.gesundes-reisen.de
www.fit-for-travel.de
Unterkünfte, Mietwagen, Safaris ...
www.natron.net
Infos rund um Namibia inklusive Reisetipps und vielen informativen Links:
www.namib.com
www.namibia.de
Kultur, Tourismus und Business
www.visitnamibia.de
Deutschsprachige Tageszeitung
www.az.com.na

Karten und Literatur

Wer seine Reise auf festen Pfaden plant, ist zumeist schon mit dem Kartenmaterial gut bedient, das zum umfangreichen Informationspaket gehört, welches das Namibia Tourism Board in Frankfurt auf Anfrage kostenlos verschickt. Die beiliegende Straßenkarte 1:2 000 000 wirkt zwar auf den ersten Blick recht primitiv, doch kommt man mit ihr fast immer zum Ziel. Eine Ausnahme sind Reisen ins Kaokoveld und in die anderen Grenzregionen zu Angola. Für diese Reisen ist, wenn kein regionaler Führer an Bord ist, genaueres Kartenmaterial unabdinglich, am besten hat man auch einen GPS-Empfänger. Die beste Auswahl hat das **Internationale Landkartenhaus/GeoCenter** (Postfach 80 08 30 in 70508 Stuttgart, Tel. 07 11/788 93). GeoCenter liefert prinzipiell nur über den Buchhandel. Ein Direktbezug, auch von Messtischblättern, ist über das Namibiana Buchdepot von Arno Ziegler (Kronshausen 18, 26340 Zetel, Tel./Fax 044 53/12 64) möglich. Dieses Buchdepot bietet auch das umfangreichste Sortiment lesenswerter Literatur aus und über Namibia an.

Einige Literaturtipps:

Lisa Kuntze, Was hält Euch denn hier fest. Windhoek 1982

Rainer Kunze, Steine und Lieder. Namibische Notizen. Frankfurt/Main 1996

Johan S. Malan, Die Völker Namibias. Göttingen/Windhoek 1998

Märchen aus Namibia. Leipzig 1987

Henno Martin, Wenn es Krieg gibt, gehen wir in die Wüste. Neuauflage Windhoek 2001

Mark Müller, Namibia. Afrikas lebendige Wüste. Bildband, Köln 1994

Als Farmerin in Deutsch-Südwest. Otavi 1997

Notrufnummern

In ganz Namibia gilt die einheitliche Notrufnummer 10111. **Flugrettung MRI:** Tel. 061/23 05 05.

Für den Fall eines **Kreditkartenverlustes** sollten man sich die entsprechenden Servicenummern bereits aus der Heimat mitbringen.

Für **Probleme mit dem Mietwagen** unterhalten die Autovermietungen eigene Hotlines.

Öffnungszeiten

s. Umschlaginnenseite vorn

Permits

Permits sind Erlaubnisscheine (oder Eintrittkarten), die zum Betreten aller Nationalparks und Wildschutzgebiete gekauft werden müssen. Im Allgemeinen sind diese Permits bei der Ankunft in den Restcamps erhältlich. Permits für die Naukluft und Kaudom erhält man jedoch nur im Reservierungsbüro Windhoek. Permits für die Namib Section des Namib-Naukluft Parks erhält man nur in den Reservierungsbüros in Swakopmund, Lüderitz, Hardap, Sesriem und Windhoek. Sonntags sind die Büros geschlossen! Ohne gültige Permits ist die Einfahrt in die Parks nicht möglich. Die Permits sind jedoch keine Reservierung für die Übernachtungen. Diese müssen bei Namibia Wildlife Resorts (s. S. 219) gesondert gebucht werden.

Post

In allen Städten gibt es Postämter, in denen man telefonieren und Telegramme und Faxe absenden kann. Geöffnet Mo–Fr 8.30–12.30, 13.30–18.30 Uhr. Briefe und Karten von Windhoek oder Swakopmund brauchen per Luftpost durchschnittlich fünf Tage nach Europa. Aus entfernteren Landesteilen können es schnell zwei Wochen werden.

Radio und Fernsehen

Die staatliche Gesellschaft Namibia Broadcasting Corporation produziert Radio- und Fernsehprogramme in insgesamt neun Sprachen. Zehn Stunden täglich wird ein deutsches Fernsehprogramm ausgestrahlt. Die Rundfunkprogramme in deutscher Sprache erinnern in Qualität und Stil an die ersten Schritte regionaler Radiosender in Deutschland.

Reisekasse und Preise

Für die Reisekasse empfiehlt sich ein Mix aus Bargeld, Schecks und EC/Maestro sowie Kreditkarte. Wie überall in der Welt hat das Plastikgeld auch in Namibia seinen Siegeszug angetreten. Wichtig: Tankstellen bestehen auf Bargeld.

Namibia ist beim derzeitigen Wechselkurs ein günstiges Reiseland. Mietwagen- und Spritpreise sind deutlich günstiger als in Deutschland. Das trifft auch bedingt auf Übernachtungen in Gästefarmen, Lodges (mit Ausnahme hochpreisiger Luxuslodges, die unter der Verwaltung internationaler Firmen stehen) oder Hotels zu, wobei hier eine Angleichung an das deutsche Preisniveau zu beobachten ist. Erheblich günstiger als in Deutschland sind zurzeit die Kosten für Restaurantbesuche. Dinge des täglichen Bedarfs bewegen sich etwa auf deutschem Niveau.

Sicherheit

Namibia kann, und das nicht nur für afrikanische Verhältnisse, als sicheres Reiseland betrachtet werden. In den größeren Städten, dort, wo Armut und Reichtum besonders aufeinander prallen, kommt es jedoch in letzter Zeit verstärkt zu Taschendiebstählen und Autoaufbrüchen. Man sollte also seinen Mietwagen, mit oder ohne Gepäck, nicht ohne Aufsicht abstellen. Überall an den Parkflächen stehen lizenzierte Wächter, die für einige Namibia-Dollar auf das Fahrzeug achten.

Wie überall in der Welt gibt es in den Städten Stadtteile und Straßen, die man besonders in der Dunkelheit meiden sollte. Über die aktuelle Situation kann man sich in seiner Unterkunft informieren. Wo ein Safe vorhanden ist, sollte man ihn nutzen. Außerdem empfiehlt es sich, wertvolle Gegenstände wie teure Uhren und Schmuck im Hotel oder besser gleich zu Hause zu lassen. Die teure Kamera ist, wenn man nicht auf viel Zubehör angewiesen ist, im unauffälligen Plastikbeutel oft besser aufgehoben als in der Fototasche.

Telefonieren

Namibia hat in den letzten Jahren große Geldsummen in die Modernisierung seines Fernsprechnetzes gesteckt. Die so genannten ›Farmlinien‹, bei denen mehrere Farmen an einem Telefonanschluss hingen und die Verbindungen über Handvermittlung hergestellt wurden, sind fast verschwunden. Trotzdem ist es oft noch leichter, eine gute Verbindung ins Ausland als zu einem Ort innerhalb des Landes zu bekommen.

Von fast allen öffentlichen Fernsprechern sind Direktwahlgespräche nach Europa möglich. Dazu benötigt man 10, 20 und 50 N$ Münzen oder eine Telefoncard. Letztere ist die bessere Wahl, denn internationale Gespräche sind nicht billig. Telefoncards gibt es bei der Post und in Teleshops. In großen Städten kann man auch per **Handy** die Verbindung in die Heimat suchen.

Telefonauskunft: 1023
Vorwahlen:
Namibia: 00264
Deutschland: 0049
Schweiz: 0041
Österreich: 0043.
Die führende Null der Ortsvorwahl entfällt, wenn die Landesvorwahl gewählt wird.

Trinkgeld

Ähnlich wie in Deutschland sind auch in Namibia im Restaurant rund 10 % Trinkgeld üblich. Gepäckträger erhalten 2 N$. Auf Gästefarmen und in Lodges steht oft eine gemeinschaftliche Trinkgeldkasse, deren Inhalt zu gleichen Teilen an das Personal verteilt wird. Bei besonders gutem Service ist auch in Werkstätten, an Tankstellen oder im Taxi ein Trinkgeld durchaus angebracht.

Umgangsformen

Namibia ist ein recht tolerantes Land. Es gibt keine besonderen Umgangsregeln, und auch in Gaststätten und Restaurants geht es relativ leger zu. Problematisch gestalten können sich unter Umständen politische Diskussionen besonders auch über das Verhältnis zwischen Schwarz und Weiß. Da sollte man sich als Gast möglichst aufs Zuhören beschränken. Interessant ist es allemal, die verschiedenen Meinungen und Begründungen zu erfahren.

Unterkunft

Jährlich wird ein aktualisierter ›Namibia Accommodation Guide for Tourists‹ publiziert. Darin findet man eine breite Auswahl an Unterkünften verschiedener Preisklassen und Formen. Den Führer gibt es kostenlos beim Namibia Tourism Board in Frankfurt (s. S. 219).

Hotels

Die Qualität und Quantität der touristischen Infrastruktur ist in den letzten zehn Jahren deutlich angehoben worden. Es gibt ein ausreichendes Angebot an guten Hotels und Pensionen, die sich naturgemäß auf die Städte und größeren Ortschaften konzentrieren. Der Standard lässt sich mit vergleichbaren Kategorien in Mitteleuropa messen. Hotels der Luxusklasse gibt es nicht. Zu den besten Hotels des Landes zählt man das Kalahari Sands, das Safari Court und das Country Club Resort in Windhoek (s. S. 85) sowie das Hotel und Entertainment Center in Swakopmund (s. S. 172).

Restcamps

Die so genannten Restcamps sind (im Normalfall) unter staatlicher Kontrolle stehende naturnahe Unterkünfte (Hütten, kleine Häuschen oder Rondavels). Meist gut ausgestattet, immer in toller Lage in oder an den Nationalparks und Naturschutzgebieten des Landes.

Lodges

Viele der Lodges sind aus ehemaligen Farmen entstanden. Sie liegen meist innerhalb großer Privatländereien, die reichlich Möglichkeiten für Pirschfahrten und Wanderungen bieten. Sie sind oft recht luxuriös ausgestattet. Die Verpflegung ist fast immer von hoher Qualität. Im Gegensatz zu den Gästefarmen gibt es hier keinen kommerziellen Farmbetrieb mehr. Die Touristen sind zur einzigen Erwerbsquelle geworden.

Gästefarmen

s. S. 61

Camping

Camping- und Caravanparks findet man in vielen Städten des Landes. Außerdem warten in den Nationalparks und Naturschutzgebieten Zeltplätze und Standplätze für Wohnmobile auf Gäste. Besonders in den Schulferien reichen diese Plätze jedoch oft nicht aus und es ist wichtig, sich seinen Stellplatz frühzeitig bei Namibia Wildlife Resorts (s. S. 219) zu reservieren.

Verkehrsmittel

Bahn

Das über 2000 km lange Bahnnetz Namibias ist für die touristische Nutzung kaum geeignet. Das Gleisbett ist alt und lässt nur geringe Geschwindigkeiten zu. So braucht der Zug von Windhoek nach Swakopmund reichlich neun Stunden. Auf manchen der wenigen Strecken fahren überhaupt keine Personenzüge mehr. Doch werden zurzeit einige Strecken überholt. Auskunft:

Trans-Namib Railways
Central Reservations
Tel. 061/298 20 32

Seit 1998 verkehrt mehrmals wöchentlich der luxuriöse **Desert Express** zwischen Swakopmund und Windhoek (s. S. 88). Auskunft:

Desert Express
Cheetah Tours & Safaris
P.O. Box 23075 Windhoek
Tel. 061/23 02 87
www.cheetahtours.com

Bus

Nur auf Hauptstrecken kann man auf den Bus als Reisemittel zurückgreifen. Buslinien führen zum Beispiel von Windhoek nach Kapstadt, nach Tsumeb, nach Swakopmund und Otjiwarongo, doch werden sie nicht einmal täglich bedient. Diese Busverbindungen werden von **Intercape Mainliner** betrieben (Tel. 061/22 78 47, Fax 061/386 24 88).

Eine tägliche Busverbindung von Windhoek nach Swakopmund bietet der **Dolphin Express** (Tel. 061/214 02). Einmal wöchentlich besteht eine Busverbindung zwischen Windhoek und Victoria Falls. Haltepunkte sind Tsumeb, Rundu und Katima Mulilo (Tel. 061/22 28 73, Fax 061/23 88 57).

Flugzeug

Nicht zuletzt wegen der relativ großen Entfernungen ist das Flugzeug in Namibia ein beliebtes Verkehrsmittel. So fliegt **Air Namibia** von Windhoek aus regelmäßig nach Katima Mulilo, Lüderitz, Ondangwa, Swakopmund, Walvis Bay und zur Mokuti Lodge am Rande der Etosha Pfanne. Außerdem gibt es Verbindungen zwischen Oranjemund und Lüderitz sowie zwischen Oranjemund und Walvis Bay.

Im wahrsten Sinne im Aufwind sind die kleinen privaten Fluggesellschaften, die mit ihren Kleinflugzeugen Flugsafaris anbieten. Besonders Ziele, die mit dem Auto nur mit großem Zeitaufwand oder gar nicht erreicht werden können, werden immer gefragter. So gibt es Flüge in den Caprivi Strip, ins Kaokoveld, an den Kunene und zu den Epupa-Fällen, entlang der Skelettküste, über die Sanddünen der Namibwüste und hinunter in den tiefen Süden zum Fish River Canyon. Alle Naturparks und zahlreiche Lodges besitzen eigene Landeplätze.

Mietwagen

Von der gesamten Infrastruktur her bietet sich Namibia förmlich für individuelle Touren im Mietwagen an. Je nach Reiseroute reicht ein ganz normaler PKW. Allradfahrzeuge sind nur für Fahrten ins Kaokoveld, in den Kaudom Game Park und in die Nationalparks im Caprivi Strip unverzichtbar.

Reservierungen von Mietwagen im Paket mit den Flugtickets sind bei einem deutschen Veranstalter in der Regel erheblich günstiger als vor Ort.
Zum Beispiel:

Karawane Reisen
Schorndorfer Str. 149
71638 Ludwigsburg
Tel. 07 12 41/28 48 30
africa@karawane.de
www.karawane.de

Alle großen Autovermietungen sind in Namibia vertreten (Avis, Hertz, Budget usw.). Für die Übernahme des Fahrzeugs muss man genügend Zeit einplanen. Besonders achten sollte man auf Steinschlagschäden an der Karosserie und auf den Zustand der Bereifung. Wenn möglich, einen Ersatzkanister und einen zweiten Reservereifen mitnehmen. Reifenschäden gehören auf den Schotterstraßen zum Alltag des Kraftfahrers. Bei Pannen verständigt man die Verleihfirma.

Taxi
Taxis gibt es nur in den großen Städten, so an den Flughäfen in Windhoek, in Swakopmund und Walvis Bay. Die Fahrzeuge sind mit Taxametern versehen, doch gelten im Land unterschiedliche Tarife.

Zeit

Im europäischen Sommer müssen die Uhren in Namibia eine Stunde zurückgestellt werden, im Winter dagegen eine Stunde vor. Sonnenuntergang ist im namibischen Sommer gegen 19 Uhr, im Winter gegen 18 Uhr.

Zeitungen

Namibia ist ein Land mit von der Verfassung geregelter Pressefreiheit. Bei einer Regierungspartei mit einer Zweidrittelmehrheit im Parlament und einer recht schwachen Opposition ist das unverzichtbar, doch sind die Medien natürlich auch immer wieder restriktiven Eingriffen durch die Regierung ausgesetzt. Verlage und Redaktionen konzentrieren sich in der Hauptstadt Windhoek.

Die auflagenstärkste Tageszeitung Namibias ist mit rund 12 000 Exemplaren ›The Republikein‹, Das konservative, der DTA nahe stehende Blatt erscheint in Afrikaans, wobei einzelne Beiträge in Englisch und Oshivambo gedruckt werden. Die englischsprachige ›The Namibian‹ steht zwar der SWAPO nahe, doch gibt sie sich trotzdem regierungskritisch und gilt als relativ unabhängig. Neben ›The Republikein‹ ist sie die am weitesten verbreitete Zeitung des Landes. Als Alternative zur Namibian erscheint der ›Windhoek Advertiser‹, der ebenfalls der DTA nahe steht. Der ›Windhoek Observer‹ ist ein englischsprachiges Boulvardblatt und erscheint am Samstag mit Skandal- und Klatschgeschichten.

Auf eine deutschsprachige Tageszeitung muss man in Namibia nicht verzichten. In einer Auflage von rund 5500 Exemplaren erscheint die ›Allgemeine Zeitung‹, die älteste deutschsprachige Tageszeitung Afrikas und die einzige auf der südlichen Halbkugel (s. S. 49). Die vier großen Zeitungen sind auch mit umfangreichem Informationsmaterial im Internet vertreten.

Deutsche und internationale Zeitungen und Zeitschriften kann man mit deutlichem Zeitverzug in großen Städten erhalten.

SPRACHFÜHRER

Unter südafrikanischer Verwaltung wurde auf Geheiß der Besatzungsmacht in den Verwaltungen und an den Schulen Afrikaans als offizielle Sprache gesprochen. Das änderte sich mit Erhalt der Unabhängigkeit 1990. Seither gilt **Englisch** als Landessprache. Parallel dazu wird aber, je nach Region, auch eine der anderen ›Hauptsprachen‹ Namibias gesprochen. Die drei wichtigsten sind **Oshivambo, Otjiherero** und **Nama/Damaras,** die auch die größten Bevölkerungsgruppen sind. So ist Oshivambo die Sprache der Ovambo und wird somit von gut der Hälfte der Bevölkerung gesprochen. Da die Schulbildung bis zur Erreichung der Unabhängigkeit dem Großteil der Bevölkerung vorenthalten blieb, spricht bis heute die Mehrheit der Menschen im Vielvölkerstaat, natürlich besonders in ländlichen und entlegenen Landesteilen, nur das Idiom ihrer Nation.

Das ändert nichts daran, dass der Besucher mit Grundkenntnissen in Englisch ohne größere Probleme durchs Land kommt. In vielen Bereichen der Wirtschaft, in Handel, Gaststätten, Hotels und Gästefarmen trifft man bis heute noch oft auf **Deutsch** sprechende Betreiber bzw. auf Personal mit guten Deutschkenntnissen. Die deutschstämmigen Namibier pflegen ihre Heimatsprache und legen großen Wert darauf. Neben Deutsch und Englisch sprechen viele Farmer **Afrikaans.** Afrikaans dient auf Farmen und in vielen Betrieben als ›Verständigungssprache‹ zwischen Schwarz und Weiß.

Interessant ist auch das typische **Südwester-Deutsch,** das eine bunte Mischung und Vermischung aus Afrikaans, Deutsch und Englisch enthält. Zahlreiche dieser Begriffe sind im Alltag fest verwurzelt, so dass es Sinn macht, sich im Vorfeld der Reise darüber zu informieren.

Deutsch–Englisch

Guten Morgen!	Good morning!
Guten Tag!	Good day!
Guten Abend!	Good evening!
Gute Nacht!	Good night!
Auf Wiedersehen!	Goodbye!
Wie geht's?	How are you?
Alles Gute!	Stay well!
Vorsicht!	Be careful!
Gibt es …?	Is there any …?
Gibt es nicht …?	Is there no …?
Wie bitte?	Pardon?
Ich heiße …	My name is …
bitte	please
danke	thank you
ja/nein	yes/no
Herr (Anrede)	Mr.
Frau (Anrede)	Mrs.
Junge	boy
Mädchen	girl
Kinder	children
wer?	who?
was?	what?
wo?	where?
wohin?	where to?
wann?	when?

Einige englische Sätze

Es ist mir eine Freude … It's a pleasure …

Erfreut, Sie zu treffen! Nice to meet you!
Würden Sie das bitte wiederholen? Would you repeat that please?
Wie heißt das? What is this called?
Entschuldigen Sie! Excuse me!
Wo gibt es …? Where can I find …?
Wie viel kostet das? How much is this?
Wo ist eine Bank/ein Geldautomat? Where is a bank/a cash dispenser?
Wo kann ich telefonieren? Where can I make a phone call?
Wo kann ich eine Telefonkarte kaufen? Where can I buy a phone card?
Sprechen Sie Englisch? Do you speak English?
Ich verstehe nicht. I don't understand.
Ich komme aus Deutschland/Österreich/Schweiz. I come from Germany/Austria/Switzerland.
Bitte, helfen Sie mir! Please, help me!
Darf ich rauchen? May I smoke?
Darf ich fotografieren? May I take photos?

Namibia-Glossar

Abkommen	wenn Trockenflussbette Wasser führen
Bass	Herr, Chef, Boss
Bakkie	Kleinlieferwagen
Beester	Rinder
Bergveld	bergige Region
Biltong	Trockenfleischstreifen
Boerwors	würzige, recht fette Bratwurst
Bokkie	Ziege
Bottelstore	Getränkeladen (alkoholisch)
Braai	Grill-Vergnügen
Buschveld	Wildnis
Dam	Stausee
Donkey	Esel
Donkikarre	Eselskarren
Drift	Furt
Farmlein	Telefonanschluss im Busch
Fontein	Quelle, Brunnen
Grader	Straßenhobel
Grid	Rost in Fahrbahn an Weidegrenzen
Gruispad	Schotterstraße
Hek	Tor im Weidezaun
Kost	Essen
Kraal	einheimisches Dorf
lekker	gut, schön, hübsch
Lekkers	Süßigkeiten
Lorrie	Lastkraftwagen
Mieliepapp	Maisbrei
Oukie	Südwester-Deutscher
Pad	Piste, fahrbarer Weg, Straße
Papwiehl	platter Reifen
Plaas	Farm
Pontok	Hütte der Eingeborenen
Rivier	Trockenflussbett
Robot	Ampel
Schneewambo	spaßig für Bundesdeutschen
Tin	Büchse (z. B. Pepsi-Tin)
Veld	Region, Landschaft
Vlei	Verdunstungs-Pfanne
Werft	Hüttensiedlung schwarzer Farmarbeiter
Winkel	ländlicher Laden
Gute Pad!	Gute Fahrt!

REGISTER

NAMIBIA-ATLAS

LEGENDE

1 : 3.100.000

0 — 100 km

B1 Fernstraße mit Straßennummer	Flughafen
Fernstraße ungeteert	Flugplatz
C22 Hauptstraße mit Straßennummer	Berggipfel; Pass
Hauptstraße ungeteert	Festung; Schloss
Nebenstraße	Leuchtturm
Nebenstraße ungeteert	Höhle; Wasserfall
Fahrweg	Sehenswürdigkeit
Eisenbahn	Bergwerk; geschlossen
Staatsgrenze	Grenzübergang; geschlossen
Provinzgrenze	Campingplatz; Zoo
Nationalpark, Naturpark	Aussichtspunkt
Sperrgebiet	Schiffswrack

Iona National Park
ANGOLA
Epupa Falls
Baynes Mts.
Cunene
Kunene
Chi
Calueque
Ruacana
C43
Omuhonga
Okongwati
Otjihipa Mts.
Hartmannberge
Otjitanda
Steilrandberge
Epembe
Etanga
C35
Oukongo
Opuwo
C41
Giraffenberge
Orupembe
Otjiu
Okandjiombo
Kaoko-Otavi
Otjitoko
Joubertberge
Etendeka
Okatumba
Otjon
Ombombo
Ok
Dorsland Trekkers Monument
Otjikondavirongo
Purros
Tomakas
Ganamub
Sesfontein
Old German Fort
Hot Springs
Khowarib Gorge
Khowarib
Baadjie
Kaokoveld
U
Möwebaai
Skeleton Coast
Skeleton Coast National Park
Grootberg
Palmwag
Terrace Bay
C34
Wereldsend
Bergsig
C39
Torrabaai
Twyfelfontein Rock Engravings
Atlantischer Ozean
Doros
Brandberg West
National
West Coast
E
Cape Cross
Cape Cross Seal Reserve
A
B
C
1
2
3
4

D
E
F
1
2
3
4
Oshikango
Eenhana
Okongo
Okalongo
Ongenga
Uutapi (Ombalantu)
Nakayale
O H A N G W E N A
Tsandi
Oshakati
Oshigambo
Ondangwa
Okahau
Ompundja
Olukondo
Okankolo
O S H A N A
O M U S A T I
O S H I K O T O
Oshivelo
Ombili Foundation
Etosha Pan
Namutoni
Etosha National Park
Halali
Lake Otjikoto
Guines
Okaukuejo
Tsumeb
Ombika
Höhlen von Ghaub
Mon Desir
Weissbrünn
Khorab
N E N E
Kamanjab
Uib
Otavi
Hohental
Kombat
Otjikondo
Neins
Tutara
Nungubais
Outjo
Ondangaara
O T
Fransfontein
Waterberg Plateau Park
Otjikango
Okave
Gainatseb
Khorixas
Vingerklip
Waterbergplateau
Otjiwarongo
Waterberg
Epopo
Otjitasu
Orusewa
Okakarara
Ohakane
Kalkeld
Sorris Sorris
Ozondati
Omattjette
Osire
White Lady
Dinosaur Footprints
Etjo
Otjumue
Omatako
Uis
Okombahe
Omaruru
Nainais
Hochfeld
Omaruru
Erongo
Otjisemba
R O N G O
Philips Cave, Bull's Party
Otjimbojo
Spitzkoppe
Ameib
Karibib
Wilhelmstal
Okahandja
B1
B2
C31
C33
C35
C36
C38
C39
C40
C41
C45
C46
C20
C22

S. 234
S. 236

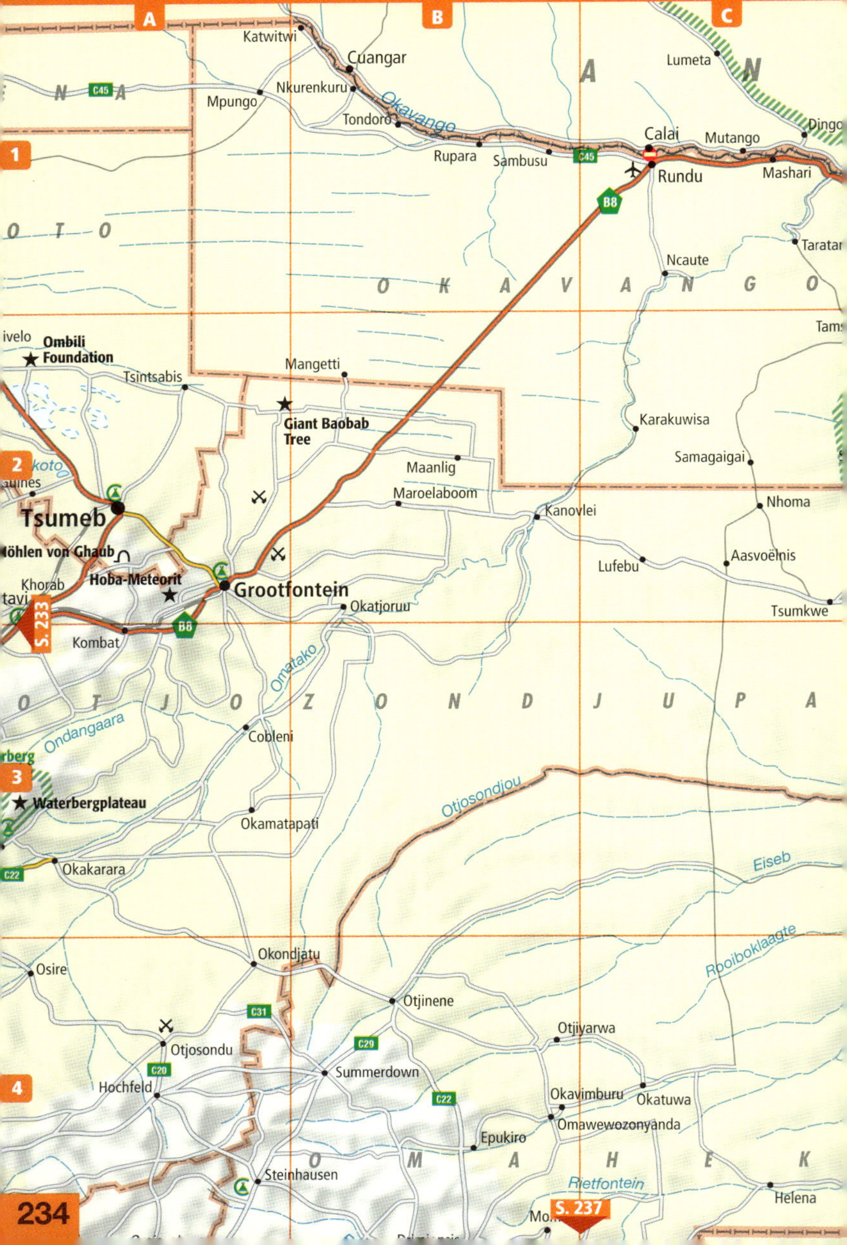
A
B
C
1
2
3
4
Katwitwi
Cuangar
Lumeta
Nkurenkuru
Mpungo
C45
Okavango
Tondoro
Rupara
Sambusu
Calai
Mutango
Dingo
Rundu
Mashari
B8
Taratar
Ncaute
O K A V A N G O
Tams
ivelo
Ombili Foundation
Tsintsabis
Mangetti
Giant Baobab Tree
Karakuwisa
Samagaigai
Maanlig
Maroelaboom
Kanovlei
Nhoma
Tsumeb
Höhlen von Ghaub
Hoba-Meteorit
Khorab
Grootfontein
Okatjoruu
Lufebu
Aasvoëlnis
Tsumkwe
S. 233
Kombat
Omatako
O T J O Z O N D J U P A
Ondangaara
Cobleni
Waterbergplateau
Otjosondjou
Okamatapati
Okakarara
C22
Eiseb
Okondjatu
Rooiboklaagte
Osire
Otjinene
C31
Otjiyarwa
C29
Otjosondu
Summerdown
C20
Hochfeld
C22
Okavimburu
Okatuwa
Omawewozonyanda
Epukiro
O M A H E K E
Steinhausen
Rietfontein
S. 237
Helena

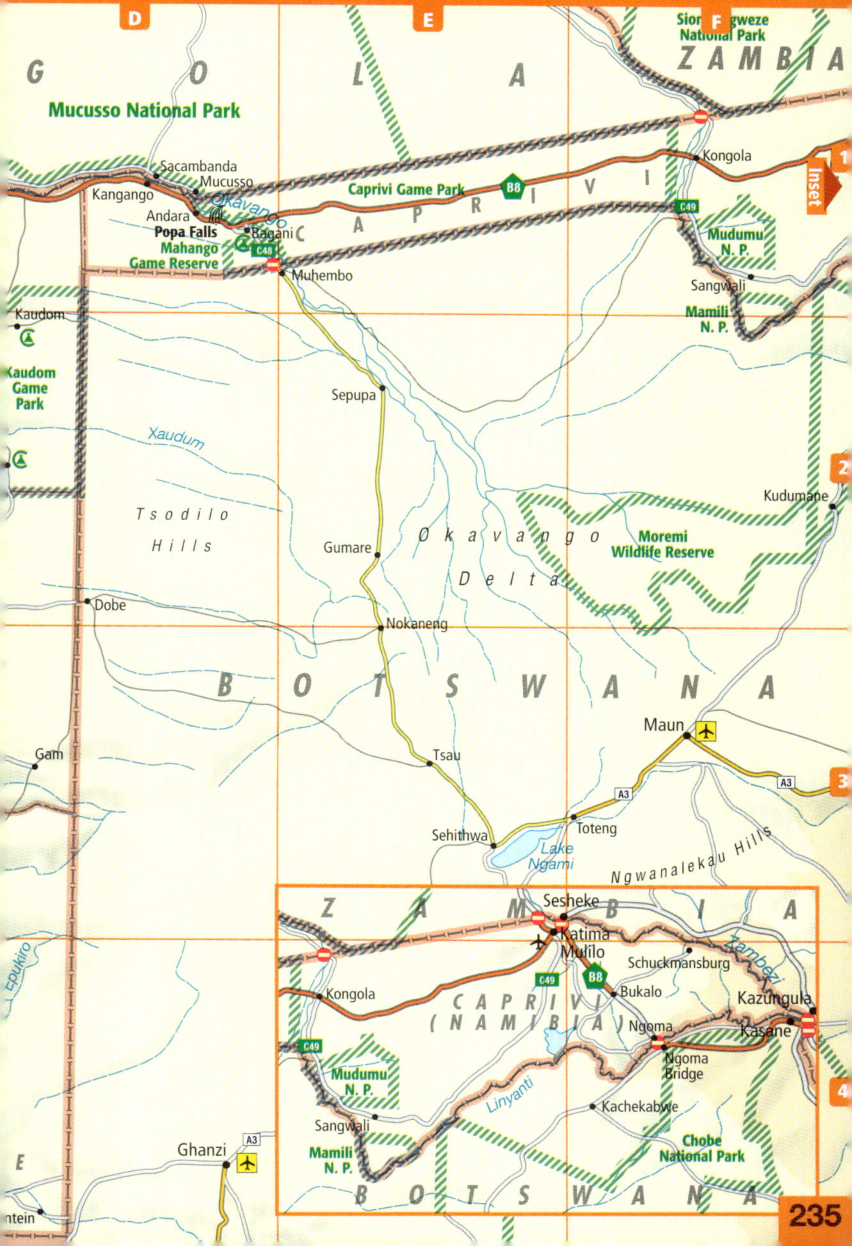
D
E
F
1
2
3
4
Inset
Sioma Ngweze National Park
ZAMBIA
G O L A
Mucusso National Park
Sacambanda
Mucusso
Kangango
Andara
Okavango
Popa Falls
Bagani
Mahango Game Reserve
C48
Muhembo
Caprivi Game Park
B8
CAPRIVI
Kongola
C49
Mudumu N. P.
Sangwali
Mamili N. P.
Kaudom
Kaudom Game Park
Xaudum
Sepupa
Tsodilo Hills
Gumare
Okavango Delta
Kudumane
Moremi Wildlife Reserve
Dobe
Nokaneng
BOTSWANA
Maun
Gam
Tsau
A3
Toteng
Sehithwa
Lake Ngami
Ngwanalekau Hills
Sesheke
ZAMBIA
Katima Mulilo
Schuckmansburg
Zambezi
Kongola
C49
B8
Bukalo
Kazungula
CAPRIVI (NAMIBIA)
Ngoma
Kasane
Ngoma Bridge
C49
Mudumu N. P.
Linyanti
Kachekabwe
Sangwali
Chobe National Park
Mamili N. P.
BOTSWANA
Epukiro
Ghanzi
A3
E
ntein

A
B
C
1
2
3
4
S. 232
S. 233
S. 238
Sorris Sc
Ozondati
Oma
Osire
White Lady
Brandberg
2573 m
Uis
Dinosaur Footprints
Etjo
Otjumue
Omatako
Messum-Krater
Okombahe
Nainais
Omaruru
C36
C35
C33
C31
oast
E R O N G O
Erongo
Otjisemba
Philips Cave, Bull's Party
Otjimbojo
Ameib
Karibib
B2
Wilhelmstal
Okahandja
Tourist
Spitzkoppe
Usakos
Gross Barmen Rec. Resort
Hot Springs
Henties Bay
Recreation
Omusema
C32
B1
Otjimbingwe
Tsaobis Leopard Nature Park
Dean Viljoen Game Park
Area
Rössing Uranium Mine
Hochland
C34
C28
Von Francois Fort
Neuheusis
WINDHO
Kupferberg Pass
C23
Swakopmund
Welwitschia Moon Landscape
Bosua Pass
Khomas
Haris
Walvis Bay
Pelican Pt.
K H O M
Walvis Bay
C26
Us
C14
Vogelfederberg
Gamsberg Pass
Rooibank
Naos
Kuiseb Pass
Rehoboth
Rehoboth Station
Sandwich Bay
Aruvlei
C24
Namib-
Kuiseb
Gaub
Gobabeb
Homeb
Kobos
Spreetshoogte Pass
Nauchas
Rantberge
Klein Aub
Nauzerus
Conception Bay
Solitaire
Karanas
Kalt
Remhoogte Pass
Kam
Schlip
Naukluft
C19
Naukluftberge
Büllsport
Namib Desert
Vis/Fish
Haruchas
Nomtsas
Re
Meobbaai
H A R
Tsauchab
Neuras
C21
Sesriem
Sesriem Canyon
Packriem
Sossusvlei
Tsarisberge
Neuhof
Park
C27
Maltahöhe
Namib Rand Nature Reserve
Tsarishoogte Pass
Zaris
Grootfontein
St. Francis Bay
Schloss Duwisib
Schwarzrand
Tsaris
Namib-
Awasibberge

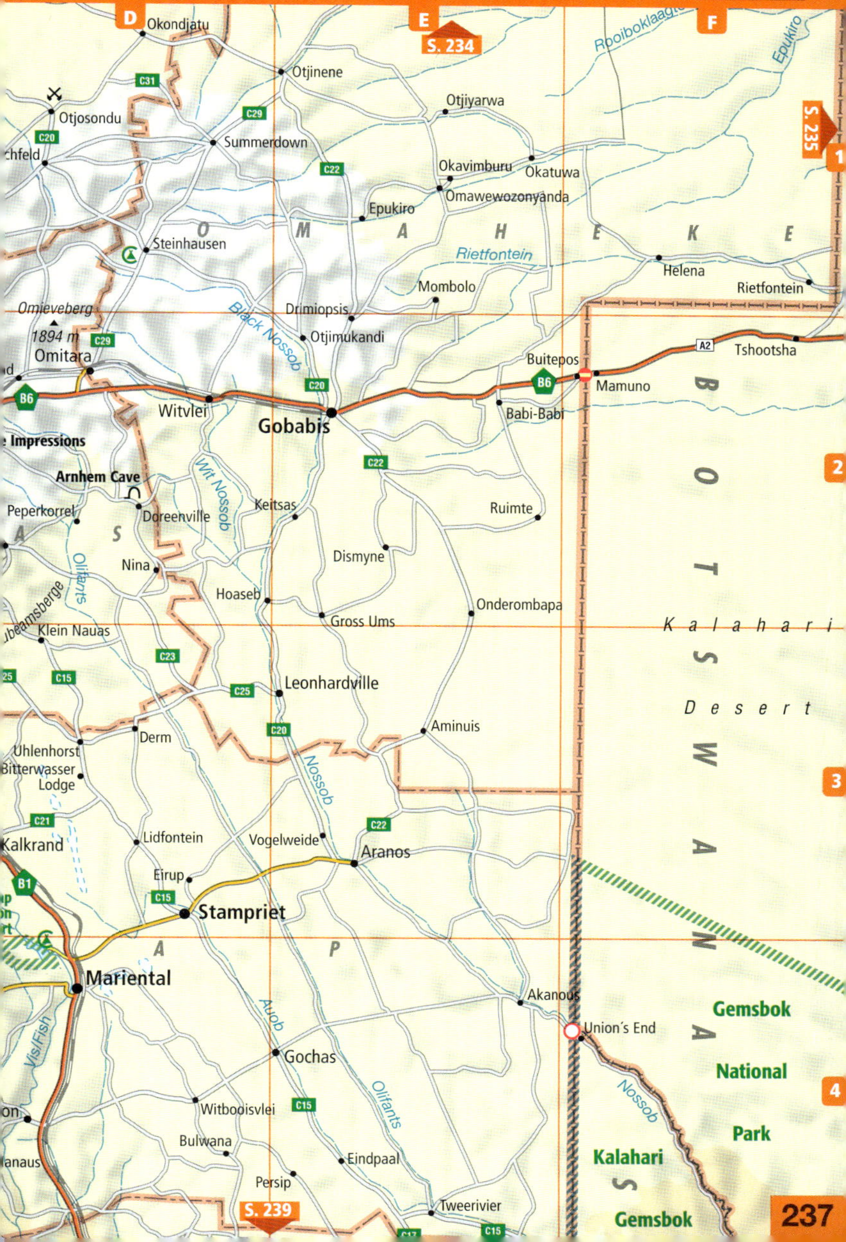
D
E
F
S. 234
S. 235
S. 239
1
2
3
4
Okondjatu
Otjinene
Otjiyarwa
Rooiboklaagte
Epukiro
Otjosondu
Summerdown
chfeld
Okavimburu
Okatuwa
Omawewozonyanda
Epukiro
Steinhausen
O M A H E K E
Rietfontein
Helena
Rietfontein
Mombolo
Omieveberg
1894 m
Omitara
Drimiopsis
Otjimukandi
Black Nossob
Buitepos
Tshootsha
Mamuno
Babi-Babi
Witvlei
Gobabis
Impressions
Arnhem Cave
Peperkorrel
Doreenville
Wit Nossob
Keitsas
Ruimte
Nina
Olifants
Dismyne
Hoaseb
Gross Ums
Onderombapa
Klein Nauas
Leonhardville
Kalahari
Desert
BOTSWANA
Derm
Aminuis
Uhlenhorst
Bitterwasser
Lodge
Nossob
Kalkrand
Lidfontein
Vogelweide
Aranos
Eirup
Stampriet
Mariental
A
P
Akanous
Union´s End
Gemsbok
National
Park
Kalahari
Gemsbok
Auob
Gochas
Vis/Fish
Olifants
Nossob
Witbooisvlei
Bulwana
Eindpaal
Persip
Tweerivier
B6
B1
A2
C15
C20
C21
C22
C23
C25
C29
C31

A
B
C
1
2
3
4
H
R
K
A
S. 236
Meobbaai
Sossusvlei
Sesriem
Sesriem Canyon
Neuras
Neuhof
Tsarisberge
Maltahöhe
Zaris
Tsarishoogte Pass
Grootfontein
Packriem
C21
C27
C19
Park
Namib Rand Nature Reserve
St. Francis Bay
Desert
Namib-
Tsaris
Schloss Duwisib
Schwarzrand
C14
Awasibberge
1520 m
Huams
Spencer Bay
Naukluft
C27
Rooirand
Helmeringhausen
Brukkaro
Mooifontein
Tirasberge
C13
Hottentotsbaai
Kirchberg
1130 m
Koichab
House Schmelen
Bethanie
Bootbaai
Park
B4
Aus
C14
Goageb
Lüderitz
Kolmanskop Ghost Mining Town
Elisabeth Bay
Elisabeth Bay Ghost Mining Town
Possession Island
Pomona
Huib-Hoch Plateau
C13
Huns
Bogenfels Ghost Town
Bogenfels Arch
Diamond Area (Restricted)
Witpütz
Fish River Canyon Park
Nuob
Hunsberge
Chamiesbucht
Rosh Pinah
Sendelingsdrift
Orange
Atlantischer Ozean
Oranjemund
Alexander Bay
Alexander Bay

D
E
F
S. 237
1
2
3
4
Mariental
Akanous
Union's End
Gemsbok
National
Park
Kalahari
Gemsbok
National
Park
Aub
Gochas
Vis/Fish
Olifants
C15
Witbooisvlei
Bulwana
Eindpaal
Nossob
Persip
Tweerivier
C17
C15
Wegdraai
Tses
Brukkaros
1536 m
Koës
Auob
Wasser
B1
Garinais
Giants' Playground
C17
C11
Vis/Fish
Stampriet
Swartput se Pan
Quivertree Forest
Twee Rivieren
C16
Nossob
Naimans Fort
Aroab
C16
Rietfontein
Hakskeenpan
Löwen
Narubis
C12
Andriesvale
Naute Recreation Resort
Warmfontein
Vredeshoop
R31
Schroffenstein
2202 m
Klein Karasberge
Molopo
Koopan-Suid
Obobogorab
Tsaraxaibis
Hobas
C37
Klein-Karas
Groot Karasberge
C11
C12
Grünau
Bokhara
C10
Karasburg
C10
B3
Ariamsvlei
Haib
B1
Platrant
N16
Hot Springs
Upington
Warmbad
C10
Molopo
Orange
Augrabies Falls
Noordoewer
Augrabies
Keimoes
Onseepkans
Orange
Kakamas
Bladgrond
Goodhouse
N7
N14
R27
Pofadder
SOUTH AFRICA
REPUBLIC OF

Bildnachweis

Elke Loßkarn/Hout Bay (Südafrika): Titel, Umschlagklappe vorn, 1, 2/3, 8, 10, 22, 25, 30, 32, 35, 38, 45, 57, 70, 78, 91, 95, 99, 102, 110/11, 120, 126, 128, 132/33, 135, 140/41, 144/45, 152/153, 155, 156, 160, 167, 169, 176/77, 178/79, 186, 188/89, 206, 212

Harald Mielke (Sachsenried): 13, 17, 47, 52, 54, 62, 66/67, 72, 83, 86, 108, 136, 149, 171, 197, 203, 208/09

Axel Scheibe (Annaberg-Buchholz): 43, 81, 105, 119, 123, 185, 193

Abbildungen

Titel: Austrocknender Boden in der Tonpfanne von Sossusvlei

Umschlagklappe vorn: Schneeüberzuckerte Berglandschaft im Namib-Naukluft Park

S. 2/3: Sossusvlei, die höchsten Dünen der Welt

Kartografie

DuMont Reiseverlag, Ostfildern

1. Auflage 2004

Druck: Rasch, Bramsche
Buchbinderische Verarbeitung: Bramscher Buchbinder Betriebe

Printed in Germany ISBN 3-7701-6306-0